数字文化产业研究

DIGITAL CULTURAL INDUSTRIES STUDIES

（第一辑）
(VOL. 1)

解学芳 臧志彭 主编

科学出版社

北 京

内 容 简 介

《数字文化产业研究》由同济大学人文学院创办，是国内第一本聚焦数字文化产业前沿研究的学术辑刊。本辑刊以文化创意与科技创新深度融合的研究为选题方向，运用文化产业学、管理学、信息科学等多学科理论与方法，聚焦人工智能、区块链、元宇宙等新一代信息技术在文化创意产业领域的创新应用研究。

创刊号第一辑主要分设数字文化产业理论研究、文化元宇宙研究、区块链与文化产业研究、数字艺术创新研究等常设栏目，以及数字文化产业域外研究、前沿报告等特设栏目。

《数字文化产业研究》可为学术界提供数字文化产业研究前沿思想和参考资料，为政策制定者提供决策支持和参考依据，为文化产业从业者提供行业动态，也是社会大众了解数字文化产业发展情况的重要读物。

图书在版编目（CIP）数据

数字文化产业研究. 第一辑 / 解学芳, 臧志彭主编. -- 北京：科学出版社, 2024.10. -- ISBN 978-7-03-079689-9

Ⅰ. G124

中国国家版本馆 CIP 数据核字第 202410XE86 号

责任编辑：侯俊琳　常春娥 / 责任校对：王萌萌
责任印制：赵　博 / 封面设计：有道文化

科 学 出 版 社 出版
北京东黄城根北街16号
邮政编码：100717
http://www.sciencep.com

三河市春园印刷有限公司印刷
科学出版社发行　各地新华书店经销

*

2024年10月第 一 版　开本：720×1000　1/16
2025年 1 月第二次印刷　印张：16
字数：243 000
定价：98.00元
（如有印装质量问题，我社负责调换）

《数字文化产业研究》编辑委员会

主　编　解学芳　臧志彭

编　委（按姓名音序排列）

蔡新元　傅才武　顾　江　何人可　花　建
黄昌勇　金元浦　李向民　潘爱玲　盘　剑
祁述裕　覃京燕　邵明华　魏鹏举　夏燕靖
向　勇　徐　剑　喻国明　张　铮　赵　星
周荣庭　朱春阳　Chunjia Han　Michael Keane
Wilfred Yang Wang　Biyun Zhu

本期编辑部成员

编辑部执行主任　祝新乐

责任编辑　樊　晨　宋竹芸　张佳琪　陈天宇　贾东窈
　　　　　陈思函　曲　晨　林舒原

创刊词

加快构建数字文化产业理论体系

在这个数字化浪潮席卷全球、文化产业与科技深度融合的时代，《数字文化产业研究》正式创刊了。这本由同济大学人文学院创办的学术出版物，不仅是国内第一本专题聚焦数字文化产业前沿研究的学术辑刊，更是学者们共同探索、引领文化科技前沿研究、建设中华民族现代文明的重要平台。

文化兴则国运兴，文化强则民族强。习近平总书记强调："在新的起点上继续推动文化繁荣、建设文化强国、建设中华民族现代文明，是我们在新时代新的文化使命"。[①]在中国式现代化的时代背景和文化科技深度融合的政策环境下，我国文化产业正面临新一轮的转型升级任务。新兴技术全面、深刻地影响着数字文化产业的创新发展，成为驱动文化产业高质量发展的新引擎。《关于推进实施国家文化数字化战略的意见》明确了文化数字化的发展路线，为我国数字文化产业的发展指明了方向。《文化和旅游部关于推动数字文化产业高质量发展的意见》、工业和信息化部办公厅等五部门联合印发的《元宇宙产业创新发展三年行动计划（2023—2025年）》等政策文件，顺应数字产业化和产业数字化发展趋势，促进文化产业与数字经济深度融合，有力引导我国数字文化产业迈向高质量发展。

新时代、新征程，《数字文化产业研究》应运而生，使命光荣、任重道远。

《数字文化产业研究》以"引领文化科技前沿研究、建设中华民族现代

[①] 习近平出席文化传承发展座谈会并发表重要讲话. (2023-06-02) [2024-05-26]. http://www.xinhuanet.com/2023-06/02/c_1129666428_8.htm.

文明"为办刊宗旨，聚焦数字文化产业中的最新科技应用、创新理念以及发展趋势，通过对新技术、新应用、新业态的追踪研究，深入剖析数字文化产业发展过程中出现的新问题、新挑战，深度阐释中国式现代化的文明意蕴及文明叙事，并积极探讨如何在数字文化产业的快速发展中构建符合中华民族特色和现代文明要求的产业体系和文化生态，持续推动文化繁荣、建设文化强国、建设中华民族现代文明。

《数字文化产业研究》以文化创意与科技创新的深度融合为选题方向，关注人工智能、区块链、元宇宙等新一代信息技术在文化创意产业领域的创新应用研究。本辑刊致力于通过艺术学、文化产业学、经济学、管理学、传播学、信息科学等多学科理论与方法的交叉融合，对国内外数字文化产业领域的重大问题、热点问题、难点问题进行深入研讨，为业界提供高质量的学术资源和思想碰撞平台。本辑刊拟设数字文化产业理论研究、文化元宇宙研究、人工智能与文化产业研究、区块链与文化产业研究、数字艺术创新研究等多个常设栏目，这些栏目从理论到实践、从技术到应用，全方位地展示数字文化产业的前沿动态和研究成果；本辑刊还拟设特设栏目，如文化新质生产力专题探讨新技术如何推动文化产业生产力的变革，数字文化产业治理专题关注数字文化产业治理体系的创新与完善，数字文化产业域外研究专题关注国外数字文化产业前沿动态，前沿报告专题聚焦数字文化产业领域的最新趋势和热点问题，提供及时的行业洞察和深度分析。

屹立于全球数字化发展的潮头，笃定中国本土化发展之路。《数字文化产业研究》为加快构建中国特色文化产业理论体系、学科体系和话语体系而创设。我们将注重专业性和应用性相结合，始终以严谨的态度严格审稿，为读者提供高质量的内容。

最后，我们衷心感谢各位同仁和读者的支持和关注。让我们携手并进，共同推动中国数字文化产业研究的蓬勃发展，为中华民族现代文明建设贡献智慧和力量！

《数字文化产业研究》编辑部

2024 年 5 月 26 日

目　录

● **创刊词：加快构建数字文化产业理论体系**

● **数字文化产业理论研究**

3　AIGC 时代人工智能艺术创新机理与 AI 价值对齐…………解学芳　林舒原

26　数字孪生城市赋能数字文化产业——核心理念、增长逻辑、拓展维度
　　………………………………………………………………花　建　李　琳

● **文化元宇宙研究**

49　元宇宙：人类新一代生存方式论………………………………………臧志彭
66　元宇宙视域下传统文化传播的演进与创新……………………金　韶　唐　冰
81　历史唯物主义视域下"文化元宇宙"的逻辑建构………………………宾　岩

● **区块链与文化产业研究**

101　基于区块链技术的版权保护服务平台用户使用意愿影响因素研究
　　……………………………………………………刘　婧　詹绍文　赵　彬
127　区块链技术赋能数字文化产业创意管理………………………………黄杰阳

数字艺术创新研究

145　身体与技术：数字艺术的审美主体性研究……………………………申　林
162　从洞穴到元宇宙：观影空间的物质性变迁……………………………高登科

数字文化产业域外研究

189　拯救文明：人工智能、创造力与人类能动性…………金迈克/著　赵昕阳/译
205　回到传统时代？过渡时期的人工智能、知识和人文主义
　　　　……………………………………………………约翰·哈特利/著　单羽/译

前沿报告

227　我国城市数字文化产业发展指数研究报告…………余　博　刘德良　段卓杉

《数字文化产业研究》征稿启事

数字文化产业理论研究

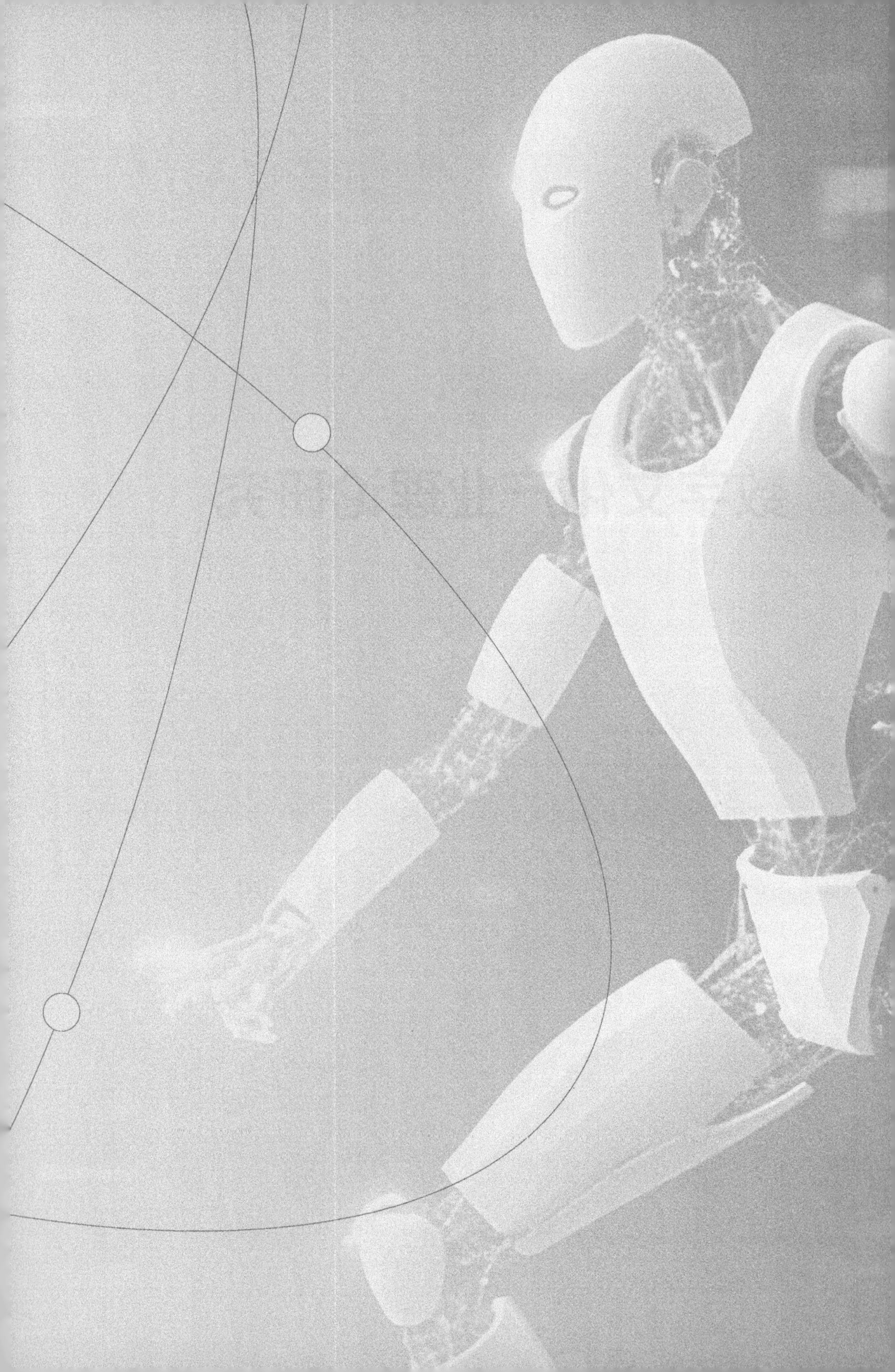

AIGC 时代人工智能艺术创新机理与 AI 价值对齐[*]

解学芳　林舒原

摘要：AIGC 以人机共创形式赋能艺术创新，革新艺术创作方式、理念与审美观念，推进艺术生产以技术赋能、叙事扩容及关系耦合的创新机理协同演进。但同时人工智能艺术的发展新图景与隐忧并存，为应对消弭人文价值伦理、产生数据侵权风险、导致创意灵韵消失等挑战，亟须立足 AI 价值对齐（value alignment）建构人工智能艺术守正创新的精准善治逻辑和行动框架。具体而言，一是遵循人工智能价值对齐，实现艺术创作的人文精神旨归；二是推进技术与制度协同创新，应对人工智能算法黑箱；三是立足人类创意主体地位，实现 AIGC 赋权的多主体变革。

关键词：AIGC；人工智能艺术；创新机理；精准善治

2018 年 10 月，纽约佳士得拍卖会，世界上第一幅 AI（artificial intelligence，人工智能）绘画拍卖作品《埃德蒙·德·贝拉米画像》（*Portrait of Edmond de Belamy*）以高于估价 45 倍的 43.25 万美元成交，由此引发的人

---

[*] 基金项目：国家社会科学基金重大项目"数字文化产业高质量发展的政策设计与实现路径研究"（23&ZD087）阶段性成果。
作者简介：解学芳，同济大学长聘特聘教授（上海，200092）；林舒原，同济大学博士研究生（上海，200092）。

工智能艺术话题逐步蔓延。2022 年，ChatGPT（Chat Generative Pre-trained Transformer，聊天生成式预训练转换模型）的问世引爆网络，人工智能"无处不在的链接"对人类艺术生产的实质影响进入新发展阶段，成为文化生产和创新演化周期日趋缩短的直接动因。ChatGPT、Gemini、MidJourney、Stable Diffusion、Sora 等人工智能大模型作为算法加速迭代的典型代表，高频介入人类文化艺术生产、运营和传播等全产业链领域，其生成的绘画、音乐、小说、短视频等内容，塑造了多重文化场域，也形成了人工智能技术创新与艺术生产的协同逻辑，从"人-人"关系走向"人-机"协同关系，造就了全新的艺术生产 AIGC（artificial intelligence generated content，人工智能生成内容）模式。所谓 AIGC 模式，是指基于生成式人工智能算法实现文字、图像、音视频等内容场景的自动化智能化生产，是技术可供性视角下文化艺术生产从 PGC（professional generated content，专业生产内容）模式、UGC（user generated content，用户生产内容）模式、PUGC（professional user generated content，专家生产内容）模式到数智赋能文化艺术创新演进的结果。追根溯源，自古艺术与技术同源，技术发展历史也是人类艺术生成、创新和演进的历史。人工智能技术爆炸性的演进使其成为现代人类社会的支配性技术，变革着文化艺术生产要素的配置、文化艺术生产内容的创制和传播，形成了人工智能技术创新与文化艺术生产之间自生、共生、再生的交互关系。AIGC 时代大背景下涌现的人工智能艺术景观新热潮，成为审视当代社会生活的时代镜像，为我们重新认识技术与艺术的逻辑关联提供新契机与新场域。

一　人工智能艺术内涵：AIGC 时代赋能艺术创新

（一）人工智能介入艺术发展成为新理论命题

人工智能艺术的发展热潮引发学界的广泛关注，从理论研究看主要聚焦在以下三个层面：一是展开人工智能艺术本体价值的追问。学界普遍肯定人工智能带来了艺术领域的重大革新，机器的人性化与人类的机器化之间的双向互动重新定义艺术创作的本质和可能性[1]。但由于目前人工智能尚未发展成熟，人工智能艺术生产活动无法超越"属人性"意义上的自由创作[2]。从人观价值、范式创新、全链体验、情境关联、文化自觉和情理叙事六维来创造意义的能力将是AIGC时代人类创意的擅场[3]。二是聚焦人工智能技术在艺术产业领域内的创新应用、融合机理及其价值分析。在文学创作领域，人工智能与人类作家之间的关系被视为公共性主体与非公共性主体的关系，人工智能的介入强调公共性知识和经验的价值[4]；在影视领域，AIGC文本生成、影像生成横向赋能电影全产业链，助推电影数字创作范式实现历史性转向[5]。三是强调人工智能生成内容的风险性及其治理命题。人工智能生成内容的生态构成存在着披露未许可、虚假不真实、偏见放大、偏差隐藏、被恶意使用等风险[6]，以及版权归属不清的问题，从规范保障、安全管理、合规运行等角度持续推进监管基础设施、应用工具、架构变革以及制度环境等核心要素的不断优化、升级[7]。鉴于AIGC时代人工智能艺术尚在发展初期，在数智时代进一步推进人工智能艺术的理论体系构建及治理研究至关重要。

（二）AIGC赋能艺术创新给予全新理论内涵

列夫·马诺维奇（Lev Manovich）曾提出"人工智能艺术"是指人类通过编程让计算机具有极高程度的自主性，可以创造出艺术界专业人士认为属于"当代艺术"的新艺术品或体验[8]。随着AIGC时代的到来，宽泛的"人工智能艺术"将转化为更具体的"AIGC艺术"[9]，即利用人工智能技术生成艺术产品。囿于现阶段仍处于"弱人工智能"时代，艺术生产依然呈现为"人类+AIGC"协同生产模式，即艺术家在数智技术的介入与辅助下，以"人在回路"的混合智能模式指导和实现艺术创作，极大拓展了艺术家自身的创意灵感来源与创造力；下一阶段，随着算法、算力的加速迭代以及制度安排的完善，AIGC深入赋能将实现人类艺术家向数字机器创作者的让渡，由机器生成艺术作品，实现完全意义上的自主创作，其核心判断标准是作品能否通过图灵测试[10]。图灵测试在某种意义上不仅是对人工智能的测试，更是对人类主体性的考验。

AIGC 时代的人工智能艺术区别于传统艺术实践，同时与早期的人工智能艺术相比具有更为强大的自动生成性，整体呈现智能化、高效化、多样化、个性化、随机性的特点，可谓为一场艺术界的"生产力革命"。其一，智能化与高效化，体现为生成速度和能力远超人类，并不断通过无监督学习自我进化。人工智能介入的艺术生产由原来的限定式、模板化、对特定范围的模仿改进升级为智能化、灵活性、多源多模态的内容生成，创作能力得到了质的突破[11]。其二，多样化与个性化。人工智能技术的应用向更人性化和易于操作的框架发展，AIGC 赋能艺术实现个性化定制与不同艺术风格供应，操作便捷，创作门槛大幅降低。大量人工智能模型及工具在文化艺术生产领域的出现，开启了巨大的创作想象空间，人工智能艺术进一步普及，艺术民主性和大众化进一步提高，向约瑟夫·博伊斯（Joseph Beuys）所说的"人人都是艺术家"迈进。其三，随机性，即人工智能艺术的生成有一定的概率性与随机性，是从本质性资料库到或然率资料库的转向[12]。20 世纪中期以来人工智能的发展离不开两个重要理论——"信息论（概率）"和"控制论（反馈）"，AIGC 艺术生产模式是对人类自古以来的概率性语言实践的高效模拟[13]，传统艺术视偶然性因素为灵感导引，人工智能技术同样也吸纳其成为关键算法逻辑。

（三）人工智能艺术基于技术赋能处于动态变迁中

人工智能艺术变迁史依托于技术创新的变迁史，技术的持续进步为人工智能艺术的创新提供了技术底座。人工智能艺术的发展缘起于 1956 年人工智能概念的提出，计算机艺术是人工智能艺术的基础和先声，1965 年多位艺术家实现了用数字计算机作画[14]；而最早的人工智能艺术，普遍被认为是 1973 年英国先驱艺术家哈罗德·科恩（Harold Cohen）尝试编写的绘画程序"AARON"，其结合机械画笔作画开启了人工智能艺术的序章。20 世纪 80 年代至 20 世纪末，人工智能技术的理论研究和应用开始走向成熟，并通过产业化转向实用，但这个时期的人工智能艺术呈现为计算机简单的模仿制作，尚未具备复杂的智能逻辑。进入 21 世纪，移动互联网的发展带来更多的人工智能应用场景[15]——2006 年，深度学习概念被提出；2012 年谷歌华裔人工智能科学家吴恩达和美国计算机科学家杰夫·迪恩（Jeff Dean）基于Youtube 平台 1000 万个猫脸图片，耗资 1.6 万个 CPU（central processing unit，中央处理器），用时 3 天，使用"深度神经网络"（deep neural networks，DNN）算法进行的猫脸识别实验震惊业界；2014 年，人工智能艺术史上重要的里程碑之一，生成对抗网络（generative adversarial networks，GAN）发布，AIGC 诞生；2015 年，谷歌的深梦（Deep Dream）项目利用卷积神经网络生成迷幻效果的图像，标志着人工智能艺术生产进入了全新阶段。

随着大数据、算法、机器学习、自然语言处理（natural language processing，NLP）等技术的成熟，依托于此的人工智能艺术迎来了大爆发，大批开源或商业模型及社会化应用井喷式推出并快速内嵌式迭代。2022 年重量级的人工智能绘画模型 Stable Diffusion 和 Midjourney 通过对话操作十几秒就可以生成专业绘画，带领人工智能绘画走向更广阔的应用世界。大语言模型（large language model，LLM）作为公用基础设施服务展现出了强大的学习能力，通过创建人类偏好数据——训练反馈模型——训练打分模型来循环加强学习，以提示词模式解决多类型的任务，成为实现人工通用智能（artificial general intelligence，AGI）的重要路径[16]。同时，基于人工智能的跨模态融合，将多源异构的多模态数据在统一框架下进行语义融合和知识对齐，文本、图片、视频等跨媒介协同进一步深刻影响到艺术作品的素材采集、艺术生产及宣传分发[17]，人工智能艺术平台及工具呈百家争鸣态势，也助推人工智能艺术基于技术创新赋能而处于动态演变脉络之中。

二　人工智能艺术生产机理：AIGC 主导的创制逻辑

人工智能技术在艺术领域的不断介入与创新催生人工智能艺术的诞生和变迁，拓展了艺术创作边界，并重构艺术生产模式，使其呈现出区别于传统艺术的范式转移，即通过集群式技术赋能，实现 AIGC 主导的艺术叙事扩容，实现艺术生产人—机主体关系的进一步耦合，打造万物互联、人机协同、共生共创的艺术生态模式。

（一）技术赋能："全知全能"的人工智能技术集聚

AIGC 是数智时代的文化新质生产力，借助内容自动化生成的训练数据、深度学习算法、多模态技术、场景决策模型等技术集聚，构筑了文化生产力更为丰富的新图景。从 AIGC 模式的技术本质来说，其意味着人工智能理解真实世界的能力进一步跃迁，以"全知全能"的角色介入文化艺术应用的多元场景——包括小说和诗歌等文学作品、音乐、绘画乃至影视制作等艺术内容的自动化智能化生成，以及在内容运营和传播维度，虚拟人与人型机器人、智能剪辑与云编辑、人工智能代替人工审核与评级等服务、元宇宙内容生成等方面，AIGC 也都将有所突破。从 AIGC 模式赋能的艺术体验来说，人工智能技术赋予受众更丰富的感官体验和审美能动性，借助跨智能感知和虚拟现实技术的支持，智能手机、智能手表、智能电视等设备通过面部表情、语音交互和脑电波数据捕捉，为受众创造全方位的感官体验。同时，通过智能反馈机制识别受众的心理和文化偏好，进一步延伸和提升其体验感。AIGC 模式泛化于各类形式的艺术生产和创作过程中，同时在艺术媒介和细分行业层面形成了传统与新型之间的有效组装，促进了虚实艺术的融合。例如，2022 年参与第 59 届威尼斯双年展中国馆的雕塑作品《虚极静笃》①（*Streaming Stillness*）以大量真实的中国地形数据为基础信息，使用 StyleGAN、Pix2Pix 和 MIDAS 进行训练生成三维效果，用科技唤起对地形的转译、大自然的哲思及人与自然之间交流融合碰撞下的崭新视野[18]，打破了传统的雕塑制式。

人工智能算法的革新与人类艺术生产模式创新的双向协同及其相互渗透、相互作用为彼此注入了新元素和新驱力，带来人工智能艺术生产模式、生成结构、集聚方式的高技术化、高智能化与高集约化，在推动艺术创制能力跃迁的同时，也提升了艺术智能化生产和精准传播的效率。一方面，人工智能技术的不断创新和演变加速了艺术行业的变革，新旧艺术生产模式此消彼长，打造出全新的数智艺术生态场域，孳生出文生文、文生图、文生音频、文生视频等新模式，给网络文学、短视频、动漫、游戏、影视等文化艺

---

① "虚极静笃"出自老子的《道德经》。

术行业的创新发展带来无限想象空间。例如，音乐专业出身的盖坦·哈吉雷斯（Gaetan Hadjeres）开发了"深度巴赫"算法，其基于巴赫所创作的352首四部和声的圣叹合唱创作出了新的音乐作品，对比巴赫本人作品具有75%的识别度，显示出深度巴赫创作的高度潜力[19]。另一方面，艺术行业的快速发展成为牵引和推动人工智能技术创新的引擎，其对新技术的依赖直接而持久地激励着人工智能技术的不断创新，推动技术潜能的持续释放。技术创新渗透到艺术内容的生产、分发、交互体验以及商业变现的全链条与场景中，驱动艺术领域智能化运营，从而提升艺术创作效率，降低艺术生产运营成本。

（二）叙事扩容：平台供给与群体智慧的内容共生

基于AIGC高效率、高质量、高规模的三高优势[20]，AIGC主导的人工智能艺术显现出典型的叙事扩容，即由文本、图像等媒介多模态的融合，同时广泛赋能赋权，促进艺术平权，平台供给愈加精准，群智开放更加凸显。所谓群智开放指的是通过AIGC的知识生产实践，人类重回口耳传播、概率性语言和集体创作的"再部落化"阶段[21]。亨利·詹金斯（Henry Jenkins）的"融合文化"（convergence culture）和米歇尔·德赛都（Michel de Certeau）的文本盗猎概念指出，数智技术与互联网媒介融合正在塑造一种参与式文化和集体智慧的生产模式[21]。作为新一代流量入口，AIGC应用具有自组织群智涌现效应[11]。创作门槛的降低让AICG变得愈加触手可及，越来越多的人可能会成为艺术生产中的参与者。例如，Midjourney在Discord上建立全球第一个集中式的人工智能创作者社区，通过分享创作背后的提示词等，艺术制作的知识共享变得更为普遍，用户不再受限于技法并得以参与"众创"，通过自己的审美体验创造新的艺术内容。基于算法的内容创作以数据驱动创作的方式，从信息采集、整合分析到输出有效保证艺术制作对热点的锁定、受众偏好的捕捉；同时经由机器的自我进化及深度学习，以用户点击、点赞等方式征集到反馈和评估，通过美学与商业双重视角不断评估及优化艺术作品，以贴近受众需求，实现艺术创意的精准化、智能化与艺术创作水平的平衡。实际上，人的"喂养"和训练使得智能机器人艺术内容服务更为丰富与高质量，艺术生产、消费、再生产实现良性循环。

平台供给精准体现在 AIGC 以算法为核心，艺术平台将内容搜索变为内容推荐，满足"千人千面＋海量信息＋专属服务＋实时反馈"的客户需求，形成以用户精准反馈为基准、弥合认知鸿沟的虚拟世界[22]。人工智能以技术与大数据支撑助力提升平台主体创新能力和创新价值，焕新艺术产业原有的生产与传播路径，推动平台生态的深度拓展和全面扩张。一是通过平台聚合，有效汇集创意阶层的集体智慧，建立相应的创意素材库，提升优质内容的供给能力，促进传统文化艺术的转型升级。二是通过智能库存分配、个性化推荐与精准投放，提升用户口碑与商业投放价值。人工智能基于数字艺术受众的相关大数据，如浏览内容和屏幕停留时间等多维数据，形成具体的受众群像，助力其精准推广和营销，提升人工智能艺术的传播效率。三是结合场景营销的手段将消费行为扩展至整个消费场景，进而扩大文化艺术产品的有效供给，以精准化服务更好地满足人们的精神文化需求。智能化的数字平台整合各类数字文化艺术产品，实现数字文化艺术服务的智能化与多样性，助力文化服务完善创新。基于平台在艺术产业链中的重要作用，科技巨头在人工智能艺术生产与设计的道德价值观设计变得尤为重要，特别是亟须对人工智能平台从个人自由指标（自主、尊严、隐私）、社会福祉指标（公平、团结、可持续性）、技术可信度指标（性能、安全、责任）等维度搭建人文主义可持续投资模型[23]。

（三）关系耦合：万物互联、人机协同的生态模式

人工智能、虚拟现实、区块链等一系列新型数字技术的集聚创新，以万物互联的形式推动人机协同的发展图景，艺术的存在形态与边界不断拓宽，由单一化的"人类主导"向多元化的"人机协同"延伸。基于唐·伊德（Don Ihde）的理论，以 AIGC 为主导的人机关系革命由"它异关系"转变为"具身关系"，即人工智能从外在的它者过渡到耦合的形态[24]。未来，在机器类人化和生物工程化的协同趋势下将进一步出现人机合一、人与机器共同进化的可能。具体表现来看，一方面，人机协同通过数据的调用和运算，提炼出独特的知识演示和技术储备形式，进而形成一个数字化、复合化的艺术基

因库，使艺术家从标准技法之中获得启发。例如，《下一个伦勃朗》通过人工智能技术学习荷兰艺术家伦勃朗·莱茵（Rembrandt Rijn）的346幅作品，创建了150G的数据渲染图形，研究了168 000多个片段的数据，后续数据分析师、开发者和艺术史学家重点分析伦勃朗脸部不同关键点，绘制了6000余个面部标志，模仿绘画笔触，经过3D打印13层油墨UV的制作方式最终呈现出来[25]。人机协同意味着"趣源模式"的开启，人工智能根据算法替代人完成机械重复性的劳动，从而使得艺术家有更多时间用于艺术创想，反哺创意阶层，将更多时间精力投入创新改进智能体，使得智能体拥有更强大的功能，实现双向的价值赋能，从而实现双方的正反馈关系。另一方面，随着技术的进步，人类在内容生产中的角色也将发生巨大转变。他们将不再仅仅是纯粹的内容生产者，而是转变为"元编辑"，即智能机器和算法的设计者、训练者、规范者，以及作品的构思者和把关者[26]。例如，2022年美国科罗拉多州博览会数字艺术奖获奖作品《太空歌剧院》，就是美国游戏设计师杰森·艾伦（Jason Allen）利用Midjourney输入各种单词和短语形成标签数据，从创建的900多幅效果图中择优，并在Photoshop中进行调整的结果。

人机协同的目标是提升人工智能艺术的内容深度，由人把控艺术创作理念与核心价值，延伸艺术创意阶层的思维与想法，赋予艺术创作更具审美意蕴的价值。人工智能自身具备信息互联、智能感知等特性，通过人机协作可以整合原有零散的艺术素材资源，提供创意灵感，释放艺术创作想象空间。此外，智能机器人与创意阶层的"共同进化"赋能AIGC模式建构起主流价值体系，实现文化艺术主体的价值旨归，走向至善的AI时代艺术创新发展方向——在人机协同塑造艺术生产新范式过程中，人作为审美主体的创意、情感与价值判断如何和人工智能完美结合，确保具有情感和审美力的"人"作为主体实现人机"共同进化"是智能时代艺术创新的内核与关键所在。艺术本质性特征在于其所蕴含的精神属性，艺术产品是特殊的精神产品，其体验与情感最为关键。人类心智具有区别于智能体的理解能力，结合人工智能技术可以呈现全新的话语内容内涵——在进行艺术创新时确保发挥人的主体性创意，释放人工智能技术优势，特别是积极发挥技术对艺术创作的启发灵感作用，以更好地辅助艺术创制。

三 AIGC 时代人工智能艺术隐忧：版权困境与伦理风险

人工智能技术在艺术领域的应用并非是孤立的，而是在多维度驱动艺术文化创新的原理基础上产生的多元化、交叉化、立体式的影响及其扩散特征。作为新的技术创造，人工智能以其极强的关联性与波及性进行"创造性破坏"，这就涉及著名的"控制问题"，即防止 AIGC 脱离指定边界而对人类产生"消极态度"，确保对人类"积极善意"或者至少保持"中立"。AIGC 模式在带来艺术生产周期短期化与人类文化生产能力跃升的同时，在技术属性上仍然会受到算力、算法、伦理法规的制约，对其保持积极且审慎的态度至关重要。

（一）消弭艺术创新的人文价值伦理

美国技术哲学家詹姆斯·摩尔（James Moor）曾指出"伴随技术革命，社会影响增大，伦理问题也增加。"[27]人工智能重塑艺术产业链，同时也因技术的嵌入将可能产生伦理边界困境，如消解文化艺术的人文精神、背离当代主流价值观、算法偏见激化社会不平等、全景式监控等加剧社会不平等现象的问题。数智时代，文化艺术生产是与智能机器建立共创乃至共情关系的过程，在此意义上，人工智能艺术创作背后的伦理问题成为亟待探讨与解决的难题。

一是 AIGC 模式下艺术生产潜含意识形态及主流价值伦理背离的风险。文化艺术领域中过度使用人工智能技术，产生了大量庸俗恶趣味的生成物，致使真正的艺术作品被淹没[28]；甚至部分不法分子利用人工智能深度合成技术生产潜含负价值导向的艺术产品，操控生成有违主流价值的虚假内容。基于算法逻辑所形成的虚假内容宣传、算法偏见、"信息茧房"和"知识鸿沟"等算法污染问题不仅违背了中国社会主义现代化建设中的社会精神层面的价值取向，同时也背离了个人层面的价值准则。此外，从国家安全角度看，AIGC 大数据语料的语种选择也会对生成的艺术作品价值倾向产生影响。以 ChatGPT 为例，美国人工智能公司开放人工智能研究中心（OpenAI

公布的资料显示训练 ChatGPT 的中文语料数据不足千分之一，而英文语料占比超过 92%[29]，数据资料大多来源于英语国家具有广泛影响力的机构、团体和社交平台，将不可避免地隐含西方价值观念，影响国际传播格局。

二是人工智能艺术的平台化运营易导致权力集中和平台垄断问题。数据与算法在人工智能时代成为新的权力生产要素[30]。人工智能霸权可以被视为一种仿生技术下的政治机器[31]，很大程度上体现了技术官僚等权力群体的意志——基于经济利益最大化或者政治利益最大化考虑，都可能会忽略艺术作品的价值选择，导致工具理性凸显，价值理性淡化。随着平台掌控庞大的数据要素和算法算力等战略性核心资源，AIGC 模式下的艺术生产可能越发掌控在大平台大资本手中。2023 年，美国编剧工会罢工 148 天，其核心诉求是提升薪资待遇及限制 AI 使用，拒绝给 AI"打工"；2024 年 200 多名国际乐坛知名音乐人联署公开信，同样要求 AI 开发者停止使用人工智能侵犯并贬低人类艺术家的权利[32]。一旦人工智能艺术从生产、运营到消费成为权利意志的控制外化，利益博弈将会影响艺术作品的最终生产，借用人工智能去制造混淆视听的艺术作品，或者迎合大众审美偏好的艺术产品，观众在长期浸染之下受"信息茧房"效应的影响，认知范围窄化，从而容易成为具有相似智能审美的"单向度的人"。

三是人类作为创意和创作主体的危机性。传统的艺术与技术紧密交织，是以人为创作主体的创造，创意是作品的核心。而 AIGC 模式下的艺术生产则将创意元素程序化编码，弱化艺术家个体角色，强化了公众经验视角，带来新旧艺术生产模式的交锋，易产生挤压创意阶层生存空间的近忧和威胁人的主体能动性的远忧——对于从事精神文化生产的创意阶层而言，其作为"人"的主体性和创造性受到巨大的挑战。相较于人工智能，人类大脑的独特优势是其拥有的致力于社会认知和深度思考的巨大神经回路网络，但由于人工智能具有强大的自主学习能力，旨在模拟、延伸、超越人类智能，将会挑战甚至替代重复性的艺术工作者，从而形成规模性与结构性失业，并可能带来严重的社会安全危机。未来，随着人工智能由弱智能向强智能的进阶，掌握自我意识之后的人工智能将进一步威胁艺术创作领地与人类的创意空间和生存空间。

（二）增生数据侵权风险等新型文化安全危机

尤瓦尔·赫拉利（Yuval Harari）在《未来简史》中强调目前最耐人寻味的新兴"宗教"正是"数据主义"，它崇拜的既不是神也不是人，而是数据[33]。据 Garnter（高德纳）报告显示，到 2025 年 AIGC 模式产生的内容将占据网络内容的 30%[34]。基于大数据"喂养"成长起来的人工智能技术是一个系统工程，其引发的技术与文化变革不仅体现在数量的变化上，更是一种生态式的革命，伴随着数智鸿沟、文化差距、算法污染、深度伪造等一系列新问题和新挑战。

AIGC 的发展依赖于海量互联网数据的供给。然而，在人类出版的约 1.29 亿本书籍中，只有 12%（约 1500 万本）实现了数字化[35]，在网络上可以免费获取的资源更为有限；加之许多内容被机构出于规避版权侵权风险而排除在外，即使是 ChatGPT 所利用的 1750 亿参数，也仅涵盖了人类知识的极小一部分[36]，这就限制了 AIGC 获取数据的范围，使其在训练数据的数量和多样性方面仍然存在不足。同时由于无法全面审核和筛选训练数据的质量和内在价值，AIGC 仍面临高风险的伦理问题与价值观问题。此外，AIGC 走向以数据和算法驱动的新模式，成为一种不再向大众公开，也无法通过搜索引擎抓取内容的"暗网式""黑箱"大集市[37]。这种情况可能导致无意的"深度伪造"，从而引发艺术生产的"失控"。AIGC 模式下的艺术生产可能会偏离其原初客观中立的设定，生成内容中包含并放大训练数据中固有的种族主义、性别偏见、暴力和色情等负面要素。例如，OpenAI 的图像生成模型 DALL-E 和谷歌的 Imagen 模型都曾被指存在性别歧视问题，而 Stability AI 也被艺术家批评为"复杂的拼贴工具"，侵犯了大量本应受版权保护的图像[38]。

除了上述数据底座缺陷和算法污染等导致的数据资产管理难题，当前人工智能艺术版权困境在制度管理上也面临巨大挑战：一是网络空间存在海量信息，艺术品版权难以界定，不法者容易"以网牟利"，但应对的管理体系效率低、耗费高；二是主客体层面权属不清，即人工智能是否具备法律人格及人工智能生成的内容是否具有著作权及其归属，目前都尚未形成统一定

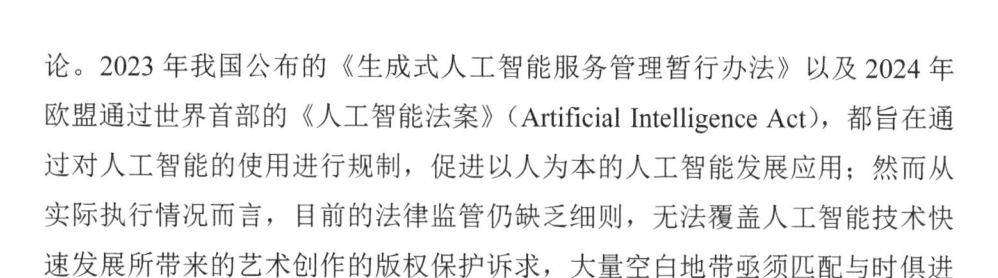

论。2023年我国公布的《生成式人工智能服务管理暂行办法》以及2024年欧盟通过世界首部的《人工智能法案》（Artificial Intelligence Act），都旨在通过对人工智能的使用进行规制，促进以人为本的人工智能发展应用；然而从实际执行情况而言，目前的法律监管仍缺乏细则，无法覆盖人工智能技术快速发展所带来的艺术创作的版权保护诉求，大量空白地带亟须匹配与时俱进的制度设计，予以保障版权。

（三）机械式创作导致创意"灵韵"消失

哲学家艾瑞克·弗洛姆（Erich Fromm）曾指出，在过去人们面临的危险是变成奴隶，而在将来危险是人类可能变成机器人。之所以说"危险"，不仅是因为创意阶层的边界变得更加模糊与松散，而且面临着"灵韵"消失的可能。AIGC模式模糊了人类创意与机器填充之间的边界，AIGC艺术作品存在一定的拼凑感以及情感缺失局限性。例如，利用ChatGPT等大型语言模型进行内容生成的机械式创作，导致创作者不再是情感的表达者和内容的创作者，而更像是文字的批量生产者——其所创造的文本常呈现出各类语料的缝合与杂糅，人工智能的生成能力令人产生了"幻觉"，将机器填充视为人类创意。"真实"往往伴随着不完美，而AIGC却过于追求"精确"，导致其缺乏原真性。同时，缺乏人的主体性创意和情感使得这些作品显得有些"空洞"，无法弥补其在反映社会现实和体现自由意志方面的缺陷[39]。英国艺术评论家乔纳森·琼斯（Jonathan Jones）评价人工智能作品《下一个伦勃朗》，强调是"对人性中所有创造性的可怕、无味、麻木和无情的嘲弄"[40]，认为人工智能的算法理性脱离了传统的艺术真实性，消减了其审美意蕴。

随着人工智能技术的普及，越来越多的创作者利用人工智能进行辅助创作或直接生成，从长远来看，AIGC越精进，人类对其的依赖程度越深，创意阶层的"人"的情感表达很可能越来越稀少，从而导致数字难民的增多和数智鸿沟的进一步扩大。实际上，创作者对人工智能一旦产生过度依赖，即应用智能软件对人形成规训，情感自主性的迷失及由于技术赋权所产生的自由幻象均可能带来人类创作能力的下降，人的创造力、行动力和审美力的退化，导致艺术作品严重同质化与模板化，制造过剩的缺乏灵魂的人工智能艺术作品，甚至主动放弃主体地位，将之交付人工智能接管。此外，过度依赖AIGC技术进行艺术生产，将面临知识拟像的风险，即将人工智能生成内容视为文本来源，导致与现实经验的断裂[41]。智能机器完成的整合式内容加工将削弱内容生产的丰富性，或催化人们的速食化内容消费，将人们的认知限制在平庸水平[42]，产生马丁·海德格尔（Martin Heidegger）所说的"常人"之上的"新常人"[43]，造成量化的平庸[44]。在人类历史上，艺术是通往思想自由的路径，如若不加管控，人工智能艺术在未来可能会成为限制人类自由的桎梏。因此，在接受技术赋能的同时自觉抵制技术带来的"异化"风险，将成为AIGC赋能下创作者的重要素养之一。

四 人工智能艺术守正创新：基于AI价值对齐的创新观与伦理观

文森特·莫斯可（Vincent Mosco）在其《数字化崇拜：神话，权力与赛博空间》（*Digital Sublime: Myth, Power, and Cyberspace*）中强调技术只有摆脱了神话般的偶像崇拜，才能真正成为社会和经济变迁的动力[45]。人工智能对齐人类价值观不仅是一个技术突破问题，还涉及社会、文化和伦理等多个层面，是实现人工智能艺术守正创新的伦理善治的关键[46]。由此，对于AIGC时代人工智能技术的发展须理性对待和积极应对，立足人工智能价值对齐从技术与制度协同、主体变革等维度系统探究人工智能介入人类为创意主体的艺术生产领域所带来的创新边界和伦理边界的平衡命题，遵守人工智能文化科技伦理规范，实现人工智能价值对齐和艺术守正创新的同步。

（一）遵循人工智能价值对齐，实现艺术创作的人文精神旨归

从系统论的观点来说，艺术生产与人工智能技术是相互独立的系统，两者的融合是艺术元素与技术元素相互融通、相互协同实现价值增值的过程。基于人工智能工具理性的机理，人文底色的加入成为必要支撑，"人工智能+人文"将成为AIGC的主要发展趋势[47]。伴随人工智能算法的不断演进和算

法污染问题的频出，立足人工智能艺术"守正创新"，坚守人工智能价值对齐是原则和基准。

其一，坚守人工智能艺术的人文价值伦理边界。人工智能哲学家玛格丽特·博登（Margaret Boden）指出，培养人工智能树立积极的责任承担意识、引导人工智能形成正确的价值伦理观念、构建人工智能在各领域的道德评估机制，是实现人类智能与人工智能在各领域展开良性互动的关键所在[48]。当前，最重要的制度创新是对人工智能进入艺术领域的界限作出规定，将之树立在尊重人类社会伦理规范和最大化人类价值的基础之上，廓清人工智能设计者、艺术工作者、使用者、政府机构、大众媒体等各层次组织的道德责任，避免偏移[49]。其次是加快艺术行业的科技伦理政策创新，思考伦理对于人工智能艺术制裁的合理性范围及伦理"禁区"的设定标准。最后是通过营造良好的创意空间与人文生态，最大化发挥创意阶层的主体性创新创意价值，动态监测人工智能艺术创新的人文伦理边界，立足人类美好生活与坚持文化本位性，实现机器智能的"人文化"，服务全体人类的福祉。

其二，把控好人工智能艺术的主流价值伦理边界。在人工智能时代，推动文化产业主流价值传播，提升国际文化话语权，是建设文化强国的时代诉求，也是立足人本原则、全社会以反思的姿态为人工智能技术重新定位伦理标准的关键。实际上，人与人工智能在情感维度上是单向情感联系，如若沉迷其中可能被高度拟人化的社交机器人操控情感，也会带来新型孤独。以人为本是AIGC时代人工智能艺术智能化创新的核心基准，利用正向发力和反向防御相结合的方式，遵循机器道德、机器伦理和国家主流价值的一致性，从内容供给源头到艺术生产、传播、消费等价值链环节，嵌入主流价值观，形成相互包容、共生共长的人工智能艺术生产和传播基本模式，以期形成符合社会主流价值的判断和情感镜像。特别在传播层面，利用人工智能在网络化、数字化、智能化等多元媒体传播中的优势，聚合优质内容和主流价值赋能人工智能艺术的创作和传播全过程，形成正向循环。

其三，借助传统文化与艺术的供养，立足本土文化大数据和语料库优化AIGC模式，加快建构中华优秀传统文化、革命文化和社会主义先进文化等本土文化大数据语料库，赋能AIGC本土化创新。一方面，数字化技术的普及对于盘活我国传统文化、赋能艺术产业转型升级具有重要意义。以ChatGPT为代表的AIGC在拟人化互动、知识流动与普及、知识共创方面皆有独特优势，可以利用其促进中国优秀传统艺术文化创造性转化和创新性发展[50]；例如，清华的道子人工智能绘画系统和九歌诗词创作系统就是利用AIGC生成绘画及诗词文化的典型代表。另一方面，人工智能艺术依托传统文化的数智化再造，实现了从技术到精神艺术层面的回溯与追寻。中国传统文化与艺术承载了长续的文化基因与审美趣味，可以有效提升人工智能艺术人文底蕴，通过赋予人工智能以"温度"，使之成为以人文精神为内核、以人工智能技术创新为动能的"人文智能"[51]。

（二）推进人工智能技术与制度协同创新，应对人工智能算法黑箱

人工智能技术创新与制度创新是互为作用的动态系统。以AIGC为代表的新型数智技术催生出数字艺术、人工智能艺术新形态的同时，对智能时代人工智能艺术的制度创新、运行机制和治理路径提出了新的诉求。基于此，我们亟须探索一条自主可控的中国人工智能艺术健康发展之路，建构人机协同的人工智能艺术善治体系。

其一，构建以社会效益和人本价值为导向，与艺术创新与数据保护同步的政策法规体系。版权界定、保护与监管治理制度安排是人工智能艺术创作者的权益保障，随着人工智能艺术在内容形态上日趋接近自然人的创作的出现，未来针对人工智能艺术创作的数据算法管理、数据内容资产化及知识产权归属定性上的系列问题不容回避。具体而言，通过立法规范加强对AIGC时代人工智能艺术的法人、著作权定性及知识产权保护，建立完善的数字化著作权系统，这包括明确合同约定内容归属、建立人工智能生成内容登记制度[52]，厘清作者与作品认定，在人工智能模型开发领域确立透明摘要发布制度，同时在公共数据资源方面落实数据开源与有偿共享机制，并灵活调整案件中的证据责任[53]，设置邻接权与数字签名机制予以调控等[54]。此外，通过立法治理人工智能技术在艺术领域的失范现象，明确主体责任，确保人工智能数据的安全性和公开透明性，从而避免智能体通过算法的"黑箱性"及各类侵权事件。

其二，亟须加快制定更具前瞻性和实操性的人工智能艺术伦理制度体系，明确人工智能技术介入艺术领域的创新边界问题，从顶层设计和制度建设上进行规约。一方面，针对人工智能引发的新型文化安全风险与数字文化鸿沟，密切关注并出台相应机制以缓解人工智能在文化艺术领域可能造成的结构性失业现象、进一步挤压艺术创意主体生存空间以及数据巨头与新型数据难民导致的贫富差距放大等问题。另一方面，推进人工智能从事文化艺术领域具有重复性、繁冗性的工作，从而使得创意阶层在人机协同下拥有更多闲暇时间，深化自我认知，获得自由而全面的发展，实现创意阶层创意价值的最大化。此外，对于介入文化艺术领域的科技巨头和大模型平台越发呈现垄断的现实，亟须奉行分配正义原则，廓清权责归属；同时构建起内容识别、事实核查、问题感知、测试评估、标准塑造等精准治理能力[55]。

其三，构建和发展负责任、自主、可信、可控的人工智能艺术技术保障体系。建构 AIGC 模式下艺术生产的技术标准，坚持技术向善与技术自治，加强技术安全与隐私保护。一方面搭建全方位的数据监管体系，形成不止于平台自治的，涵盖政府、社会组织、大众媒体多主体多元共治的联动与协同，营造良性数据供应、运营及价值释放的艺术生态。另一方面，完善人工智能艺术从创作、生产、传播到交易等的治理机制，在各环节全方位考虑立足人本原则，增设人文价值比重。此外，AIGC 介入艺术生产加剧了内容的虚拟化进程，而内容的虚拟化会进一步加深内容的货币化[56]，亟须基于区块链技术保障交易环节建立有效的追踪与溯源机制，形成并完善艺术作品数字版权管理。

（三）立足人类创意主体地位，实现 AIGC 赋权的多主体变革

AIGC 赋能艺术涉及混智多体，即政府、平台企业、艺术从业者、行业协会、媒体、消费者以及人工智能体等均是艺术产业链条构成的主体，人工智能重构了人工智能艺术产业链和生态链，既实现了多主体自我及联动变革，也强化了用户参与艺术和赋能公众艺术美育的力量。

在 AIGC 赋权多主体参与艺术场域的背景下，政府作为制度创新主体须做好顶层设计与思维变革，以预见性制度创新应对数智时代人工智能技术创

新加速度和算法迭代在艺术领域引发的新变革与新问题。文化艺术企业应立足数据思维、技术思维和伦理思维的协同，既要最大化利用 AIGC 技术以实现降本增效，更要实现自主版权及其人机协同艺术创作的新型版权保护策略的与时俱进，还要强化社会责任与科技伦理实现艺术创新与个体增值的双向关照[57]。虽然 AIGC 的"拟人化认知互动"优势带来工具性人力资源的可替代性进一步提升，但人作为艺术创作主体在理论、概念和创意等方面的建构性能力依然无法被替代，具备人工智能技术思维、数字素养、美学素养、人文思维、科技伦理观的艺术创意人才尤为重要。基于此，通过高校教育、文化艺术企业培育、社区教育扩展的多元场域协同，同时进行公众艺术美育及对人工智能伦理的培训，将公民塑造为"应用者+道德者+思考者"的复合型能力者至关重要[58]。

从个体维度来看，对于文化消费者而言，要学会辨识 AIGC 技术逻辑性下的深度合成乃至深度伪造，实现内容生产者、运营者、传播者、消费者、监管者多重角色合一的身份转变。对于艺术从业者而言，亟须做好终身学习规划，关注个体自我的内在成长，关注创意力、审美力、创新力、情感力、批判思维的能力建构，以共创共享共建思维，积极拥抱人工智能艺术高质量发展新格局。此外，通过了解算法推荐机制，强化使用人工智能进行艺术创作的认知理性，提升人在艺术创作中的主体把控度与原创能力，从而使其具备基本的科技伦理素养与文化安全风险意识，适应数字化智能化生存，守护好人类原创能力与情感表达能力的边界。特别是艺术家在未来的艺术创作实践中需要发挥"牧羊人"角色，确保人工智能艺术发展方向与人类的艺术追求和价值追求保持一致，避免工具理性和算法思维造成的人类创造力"缺席"，通过人机协同创造出具有深刻思想洞见、细腻情感体验及深切人文关怀的艺术作品[1]。

《未来简史》一书以未来世界的三个重大发展作为结束：首先，科学正汇聚在一个包罗万象的教条上，即所有生物都是算法，生命则是进行数据处理；其次，意识与智能的分离；最后，算法将比我们更了解自己[59]。AIGC 模式的到来正在加速向赫拉利描绘的未来世界迈进。人工智能自诞生以来就一直伴随着一种"人工智能替代叙事"的后人类式机器恐慌[58]。AIGC 是人类社会的镜鉴[60]，但最终，人的健全、自由发展，人类的共同进步的人本原则，应该始终是为机器导航的核心准则[61]。AIGC时代人工智能艺术善治的要义并非是杜绝与限制，实现单向的技术收编，而是人与机器双向互为尺度、实现人工智能价值对齐。基于此，应对人工智能等技术集聚的技术浪潮，盲目的否定与集体性恐慌都将可能导致更大的后退，避免科林格里奇困境（Collingridge's Dilemma）的关键在于进行符合伦理与法规的更为广泛的艺术实践，并以此探寻未来艺术的理想进路。

参考文献

[1] 张蓝姗. 机器的人性化与人类的机器化——AI大模型时代影视艺术发展新范式. 中国电视, 2024, (3): 86-92.

[2] 王琦. 人工智能艺术是艺术吗？——以艺术生产为视角. 社会科学辑刊, 2024, (2): 230-236.

[3] 娄永琪. AIGC时代，创意何去何从. 艺术设计研究, 2023, (6): 5-12.

[4] 杨宁. 人工智能写作与文学创作主体性问题反思. 广州大学学报（社会科学版）, 2024, (2): 25-34.

[5] 沈洁, 刘凡. AIGC赋能下电影数字化创新应用研究. 电影文学, 2024, (9): 22-26.

[6] 谢梅, 王世龙. ChatGPT出圈后人工智能生成内容的风险类型及其治理. 新闻界, 2023, (8): 51-60.

[7] 张春春, 孙瑞英. 如何走出AIGC的"科林格里奇困境"：全流程动态数据合规治理. 图书情报知识, 2024, 41 (2): 39-49, 66.

[8] 列夫·马诺维奇, 埃马努埃莱·阿列利. 列夫·马诺维奇. 人工智能（AI）艺术与美学. 陈卓轩, 译. 世界电影, 2023, (3): 4-24.

[9] 刘雅典. 生成式人工智能艺术形式与情感关系辨. 文艺争鸣, 2023, (7): 77-85.

[10] 黎学军. 艺术就是复制：关于人工智能艺术的思考. 学习与探索, 2020, (10): 176-182.

[11] 詹希旎, 李白杨, 孙建军. 数智融合环境下AIGC的场景化应用与发展机遇. 图书情报知识, 2023, (1): 75-85, 55.

[12] 周葆华. 或然率资料库：作为知识新媒介的生成智能ChatGPT. 现代出版, 2023, (2): 21-32.

[13] 邓建国. 概率与反馈：ChatGPT的智能原理与人机内容共创. 南京社会科学, 2023, (3): 86-94, 142.

[14] 陶锋. 人工智能视觉艺术研究. 文艺争鸣, 2019, (7): 73-81.

[15] Zhang C, Chen Y. A review of research relevant to the emerging industry trends: Industry 4.0, IoT, blockchain, and business analytics. Journal of Industrial Integration and Management, 2020, 5 (1): 165-180.

[16] 朱光辉, 王喜文. ChatGPT 的运行模式、关键技术及未来图景. 新疆师范大学学报 (哲学社会科学版), 2023, 44 (4): 113-122.

[17] 张陆园. 人工智能影像生产模式的技术赋能、媒介特征与文化危机. 当代电影, 2023, (9): 77-84.

[18] Liu J Y. 2022 Streaming Stillness 虚极静笃. [2024-04-30]. https://www.jiayuliu.studio/2022-streaming-stillness.

[19] Galeon D. Human or AI: Can you tell who composed this music? A showdown between Bach and DeepBach. (2016-12-16) [2024-02-25]. https://futurism.com/human-or-ai-can-you-tell-who-composed-this-music.

[20] 解学芳, 高嘉琪. AIGC 模式赋能数字文化创新的逻辑与善治: 基于 ChatGPT 热潮的思考. 江海学刊, 2023, (3): 86-95.

[21] 赵宜. 人机共创、数据融合与多模态模型: 生成式 AI 的电影艺术与文化工业批判. 当代电影, 2023, (8): 15-21.

[22] 叶妮, 喻国明. 基于 AIGC 延展的创新性内容生产: 场景、用户与核心要素. 社会科学战线, 2023, (10): 58-65.

[23] Brusseau J. AI human impact: Toward a model for ethical investing in AI-intensive companies. Journal of Sustainable Finance & Investment, 2021, 13 (1): 1-28.

[24] 喻国明, 苏健威. 生成式人工智能浪潮下的传播革命与媒介生态——从 ChatGPT 到全面智能化时代的未来. 新疆师范大学学报 (哲学社会科学版), 2023, 44 (5): 81-90.

[25] 山千黛. 算法已经能绘画, 能作曲, 能写诗, 真正的人工智能还有多远?. (2020-04-16) [2023-02-13]. https://baijiahao.baidu.com/s?id=1664117909063374582&wfr=spider&for=pc.

[26] 张徽, 彭兰. 示能、转译与黑箱: 智能机器如何颠覆与再建内容生产网络. 新闻与写作, 2022, (12): 75-85.

[27] Moor J H. Why we need better ethics for emerging technologies. Ethics & Information Technology, 2005, 7 (3): 111-119.

[28] 陶锋. 人工智能文艺领域的伦理与治理. 人文杂志, 2023, (5): 52-62.

[29] 张田勘. 破解大模型中文语料不足问题, 并非毫无办法. (2024-03-11) [2024-05-03]. https://www.bjnews.com.cn/detail/1710142219169246.html.

[30] 梅立润. 技术置换权力: 人工智能时代的国家治理权力结构变化. 武汉大学学报 (哲学社会科学版), 2023, 76 (1): 44-54.

[31] Ricaurte P. Ethics for the majority world: AI and the question of violence at scale. Media,

Culture & Society, 2022, 44 (4): 726-745.

[32] 杜蔚, 温梦华. 当AI"音乐裁缝"横行互联网 超200名音乐家联名信背后的"焦虑". (2024-04-03) [2024-05-03]. http://www.nbd.com.cn/articles/2024-04-03/3313750.html.

[33] 尤瓦尔·赫拉利. 未来简史: 从智人到神人. 林俊宏, 译. 北京: 中信出版社, 2017: 333.

[34] Garnter. Generative AI, Machine customers and AR/VR are expected to transform sales in the next five years. (2022-10-10) [2024-05-03]. https://www.gartner.com/en/newsroom/press-releases/2022-10-10-gartner-identifies-seven-technology-disruptions-that-will-impact-sales-through-2027.

[35] Michel J B, Shen Y K, Aiden A P, et al. Quantitative analysis of culture using millions of digitized books. Science, 2010, 331 (6014): 176-182.

[36] 解学芳, 祝新乐. "智能+"时代AIGC赋能的数字文化生产模式创新研究. 福建论坛(人文社会科学版), 2023, (8): 16-29.

[37] 钟祥铭, 方兴东, 顾烨烨. ChatGPT的治理挑战与对策研究——智能传播的"科林格里奇困境"与突破路径. 传媒观察, 2023, (3): 25-35.

[38] Joseph S J, Matthew B M. We've filed lawsuits challenging AI image generators for using artists' work without consent, credit, or compensation. (2023-07-30) [2024-02-05]. https://stablediffusionlitigation.com/, 2023-07-30.

[39] 陈洪娟. 人工智能绘画对艺术意蕴的消减. 美术, 2020, (7): 144-145.

[40] 马库斯·索托伊. 天才与算法: 人脑与AI的数学思维. 王晓燕, 陈浩, 程建国, 译. 北京: 机械工业出版社, 2020: 130.

[41] 吴静, 邓玉龙. 生成式人工智能前景下的公共性反思. 南京社会科学, 2023, (7): 19-26, 36.

[42] 彭兰. 智能生成内容如何影响人的认知与创造?. 编辑之友, 2023, (11): 21-28.

[43] 刘海龙, 连晓东. 新常人统治的来临: ChatGPT与传播研究. 新闻记者, 2023, (6): 11-20.

[44] 高奇琦. GPT技术下的深度媒介化、知识秩序与政治秩序. 现代出版, 2023, (3): 28-38.

[45] 文森特·莫斯可. 数字化崇拜: 迷思、权力与赛博空间. 黄典林, 译. 北京: 北京大学出版社, 2010.

[46] 布莱恩·克里斯汀. 人机对齐. 唐璐, 译. 长沙: 湖南科学技术出版社, 2023: 245.

[47] 郭全中, 张金熠. AI+人文: AIGC的发展与趋势. 新闻爱好者, 2023, (3): 8-14.

[48] 玛格丽特·博登. AI: 人工智能的本质与未来. 孙诗惠, 译. 北京: 中国人民大学出版社, 2017: 162-163.

[49] 解学芳. 人工智能时代的文化创意产业智能化创新: 范式与边界. 同济大学学报 (社会科学版), 2019, 30 (1): 42-51.

[50] 李欣人, 王俊杰. ChatGPT助力中华优秀传统文化转化的逻辑与路径研究. 海南大学学报, 2024, 42(6): 17-23.

[51] 吴攸. 从"人工智能"到"人文智能"——论科技与人文融合的问题与前景. 上海

交通大学学报 (哲学社会科学版), 2023, 12 (31): 25-38.

[52] 俞风雷. 中日人工智能生成内容的著作权保护立法研究. 科技与法律, 2020, (1): 1-7.

[53] 臧志彭, 丁悦琪. 中国 AIGC 著作权侵权法律规制的优化路径. 出版广角, 2023, (24): 21-27.

[54] He T X. The sentimental fools and the fictitious authors: Rethinking the copyright issues of AI-generated contents in China. Asia Pacific Law Review, 2019, 27 (2): 218-238.

[55] 许雪晨, 田侃, 李文军. 新一代人工智能技术 (AIGC): 发展演进、产业机遇及前景展望. 产业经济评论, 2023, (4): 5-22.

[56] 胡泳, 刘纯懿. UGC 未竟, AIGC 已来: "内容"的重溯、重思与重构. 当代传播, 2023, (5): 4-14.

[57] 黄茂勇, 叶珊. 非对称赋能: 人工智能的就业技能迭代效应及教育干预. 教育与职业, 2023, (4): 5-12.

[58] 袁磊, 徐济远, 叶薇. AIGC 时代的数智公民素养: 内涵剖析、培养框架与提升路径. 现代教育技术, 2023, 33 (9): 5-15.

[59] 尤瓦尔·赫拉利. 未来简史: 从智人到神人. 林俊宏, 译. 北京: 中信出版社, 2017: 359.

[60] 陈昌凤, 张梦. 由数据决定? AIGC 的价值观和伦理问题. 新闻与写作, 2023, (4): 15-23.

[61] 彭兰. 人与机器, 互为尺度. 当代传播, 2023, (1): 1.

Mechanisms of Innovation and AI Value Alignment of AI Art in the AIGC Era

XIE Xuefang   LIN Shuyuan

(School of Humanities, Tongji University, Shanghai 200092, China)

Abstract: AIGC empowers artistic innovation through human-machine co-creation, transforming artistic creation methods, concepts, and aesthetic perspectives, and promotes the synergistic evolution of art production through the innovation mechanism of technological empowerment, narrative expansion and relational coupling. However, the development of AI art presents both promising opportunities and inherent concerns. To address the erosion of humanistic values and ethics, data infringement risks, and the potential loss of creative essence, it is crucial to establish a framework of precise good governance rooted in AI value alignment for AI art's righteousness and innovation. Specifically, this involves: 1) adhering to the principle of value alignment in AI to ensure the fulfillment of the humanistic spirit in artistic creation; 2) promoting the synergy of technological and institutional innovation to address the black box problem of AI algorithms; and 3) affirming the primacy of human creativity to realize the multi-stakeholder transformation empowered by AIGC.

Keywords: AIGC; artificial intelligence art; innovation mechanism; precise good governance

数字孪生城市赋能数字文化产业——核心理念、增长逻辑、拓展维度*

花 建 李 琳

摘要：作为城市数字化转型的重要实践，数字孪生城市在多领域和全流程赋能数字文化产业的创新创意发展。在核心理念上，数字孪生城市通过精准映射、分析洞察、虚实交互和智能干预的特性，促进数字文化产业在运营模式、场景再造、价值创新链和精准治理领域的提升。在增长逻辑上，数字孪生城市对数字文化产业发展具有重要的支撑作用，体现在技术逻辑、历史逻辑和产业逻辑的有机结合上。在拓展维度上，数字孪生城市可在资源整合、产业赋能和精细治理三个层面促进数字文化产业的健康可持续增长。发展数字孪生城市，既能有效地整合城市多源数据，推动文化资源的保护、传承和创新利用，又能促进文化生产方式的整合，形成数实结合的新场景，培育沉浸式的数字文化新模式与新业态。在城市文化IP打造、文旅融合、数字治理等新赛道上，

---

* 基金项目：南方科技大学全球城市文明典范研究院2023年开放性课题"文化竞合与自信自强的世界图景与中国道路"（IGUC23A002）；浙江音乐学院实验室及科学研究平台开放基金资助项目"数字化背景下的中外文化产业发展与趋势研究"（ZY2022A001）的研究成果。

作者简介：花建，南方科技大学全球城市文明典范研究院访问教授，上海社会科学院文化产业研究中心主任、研究员（深圳，518000）；李琳，上海社会科学院文学研究所助理研究员（上海，200092）。

数字孪生城市将作为推动数字文化产业繁荣发展的重要引擎，为城市核心竞争力跃升贡献智慧和力量。

关键词：数字孪生；数字文化产业；城市赋能；数实结合

一 理念的深化——数字孪生城市与数字文化产业

（一）数字孪生城市的基本概念及深化

城市是人类文明成果最为集中、最具活力的代表。随着星球城市化（planetary urbanization）的持续推进，城市文化正经历着一场深刻变革，成为数字化重塑城市文明的关键坐标。在城市资源、环境、空间发展的约束日益加强、全社会对可持续发展的呼吁越来越强烈的背景下，数字孪生城市成为城市数字化转型的前沿方向和重点实践。它的迅猛发展源于转型需求、技术演进、政策引导和产业促进这四大驱动力，又得益于学者的前沿研究，特别是美欧日和中国专家对智慧城市及数字孪生城市的研究。

数字孪生城市代表了数字孪生技术在城市规模的深度应用。通过创建与现实世界相映射的网络虚拟空间，数字孪生城市成为一种先进的城市规划和新型城市发展模式，实现了城市要素的数字化和虚拟化、城市状态的实时化和可视化、城市管理决策的协同化和智能化[1]。数字孪生城市成为全球各国推动城市数字化转型和提升城市核心竞争力的关键战略。

从世界范围来看，数字孪生城市的概念最早可以追溯到2002年。密歇根大学教授迈克尔·格里夫斯（Michael Grieves）提出"镜像空间模型"（Mirrored Spaces Model），该模型通过数据流动和信息反馈机制，将现实世界与虚拟世界紧密相连，为数字孪生技术的理论基础和应用实践提供了初步框架[2]。这一概念揭示了从物理空间到数字空间的数据映射过程，涵盖了从数字空间反馈至物理空间的信息流动，以及在这一过程中形成的虚拟子空间，为数字孪生城市的发展奠定了坚实的理论基础。2012年，美国国家航空航天局兰利研究中心和阿灵顿空军研究室的研究人员，受到美国国家航空航天局阿波罗计划的启发，提出了数字孪生的技术路径。这是一种集成了物理模型、传感器数据和操作历史等多维度信息的仿真技术，反映和体现了物理实体从设计、制造到运行的整个生命周期。有鉴于此，数字孪生不仅为物理实体提供了一个高度精确的数字副本，而且通过实时数据的集成与分析，实现了对物理实体状态的动态监控和预测，极大地增强了工程设计、测试和运维的效率和精确性。2017年，内达·穆罕默迪（Neda Mohammadi）强调智慧城市数字孪生是一个高度智能化的城市平台，能够模拟现实世界的变化，以此增强城市的韧性、可持续性和宜居性[3]。2021年，佩特洛娃·安东诺夫（Petrova Antonova）提出构建公共信息模型（common information model，CIM）、数据交互、数据聚合、分析、洞察、辅助决策六阶段的数字孪生城市方法论[4]。

在中国，数字孪生单体和相关技术的研究与应用得到了政府、产业界、学术界和研究机构的广泛关注和积极探索。2017年，中国信息通信研究院率先提出"以数字孪生城市推进新型智慧城市建设"的创新理念。自2019年起，该院连续五年推出数字孪生城市白皮书，阐述了数字孪生城市的概念框架、技术平台架构、核心能力要素、标准与应用、实施路径等内容，认为其将在全要素表达、决策仿真、以虚预实方面发挥作用[5]；中国工程院院士李德仁提出数字孪生城市是数字城市发展的终极愿景，也是智慧城市建设的新高度[6]，要抓好基于数字孪生城市的应用，推动城市升级发展和现代化治理；工业4.0研究院提出数字孪生化水平（digital twinning level，DTL）的五等级划分，为数字孪生单体的实践应用提供了有益的参考[7]。

世界经济论坛和中国信息通信研究院在2022年联合颁布的《数字孪生城市：框架与全球实践洞察力报告》中进一步指出：人类在城市化进程中所面对的挑战是系统性而非局部的，是相互联通的而非单体方案奏效的。这正是数字孪生城市应运而生的历史必然。"数字孪生城市是通过数字化虚拟的构建，将城市的物理空间映射到数字空间，通过模拟、监控、诊断、预测和控制，解决城市规划、设计、建设、管理、服务的复杂性和不确定性问题，实现城市物理维度和数字维度的同步运行、虚实互动。"[8]数字孪生城市代表了数字技术发展的新高度，它通过多学科的融合与创新，推动了城市系统的全面数字化转型。

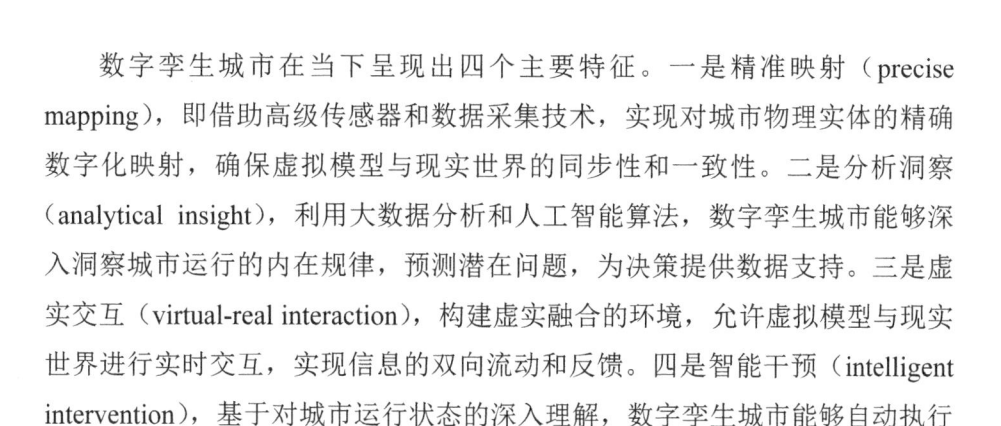

数字孪生城市在当下呈现出四个主要特征。一是精准映射（precise mapping），即借助高级传感器和数据采集技术，实现对城市物理实体的精确数字化映射，确保虚拟模型与现实世界的同步性和一致性。二是分析洞察（analytical insight），利用大数据分析和人工智能算法，数字孪生城市能够深入洞察城市运行的内在规律，预测潜在问题，为决策提供数据支持。三是虚实交互（virtual-real interaction），构建虚实融合的环境，允许虚拟模型与现实世界进行实时交互，实现信息的双向流动和反馈。四是智能干预（intelligent intervention），基于对城市运行状态的深入理解，数字孪生城市能够自动执行智能干预措施，优化城市资源配置，提高城市管理的效率和响应速度。这四个特征既提升了数字孪生城市的智能化城市管理水平，也为城市的可持续发展提供了强有力的技术支撑。

（二）数字文化产业的特点及增长需求

数字文化产业与数字孪生城市在基本理念和内在架构上形成了深度对接。倘若数字经济可以视作与数字技术深度融合的经济系列活动，那么数字文化产业则是这一经济体系中的新业态与新趋势。文化部提出："数字文化产业以文化创意内容为核心，依托数字技术进行创作、生产、传播和服务，呈现技术更迭快、生产数字化、传播网络化、消费个性化等特点。"[9]这指导我们以新动能主导产业发展，由此形成的数字文化产业新业态不仅集中体现在国家统计局所指的新业态特征明显的 16 个小类，而且扩大到以数字技术推动传统文化产业转型升级的广大领域和范畴，包括与数字化结合的出版和印刷、演艺和娱乐、图书报刊发行和零售、电视广播、电影放映、场馆运营、文化消费品零售等。从产业特点和增长动力的意义上看，数字文化产业对数字孪生城市具有强烈的内生需求，可概括为以下四个方面。

第一，运营模式的优化实施。数字文化产业的运营模式依赖于数字数据、算力资源和算法逻辑的高效整合。在数字孪生城市的框架下，这种整合不仅能够实现对创意、内容、资本、技术和空间等要素的优化配置，而且能通过数字化、智能化和精准化手段，持续提升运营效率和效果。第二，场景再造的智能干预。数字文化产业通过线上线下结合的空间开发，推动了文化生产方式的整合，形成数实结合的新场景，培育沉浸式体验等新业态。数字孪生城市平台的智能干预能力，能够进一步提升这些场景的投入产出效益，实现文化体验的创新和优化。第三，价值创新的链条衍生。数字文化产业的核心贡献是文化价值创新，即以新视听和新体验为核心，不断开发和提供新的消费价值，促进艺术消费、时尚消费、体验消费、品牌消费、美丽消费等的升级[10]。数字孪生城市能够提供更加有效的供需对接，通过大数据模拟和预测市场反应，针对消费者需求制定市场策略，带动数字文化产业链和价值链的不断延伸。第四，精准治理的效益提升。数字文化产业具有高度的外部性和社会性，相关的治理需要政产学研用金各方面的共同参与。在数字孪生城市的平台上，可以综合各方面的力量和需求，对数字文化产业的空间、场景、设施、流量、能源、生态影响、社会反馈，以及相关的城市安全等方面进行精准监测和应急处理，从而提高治理效能。

二 增长的逻辑——技术逻辑、历史逻辑和产业逻辑

数字孪生城市与数字文化产业的结合，不仅基于内生需求的驱动，更基于外部社会增长的巨大潜力。数字孪生城市与数字文化产业的结合，在内生需求与外部需求结合的意义上，显示了技术逻辑、历史逻辑、产业逻辑的三元合一，形成深度融合、相互促进的逻辑结构。

（一）技术逻辑：组合进化与捕捉现象

数字孪生城市的增长，得益于多种数字技术的持续开发和相互促进，这从技术逻辑的维度推动了数字文化产业的增长。技术史学者布莱恩·阿瑟（Brian Arthur）指出，"技术（所有的技术）都是某种组合。这意味着任何具体技术都是由当下的部件、集成件或系统组件建构或组合而成的……技术有机地从内部建造了自己"，技术应当被"看作是可以无限构成新组合的客体"[11]。所有新技术都不是无中生有被发明出来的，有史以来的人类技术进步可以归结为两大路径：先是组合进化，这一路径将基础技术进行创新性的组合，形成更高级的技术模块，推动了技术复杂性的增长；其次是捕捉现

象，这一路径强调技术对自然现象和内在规律的发现与驾驭，将这些现象转化为具有特定目的的技术应用，丰富了文化的内涵。

数字孪生城市的发展体现了以组合进化与捕捉现象为表现的技术逻辑。2021 年发布的《数字孪生城市：框架与全球实践洞察力报告》预计 2021 年以后全球数字孪生城市的市场规模将以 58% 的复合年增长率（compound annual growth rate，CAGR）增长，到 2026 年将达到 482 亿美元（图 1）。预计到 2030 年，全球数字孪生城市将为城市规划、建设、运营节省大约 2800 亿美元成本[12]。

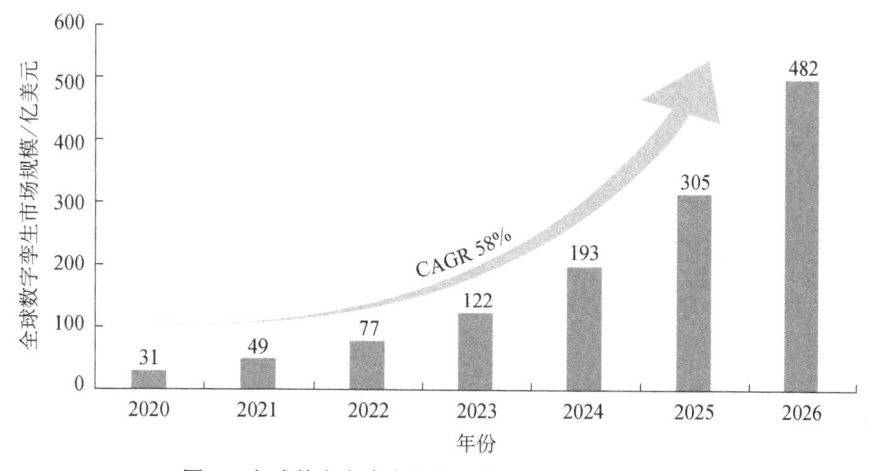

图 1　全球数字孪生市场的规模（2020—2026 年）

资料来源：世界经济论坛，中国信息通讯研究院. 数字孪生城市：框架与全球实践洞察力报告[R], 2022.

在数字孪生城市的市场增长中，核心技术群的持续进步和综合应用起到了关键作用。第一是 3S 空间信息技术，包括遥感（remote sensing，RS）、地理信息系统（geographic information system，GIS）、全球定位系统（global position system，GPS）。作为数字孪生城市的基底，3S 空间信息技术提供了城市自然、人文和生态的全面基底模型。这些技术为数字孪生城市构建了坚实的骨架，确保了城市模型的精确性和全面性。第二是 3D（3 dimensional，三维的）建模技术。在 3S 空间信息技术提供的框架内，3D 建模技术、建筑信息模型（building information modeling，BIM）和城市信息模型的应用，将城市的实体建筑转化为数字数据，赋予数字孪生城市以血肉，实现了城市实体的3D可视化和数字化表达。第三是物联网感知技术。物联网技术为数字孪生城市构建了神经网络，通过广泛的传感器网络实现对城市各方面的实时监测和感知，同步反馈城市的运行状态。第四是人工智能与深度学习技术。在上述技术支撑的基础上，人工智能和深度学习技术为数字孪生城市塑造了一个成熟的"智能中枢大脑"。这一智能中枢能够实现对城市运行数据的精准分析、判断和控制，使城市具备可感知、可判断、可学习的能力。

四大核心技术群的有机融合和综合应用使数字孪生城市实现了对城市运行状态的全面感知和智能控制，并逐渐形成一个高度智能化、自适应性强的数字城市生命体。在此过程中，数字孪生城市的概念也从工业领域的数字孪生技术中"捕捉"到了更具延展性的技术潜力。"孪生"一词描述了两个实体：一个是存在于现实世界中的物理实体，另一个是其对应的虚拟数字模型。物理实体与其数字模型之间不是单向的映射，而是双向互动的"数字双胞胎"。这种互联互通允许数字模型实时反映物理实体的状态，并为物理实体的优化和决策提供支持。

数字城市生命体的构建为城市可持续发展提供了强大的技术支撑，也为数字孪生城市的市场增长提供了持续的动力。仅从物联标识感知技术的增长中，就可以窥见技术发展的速度。2023年全球物联网传感器市场规模大约为94.158亿美元，预计2030年达到198亿美元，2024—2030年的复合年增长率为11.2%。而中国的增长速度更快，截至2023年12月，我国发展蜂窝物联网终端用户23.32亿户，较2022年12月净增4.88亿户，占移动网终端连接数（包括移动电话用户和蜂窝物联网终端用户）的比例达57.5%[13]。数字孪生技术进步的快速组合、持续裂变和自创自生特性，为数字文化产业注入强大的发展动力，推动新业态的形成、新主体的涌现以及新消费模式的建立。

（二）历史逻辑：虚构世界与文化孪生

数字孪生城市的增长，得益于人类虚构文化孪生模型的强烈欲望，这从历史逻辑的维度推动了数字文化产业的增长。数字孪生城市的兴起和发展得益于人类对构建虚构文化模型的浓厚兴趣和深层需求，这种兴趣和需求在历史的长河中始终存在。正如尤瓦尔·赫拉利（Yuval Harari）在其著作《人类简史：从动物到上帝》中所阐述的，孪生的概念并非现代特有，而是起源于早期的游牧社会，并且已经成为人类历史思维结构的一部分。这种能力体现了人类独有的"虚构的力量"，展现了人类作为地球上独特物种的精神建构和文化创造能力[14]。有学者认为，人类区别于地球上其他生物，拥有幻想、创造故事和神话的能力。这些故事不仅支撑着文化的组织结构，还促进了人类理想的发展，并为人们的行为提供了合法性基础。这些元素是推动人类内在动力、引导行为和塑造文明形态的关键因素。因此，这种在超越直接感知的基础上创造虚构世界的能力即"孪生"，也就是通过想象构建文化模型。

早期的游牧、海洋和农耕文明各自创造了独特的孪生模型，这些模型反映了它们与自然环境的互动方式和生活方式的特点。海洋文明以海洋为舞台，展现了一种流动性和探索性；游牧文化以天空为背景，体现了竞争和自由的精神；而农耕文化则以大地为根基，象征着稳定和孕育。不同的孪生模型丰富了人类的文化多样性，也体现了人类适应和改造自然环境的能力。早期希腊基于克里特岛的南方农耕文化，形成了孕育性的大地模型，而克里特岛北方山区基于游牧文化，创造了征战性的天神模型。希腊神话讲述了游牧性文化孪生模型最终战胜农耕性文化孪生模型的故事，两者最终融合形成希腊神话体系，即一个万物有灵和神人同在的孪生世界[15]。对比之下，中华文明的轴心时代即春秋战国时代所诞生的诸子百家，创造了多样化的文化孪生模型，如儒家以礼教治理为秩序的文化孪生模型，道家以抒发性灵为秩序的文化孪生模型，墨家以尚贤、尚同和兼爱等为秩序的文化孪生模型等。而现代城市在经历了工业化的发展阶段后，开始进入后工业化时代，这一转变伴随着对工业化带来的问题和挑战的深刻反思。在这个时代，城市发展的方向被重新定位，重点放在了可持续发展和包容性增长上。为了实现这一目标，人们开始构想并创建虚拟世界，用以映射和分析现实城市中的问题，寻求新的解决方案。

这种超越现实、创造虚构世界的冲动，是人类文化发展中一种历史悠久的倾向。它既体现了人类对理想生活环境的追求，又反映了人们对现实问题的深刻理解和解决意愿。数字文化产业的发展，正是在这一历史冲动的推动下，得到了重要的发展平台。通过数字孪生技术，文化创作者和城市规划者能够构建出虚拟的城市环境，模拟物理实体的各种情况，探索和实验不同的发展模式和解决方案，为现实世界提供参考和启示。

（三）产业逻辑：结构优化与有序增长

数字孪生城市的增长，得益于人类对数字经济结构的不断优化，以及对推动其有序增长的坚定意志。这种优化和推动不仅体现了产业逻辑的深层次需求，也为数字文化产业注入了强大的内在动力。数字文化产业的全球化、互动性、可持续性和跨界融合的特征，为数字孪生城市的发展提供了广阔空间和无限可能。鉴于互联网的信息网络覆盖了全世界，突破了地缘和国界，所汇聚的数字数据和其他要素必然是全球化的，对于文化消费市场的辐射也必然具有区域性和国际性；数字化平台作为协调和配置资源的基本经济组织，形成超强的集聚力和广阔的辐射力，拥有内容、技术和商业模式优势的核心平台，就必然形成集约化的优势；作为现代信息网络中的关键枢纽的平台型企业，具有配置资源的引擎作用，它们就必然要争夺内容的优质资源，抢占竞争力优势的制高点。从20世纪90年代以来，以美国为代表的国家快速形成了一批与互联网和数字经济相结合的文创产业领军企业，顺应了文化创意产业向全球化、集约化和高度化发展的趋势，而中国正在该领域形成不断赶超和后来居上的态势。全球市值最大的20家公司中，有40%采用平台商业模式。中国平台创新竞争力约为美国的78%，差距正在不断缩小[16]。

数字文化产业在增长的同时，也面临着一系列严峻挑战，这些挑战需要行业内外的共同努力来解决。在激发动能方面，需要为科技驱动设定"技术向善"的航标。联合国经济和社会理事会于2021年举办了题为"科技与创新促进可持续发展"的多边论坛，旨在探讨如何充分发挥科学技术的潜力，造福于世界各地的每一个人。联合国经济和社会事务部助理秘书长玛利亚-弗朗西斯卡·斯帕托利萨诺（Maria-Francesca Spatolisano）在发言中指出，全世界仍有数十亿人无法从科技进步中获益[17]。而在数据跨境流通方面，许多自由贸易协定，如《美墨加三国协议》（The United States-Mexico-Canada Agreement，USMCA）、《数字经济伙伴关系协定》（Digital Economy

Partnership Agreement，DEPA）等鼓励更大的自由流通度，另一些国家和地区则对此保留了较多的限制。互联网平台治理的复杂性和影响力使其成为国际社会关注的焦点。此外，关于平台的责任问题也引发了诸多争论：有研究者认为平台应该承担更多的义务和责任，成为社会责任的"守门人"，也有观点认为平台的责任应当与其功能和影响力相匹配，主要集中在环境（environmental）、社会（social）和治理（governance）等ESG维度。2022年10月，欧盟委员会发布《数字服务法案》（Digital Services Act，DSA），旨在维护消费者安全、促进公平竞争，以及规范在线平台的行为，要求平台更加透明有序地管理托管内容、广告传播和信息删除。2023年9月，欧盟委员会再发布《数字市场法案》（Digital Markets Act，DMA），进一步抑制大型在线平台在数字领域的垄断地位，规定了针对亚马逊、谷歌、Mate和苹果等平台的监管内容，以确保公平竞争和维护消费者权益。但在实践过程中，想要解决上述争端，仅有法案或者原则是远远不够的，更需要在基础架构层面、数据处理层面、集成应用层面发挥数字孪生城市的作用，打造开放包容、守正创新、以人为本、促进可持续发展的城市数字文化生态圈。

三 拓展的维度——资源整合、产业赋能与精细治理

数字孪生城市在资源整合、产业赋能和精细治理三个重点领域促进数字文化产业的健康可持续发展，构筑了两者深度融合和互为驱动的机制，进一步拓展了数字技术发展动能（图2）。

（一）数字孪生城市推动文化资源整合

城市文化产业的蓬勃发展离不开源源不断的创新动力。创新的本质在于形成新的生产力要素组合，包括将数据作为关键要素，整合各类内容、技术、投资等资源。在这一过程中，运用数字化手段来整理和组合城市文化多样性的资源，是城市文化产业发展亟待突破的重点。2016年，联合国教育、科学及文化组织发布报告《文化：城市的未来 文化促进城市可持续发展全

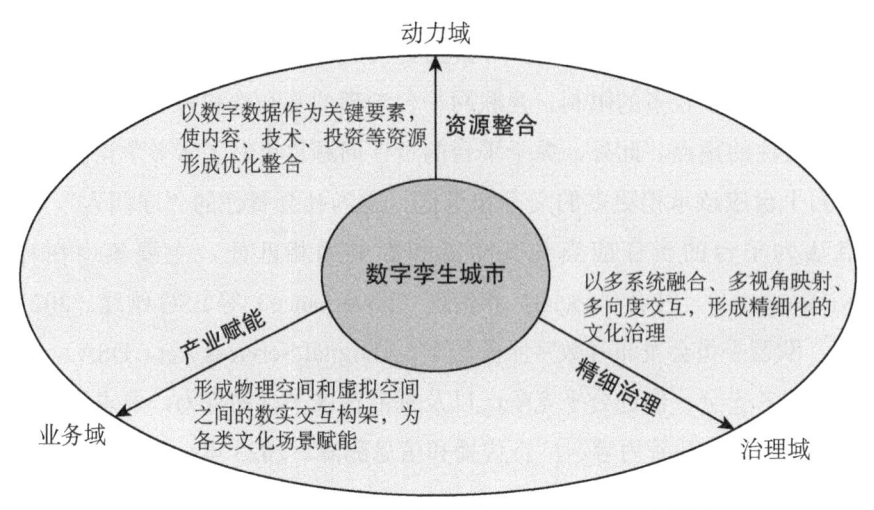

图 2 数字孪生城市赋能数字文化产业的三大重点领域

资料来源：本图由笔者设计和绘制。

球报告》，指出："文化多样性是一项资产，而非分裂的力量；促进不同文化之间的相互了解是在城市中形成社会凝聚力的重要因素。必须承认包括移民在内的所有人的文化身份，必须保证所有人公平地获取文化资源和文化倡议，并公平地从中受益。"[18] 这些以文化多样性为特点的城市文化资源，物质文化包括城市的古建筑、历史建筑、宫殿、城墙、桥梁、街区、工业遗产等；文化设施，如博物馆、图书馆、剧院、音乐厅、画廊等；城市规划和市容市貌，如历史上的城市布局、公共空间、街道、广场、公园等。非物质文化包括社会心理和价值观念，如市民的生活方式、信仰、习俗等；艺术和文化活动，如音乐、舞蹈、戏剧、文学、绘画、雕塑等；语言和方言，如城市居民和移民使用的各种语言和特色词汇；传统节日和庆典，如城市的文化庆典、庙会、民俗活动等，也包括重大事件发生地、名人足迹、著名场馆、水下遗产等。

记录、保护和传承文化遗产的难点在于，历史遗迹在历史的长河中受环境影响而随时变动，被后继历史的痕迹层层覆盖。譬如，举世闻名的中国三星堆遗址在考古发掘时被分为八个堆积物层次。其中，除去表层土（第1层）和间隙层（第5、7层），剩下的五层被称为"第一至第五文化层"。这些文化层记录了从新石器时代晚期至商周的蜀文化的发展历程。若止步于观察，则很难把握好"第一至第五文化层"所记录的从新石器时代晚期至商周的蜀文化的发展历程，而物理介入式的挖掘、移动和整理，往往对脆弱的历史文化遗产形成难以修复的破坏。

在数字孪生城市的视域下，3S空间信息技术和3D建模技术的日新月异，极大地增强了人们对3D空间的感知能力和实景可视化的水平。3D GIS技术通过更加逼真的模型和高效的交互设计提供了更加真实的视觉体验，为城市实景的可视化提供了强有力的技术支持。譬如，不同艺术流派的遗产是城市宝贵的文化资源，包括欧美的新古典主义、印象派等，以及中国的海上画派。通过3D空间的形式，可以在时间和空间的维度上，复原这些艺术流派的历史轨迹，包括艺术家的迁徙、培育、师承、创作等活动，使之与其他文化遗产（如遗址、场馆、故居、文献、景观和名作等）相互关联，从而更全面地挖掘和利用城市文化资源的潜力。

数字孪生城市这一技术应用，为城市规划和管理提供了新的视角和工具，也为文化资源的保护、传承和创新利用开辟了新的道路。数字孪生技术能使人们更加直观地理解城市的文化脉络，促进文化的交流与融合，增强城市的文化软实力。

（二）数字孪生城市加强文化产业赋能

数字孪生城市赋能文化产业，将形成物理空间和虚拟空间数实交互的新型构架，加强两者之间的智能互动。首先，在各个垂类的业务领域推动服务对象和不同目标领域的扩展，形成宽阔的基底支撑，然后通过提升数据精度、质量和模型能力，提升数据的价值。这个过程将文化生产中的人、事、物、设施、园区、场景等抽象为数字世界中的知识，并为各类文化产业主体提供服务，对数字数据、算法、算力等资源，根据高效、安全的原则进行配送和再生产，加速知识迭代，打造人机互动体验。

现代场景理论揭示，城市活力和吸引力的密码隐藏在丰富多彩、形态各异的场景中。特里·克拉克（Terry Clark）和丹尼尔·西尔（Daniel Silver）两位学者提出了这一城市社会学的理论框架，它着重指出城市文化和生活方式对于城市发展的核心作用，主张城市内部多样的文化要素和活动共同塑造了独特的"场景"。这些场景丰富了居民的生活体验，并且对于吸引外来游客和促进投资具有显著的吸引力[19]。这意味着，营造场景是实现城市新旧动能转换、推动文化产业发展的重要抓手[20]。以场景为重点的数字孪生城市系统，可以把应用场景作为载体，集聚城市多源数据，包括基础地理数据、城市动态数据、经验知识数据、虚拟创意资源等，建立数字孪生城市的数字底座，从而创建更多的文化场景。

数字孪生城市依托的技术群快速增长，正在为数字文化产业提供越来越广阔的空间。人工智能技术在构建数字孪生城市的过程中也开始扮演关键角色。通过创建智能仿真、分布式交互仿真、虚拟现实仿真等仿真模型，模拟城市运行状态，预测在不同环境条件和决策选择下可能发生的城市发展情景，提供更精准的决策支持，实现自动决策以及对物理世界的反向智能控制[21]。这也促进了数字文化产业持续开发新业态、新赛道、新消费模式。2024年4月，脸书母公司Meta公司（Meta Platforms Inc.）向第三方设备制造商开放空间计算操作系统"Meta地平线操作系统（Meta Horizon OS）"。Meta Horizon OS开发了多种自跟踪器等技术，具备包括手部、眼睛、脸部、身体追踪四种全新的交互技术，可以为在该系统运行的设备提供手势识别、视频透视、场景理解、空间锚点等功能。通过不断优化硬件设备、算法和用户体验设计，Meta Horizon OS以精准的定位和感知能力，极大地提升了展示的沉浸式和互动性，使观众能够以前所未有的方式参与和体验不同内容，满足观众的多样化和个性化需求。

（三）数字孪生城市促进文化精细治理

数字孪生城市赋能文化产业，将在多系统融合、多视角映射、多向度交互的意义上，推动文化治理向精细化、智能化、敏捷性方向提升。随着全球城市化的演进，文化越来越被置于城市发展的核心位置。一方面，文化成为实现城市复兴与创新的内核。正如联合国教科文组织所强调的："文化作为一项战略资产，在提升城市的包容性、创造力和可持续性方面显示出的力量。"[18]创造力和文化多样性历来是城市发展的重要动因。文化活动可以促进不同社区实现社会包容，支持彼此开展对话。物质及非物质遗产是塑造城市特性、形成归属感和社会凝聚力的必要因素；另一方面，文化作为战略资产并非孤立的存在，而是与各种场景相互依存，需要自下而上的多元参与方的响应及其资源要素配置，以及自上而下社会经济规则的约束与引导。这就是现代城市文化治理的内涵。

数字孪生城市的构建是一个多维度、迭代发展的过程，它涉及社会、经济、环境和文化等多个层面。通过不断优化和重组业务流程、决策环节、可视化表达、信息传输、仿真计算和数据治理等关键要素，数字孪生城市能够更加精准地反映和模拟现实世界。这使得数字孪生城市能够实现对文化基础设施的全面管理，包括预算编制、投资决策、建设实施、运营管理和维护升级等各个环节。通过智能控制，数字孪生城市能够对物理世界进行反向影响和优化，实现物理世界与数字世界的深度融合和互动，推动城市的可持续发展。近年来，数字孪生城市为多个大型博物馆、美术馆及文化场馆的建设和运营提供了智能工具。法国蓬皮杜国家艺术和文化中心启动大规模翻修计划"蓬皮杜中心2030"，在研究、规划、实施过程中将大量运用感知标识、建模渲染、虚实交互等数字孪生城市的核心技术，在保留文化基因和标志性外观的同时，升级残障人士设施、增加楼面面积、改善自然采光，以重振其开创性历史[①]。

四 实施的成果——数字底座、智慧中枢与孪生应用

中国数字孪生城市的建设进展不仅体现了国家战略的指导，还在地方层面得到了贯彻和推进。《"十四五"国家信息化规划》明确要求："稳步推进城市数据资源体系和数据大脑建设，打造互联、开放、赋能的智慧中枢，完善城市信息模型平台和运行管理服务平台，探索建设数字孪生城市。"在省市自治区层面上，深圳市率先发布《深圳市数字孪生先锋城市建设行动计划（2023）》[22]，提出建设"数实融合、同生共长、实时交互、秒级响应"的数字孪生先锋城市。数字孪生城市的建设为中国文化产业发展提供了强大的动

---

① 参见蓬皮杜国家艺术和文化中心官方网站：https://www.centrepompidou.fr/en/.

能。尽管这一领域的工作尚处于初期阶段,但已经取得的成果鼓舞人心,预示了未来发展的广阔前景。

(一)赋能文创开发的数字底座与智慧中枢

以应用场景为核心,整合城市中的多元数据资源,建立数字孪生城市的"数字底座"。数字底座包括但不限于基础地理信息、实时城市动态数据以及累积的经验知识数据。它通过特定的应用场景来引导和组织,现已逐步发展成为一个动态的数据生态系统。在系统中,数据能够根据城市的具体需求进行自我组织和优化,形成具有自适应性的数据生态[23]。

"数字底座"和"智慧中枢"以多源数据的交互作用为基础,驱动数字文化产业的能级提升。数字孪生城市的智慧中枢具备强大的数据分析和决策支持能力,既能实现对城市的高效管理和控制,又能帮助文化企业把握市场趋势,优化创新策略,提高资源配置的效率。马栏山视频文创产业园致力于打造互联网与实体经济深度融合的高地,形成具有国际竞争力的"中国V谷"。园区利用数字孪生技术,参照鸭子铺河湾的物理空间打造了一系列数字基础设施、智慧中枢和多样化的数字技术特色应用,为文创企业提供了充满活力的创新环境。其中,"云—网—感知端"的数字化底座能够通过智能化的传感设备,实时采集园区内的各种数据,借助5G(the fifth-generation,第五代)移动通信技术公网和高速光纤网络来实现数据的快速传输和处理,为文化产业的数字化转型提供了强有力的技术支持。2021年,园区已聚集企业4286家,企业营收达519.81亿元。2023年,园区企业营收、税收均稳步增长,获评"国家级文化产业示范园区",引进爱奇艺、中影年年、蓝亚盒子、创壹科技等音视频领域头部企业40多家。

(二)促进文旅融合的数字场景与孪生应用

数字孪生城市的建设,正为中国各地的文旅融合开发注入新动力。在国家倡导以文促旅、以旅彰文的大背景下,文旅融合已成为推动地方经济发展和文化传承的重要途径。面对文化资源保护与开发的双重压力,传统的景区、园区和社区亟须转型升级,提升其自我发展能力。

"数字景区"和"智慧文旅"通过先进的信息技术，推动了文化资源的保护、开发和治理的协调发展。内蒙古呼和浩特恼包村的3D数字孪生景区项目在这一领域进行了积极探索。"恼包"在蒙古语中与"敖包"意思相近，是蒙古族用作祈祷、祭祀的地方。该村有300多年的历史，村风民俗乡土气息较为浓郁。项目的核心在于构建一个3D景区的全景数字模型，利用5G网络和3D建模技术，实现数字模型与物理景区的精确映射。这一映射为游客提供了沉浸式的游览体验，也为景区管理提供了高效的技术支持。依托城市信息模型平台，3D数字孪生景区能够实现3D可视化的高效响应，实现事件智能感知、全程跟进、精准处置，强化主动治理与服务。

基于数字孪生技术的文旅融合开发模式，显著增强了场景的互动性和沉浸感，为文旅融合提供了多维的开发空间。北京"万物共生"光影艺术沉浸式体验展是一个将自然景观、科技元素和艺术创新融为一体的展览项目。数字孪生技术与创新是该项目的核心，团队利用灯光、雾森、激光、交互、影像、造景、音乐和表演等前沿科技手段，结合元宇宙、人工智能等科技热点，自主研发声-光互动装置，为观众提供了以"光"为元素意象的沉浸式艺术景观。通过构建展览区域的数字孪生模型，艺术家和技术人员在虚拟环境中测试和优化光影效果、声音设计和互动体验，确保在真实世界中呈现出最佳的艺术效果。数字孪生技术还能够实现对展览环境的实时监控和分析，通过收集和处理来自传感器的数据，对人流、环境条件等进行智能管理，从而提高展览的安全性和效率。数字孪生不仅是一种技术手段，更是一种创新的思维方式，它将现实与虚拟、文化与科技紧密相连，为观众提供了全新的视角和身临其境的体验，进一步扩大了数字文化的影响力。

（三）推进文化治理的数实融合与数字惠民

通过数实融合与虚实交互的策略，数字孪生城市为文化治理提供了一个科学且高效的管理平台。这一平台优化了大型文化项目的运营成本，并通过信息建模、同步、强化、分析、智能决策和信息安全等先进工具提高效率，为大众提供丰富的公共文化服务。

通过对接数字平台，数字孪生城市拓宽了公共文化服务的覆盖范围，使文化服务便民惠民。一方面，数字孪生技术在公共文化服务中发挥着多方面的作用，通过创建现实世界中文化资产和流程的精确数字副本，为文化资源的保护、管理和利用提供了全新的视角和工具。江苏公共文化云平台利用数字孪生技术，整合全省文化资源，建立统一的数字资源库，既支持用户在线参与各类文化活动，又使各类文化数据在平台上得到集中展示和共享。平台还能够实时监测文化场馆的使用情况和民众的文化需求，根据个体的喜好和行为模式，优化资源配置和服务流程，提高公共文化服务的响应速度和服务质量[24]。另一方面，数实融合与数字惠民还体现在新的文化服务业设施上。国家会展中心（天津）、厦门国际博览中心等机构先后与华为合作，结合新一代信息技术，构建了五大数智化能力体系[25]，打造"会展智能体"。这一体系以ICT（information and communications technology，信息与通信技术）基础设施为支撑，以安全保障能力为基础，以运营管理能力、服务体验能力和数据运营能力为核心，为参展商和观众提供了全新的智慧会展体验。2024年世界人工智能大会也推出了一个名为"WAIC AI Agent"的会展智能体。这是一个基于大模型技术的智能会展助手，能够为参会者提供包括出行规划、论坛安排、逛展路线规划、展商信息查询等在内的多项服务，显著地增强了与会者的体验[26]。

五 结语

作为城市数字化转型的重要实践，数字孪生城市为数字文化产业发展提供了新的方法论、驱动力与技术支撑。通过高效地汇聚和分析城市的多源数据，数字孪生城市构建出智能化的管理核心，为城市文化遗产保护、文化资源配置、文化新业态发展、沉浸式场景创新、数字文化产业链优化注入发展动能，开启城市文化IP（intellectual property，知识产权）打造、文旅融合、数字治理等城市发展新赛道。随着技术的持续迭代和应用的不断深化，数字孪生城市将在全球范围内得到更广泛的推广和应用，为人类社会的数字化转型和文化创新开辟更加广阔的道路。

参考文献

[1] 周瑜, 刘春成. 雄安新区建设数字孪生城市的逻辑与创新. 城市发展研究, 2018, 25 (10): 60-67.

[2] Grieves M. Product Lifecycle Management: Driving the Next Generation of Lean Thinking. New York: McGraw Hill, 2006.

[3] Mohammadi N, Taylor J. Smart city digital twins. IEEE Symposium Series on Computational Intelligence, 2017: 1-5.

[4] Petrova-Antonova D, Ilieva S. Digital Twin Modeling of Smart Cities//Ahram T, Taiar R, Langlois K, et al. Human Interaction, Emerging Technologies and Future Applications III. Cham: Springer, 2020: 384-390.

[5] 中国信息通信研究院, 中国互联网协会, 中国通信标准化协会. 数字孪生城市白皮书 (2023), 2023.

[6] 李德仁. 数字孪生城市: 智慧城市建设的新高度. 中国勘察设计, 2020, (10): 13-14.

[7] 工业 4.0 研究院, 数字孪生体联盟. 数字孪生体报告 (2021), 2020.

[8] 世界经济论坛, 中国信息通信研究院. 数字孪生城市: 框架与全球实践洞察力报告, 2022.

[9] 文化部. 文化部关于推动数字文化产业创新发展的指导意见. (2017-04-11) [2024-07-06]. https://www.gov.cn/gongbao/content/2017/content_5230291.htm.

[10] 花建. 在线新经济与中国文化产业新业态: 主要特点, 国际借鉴和重点任务. 同济大学学报 (社会科学版), 2021, 32 (3): 54-64.

[11] 布莱恩·阿瑟. 技术的本质: 技术是什么, 它是如何进化的 (经典版). 曹东溟, 王健, 译. 杭州: 浙江人民出版社, 2018.

[12] ABI Research. The Use of Digital Twins for Urban Planning to Yield US$280 Billion in Cost Savings By 2030. (2021-07-28) [2024-07-12]. https://www.abiresearch.com/press/use-digital-twins-urban-planning-yield-us280-billion-cost-savings-2030/.

[13] 中国互联网络信息中心. 第 53 次中国互联网络发展状况统计报告, 2024.

[14] 尤瓦尔·赫拉利. 人类简史: 从动物到上帝 (精装版). 林俊宏, 译. 北京: 中信出版社, 2018.

[15] 韩涛, 郭曦. 从文化孪生到技术孪生再到数字孪生——基于大历史观的数字孪生城市逻辑考察. 上海城市规划, 2023, (5): 31-35.

[16] 郑伟彬. 正在缩小, 中国平台企业创新竞争力接近美国 80%. (2023-11-02) [2024-07-06]. https://www.bjnews.com.cn/detail/1698893209168703.html.

[17] 联合国. 联合国论坛探索如何让科技更好地造福每一个人. [2024-07-12]. https://www.un.org/zh/desa/make_sti_better_for_everyone.

[18] UNESCO. Culture: urban future; global report on culture for sustainable urban development; summary, 2016. https://unesdoc.unesco.org/ark:/48223/pf0000246291_chi.

[19] 赵迎芳. 文旅融合背景下我国夜间经济高质量发展探析. 山东社会科学, 2022, (2): 102-109.

[20] 张译心. 从场景理论中发掘城市文化发展动力. 中国社会科学报, 2020-08-07 (A02). [2024-07-12]. https://epaper.csstoday.net/epaper/read.do?m=i&iid=5834&eid=39353&sid=181618&idate=12_2020-08-07.

[21] 张新长, 李少英, 周启鸣, 等. 建设数字孪生城市的逻辑与创新思考. 测绘科学, 2021, 46 (3): 147-152.

[22] 深圳市人民政府办公厅. 深圳市人民政府办公厅关于印发深圳市数字孪生先锋城市建设行动计划（2023）的通知. (2023-06-21) [2024-07-12]. https://www.sz.gov.cn/zfgb/2023/gb1290/content/post_10671778.html.

[23] 易雪琴. 国内外数字孪生城市建设的经验及启示. 信息通信技术与政策, 2023, 49 (8): 25-30.

[24] 张梓扬. 回眸2023 谱写文化新篇章 数智赋能，让文化插上科技的翅膀. (2024-01-17) [2024-07-06]. https://www.thepaper.cn/newsDetail_forward_26039939.

[25] 华为官方网站. 国贸会展集团携手华为打造智慧会展新典范. [2024-07-12]. https://e.huawei.com/cn/case-studies/solutions/campus/2024-jointly-build-exhibition-new-norm.

[26] 马丹. 智能会展"小秘书"升级. (2024-07-04) [2024-07-07]. https://finance.sina.com.cn/jjxw/2024-07-04/doc-incaycpi8486396.shtml.

Digital Twin City Empowerment Research on the Digital Cultural Industries: Core Concepts, Growth Logic and Expansion Dimensions

HUA Jian　　LI Lin

(Institute of Global Urban Civilization, Southern University of Science and Technology, Shenzhen 518000, China; Literature Institute, Shanghai Academy of Social Sciences, 200092, China)

Abstract: As a key practice in the digital transformation of cities, digital twin cities empower the innovative and creative development of digital cultural industries across multiple domains and throughout the entire process. In terms of core concepts, digital twin cities promote the enhancement of operational models, scenario reconstruction, value innovation chains, and precise governance in digital cultural industries through characteristics such as precise mapping, analytical insight, virtual-real interaction, and intelligent intervention. In terms of growth logic, digital twin cities play a crucial supporting role in the development of digital cultural industries, reflecting the organic integration of technological, historical, and industrie logics. In terms of expansion dimensions, digital twin cities can promote the healthy and sustainable growth of digital cultural industries at three levels: resource integration, industrial empowerment, and refined governance. Developing digital twin cities can effectively integrate multi-source urban data, driving the protection, inheritance, and innovative utilization of cultural resources, while also promoting the integration of cultural production methods to form new scenes of the combination of the digital and the physical, fostering new models and formats of immersive digital culture. In new tracks such as urban cultural IP creation, integration of culture and tourism, and digital governance, digital twin cities will serve as an important engine to promote the prosperity and development of digital cultural industries, contributing wisdom and strength to the leap in the city's core competitiveness.

Keywords: digital cultural industries; digital twin; urban empowerment; digitization and entity combination

文化元宇宙研究

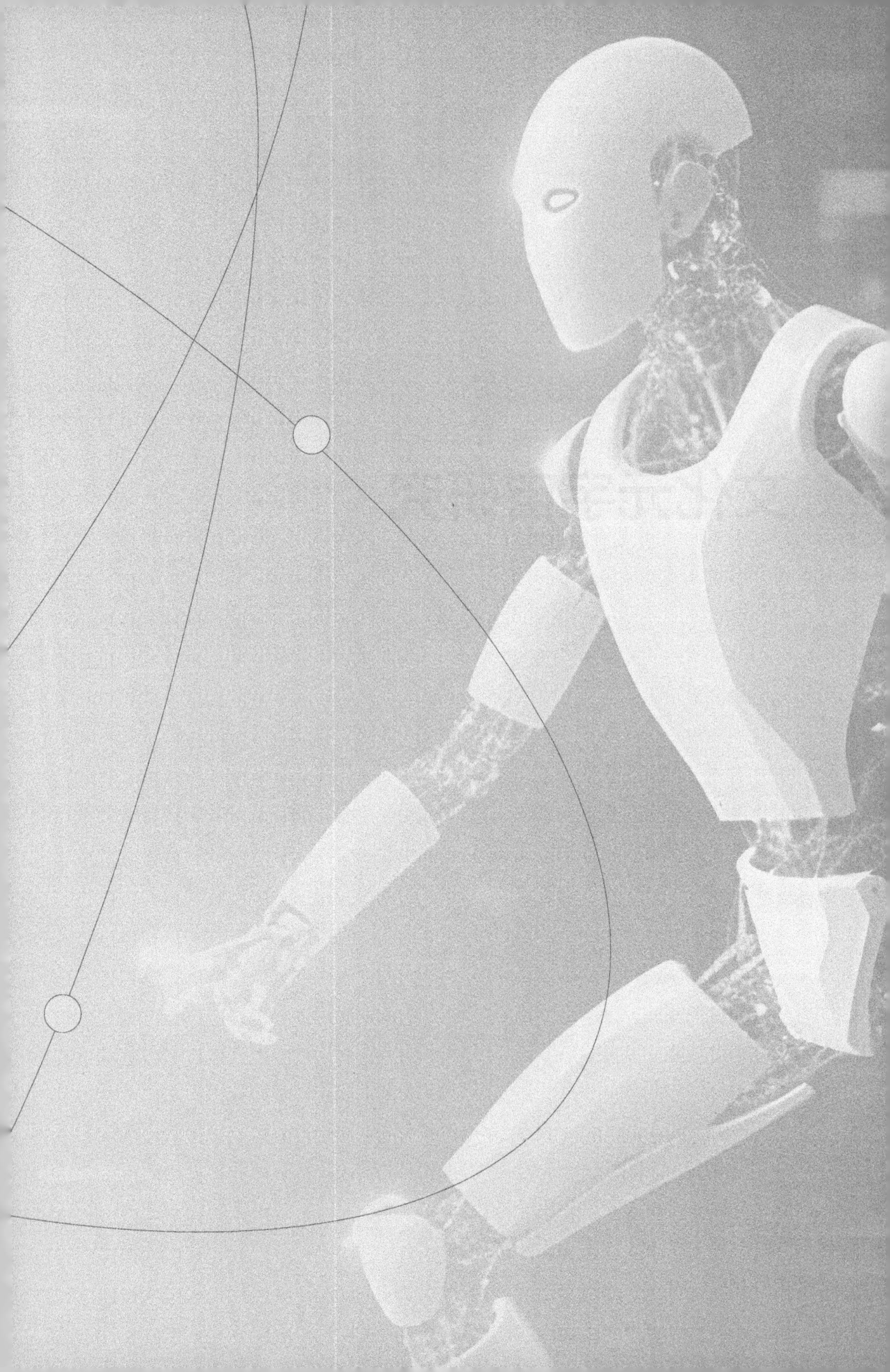

元宇宙：人类新一代生存方式论*

臧志彭

摘要：目前社会各界关于元宇宙的认识和界定，正在经历"最狭义—狭义—广义—完整义"逐层递进的四层次认知过程。在元宇宙认知的最高层次与完整含义上，元宇宙是人类新一代生存方式，包含了新一代的主体及其组织方式、生产与分配方式、栖息与生活方式、文化形成与传承方式。在主体及其组织方式上，元宇宙时代将形成人机主体多元并存及去中心化自治组织（DAO）等新型组织方式；在生产与分配方式上，将升级为智慧聚合型生产力与自主型生产关系；在栖息与生活方式上，将迈入物理化与虚拟化生活无缝对接、全面虚实融合的新形态；在文化形成与传承方式上，将进入全球文明多样融通与可持续传承新范式。当虚拟世界与现实世界融为一体，人们能够在虚拟与现实之间自由穿行时，人类的生产、生活和生态自然而然就进入新的生存方式时代。

关键词：元宇宙；人类；生存方式

---

* 基金项目：国家社科基金重大项目"数字文化产业高质量发展的实现路径与政策设计研究"（23&ZD087）。
作者简介：臧志彭，同济大学人文学院教授，中国文化产业协会文化元宇宙专委会常务副主任（上海，200092）。

2024年2月15日，美国人工智能公司开放人工智能研究中心（OpenAI）发布了文生视频大模型Sora，能够省去拍摄、建模和渲染过程，直接通过海量视频数据训练生成长达60秒的多角色多场景结合、动静结合、全景与特写结合等具有复杂逻辑的逼真生动高清的视频内容；4月初，苹果公司空间计算设备苹果视觉专业版（Apple Vision Pro）上线了空间角色（spatial personas）功能，通过"共享空间"的数字人物化身渲染，让远程对话的双方沉浸式感受"面对面"的拟真体验……越来越多的实例让人们真切感受到"元宇宙"正在成为人类新一代生存方式。

一 关于元宇宙内涵的科学认知层次

2021年元宇宙在被热烈讨论后发展至今，人们对于其概念的认识似乎更加混乱了。但是当我们深入思考各个层次内涵间的内在联系时，会发现人类社会关于元宇宙的认识和界定，正在经历"最狭义—狭义—广义—完整义"逐层递进的四层次认知过程，从而形成了对元宇宙内涵的完整界定，而这也体现了元宇宙认知体系逻辑演进的层次脉络。

第一个层次（最狭义）：元宇宙是一个虚拟世界，也就是小说《雪崩》和电影《头号玩家》里所描述的那种虚构的空间。这里的虚拟世界，细究起来，其实包含了三种类型：第一种是纯粹根据想象虚构出来的世界；第二种是完全复刻现实、与现实世界完全一样的平行世界；第三种介于前两种之间，既有虚构世界的部分，也有模拟现实世界的部分，是一个兼具虚拟世界与现实世界的混合体。而这个虚拟世界的入口，就是《头号玩家》里面的VR（virtual reality，虚拟现实）眼镜和小说《雪崩》中提到的"目镜"，另外虚拟人也在这一层次中，是现实世界的人们在虚拟世界中的代理或表征。从上述界定可以看出，第一个层次是最狭义的元宇宙认识。

第二个层次（狭义）：元宇宙是虚实融合的世界。在第一个层次的元宇宙认识基础上，人们同时也在反思，难道元宇宙仅仅是一个虚拟世界吗？仅仅只能通过 VR 这一种方式进入吗？回答自然是否定的。于是，人们对元宇宙的认识有了扩展，认为元宇宙应该是一个虚拟世界与现实世界相互融通的融合世界，而且进入这个融合世界的方式并不仅仅只有 VR 眼镜一种，而是包含了增强现实（augmented reality，AR）、混合现实（mixed reality，MR）、全息投影、脑机接口等多种多样的方式。从上述描述可以看出，第二个层次比第一个层次有了扩展，但仍然是相对狭义的元宇宙认识。这一虚实融合论其实来源于以上海为代表的中国地方政府的创新实践。早在 2022 年 2 月 24 日，上海市经济和信息化系统 2022 年工作会议上就明确强调了元宇宙新赛道要遵循"虚实融合、由软带硬、由平台到生态"的总体思路[1]。

第三个层次（广义）：元宇宙是集成新一代信息技术、推动生产力提升和生产关系变革的新世界。在第二个层次的元宇宙认知上，人们发现了一个问题：元宇宙的核心技术仅仅就是扩展现实（extended reality，XR）（如 VR/AR/MR）、全息投影、计算机视觉等这类技术吗？元宇宙与人工智能尤其是 AIGC、区块链、5G 等当前火热的新一代信息技术是什么关系呢？其实元宇宙仅仅依靠 XR 等空间交互技术是建构不起来的，必然需要 AI、区块链等技术的融合推动。于是人们对元宇宙的认识有了升级，充分认识到元宇宙不仅仅是一种空间的建构，而是一个整合了 XR、全息投影、AI、区块链、5G/6G 等新一代信息技术集成创新成果，能够带来生产力提升和生产关系变革的新世界。这一层次的元宇宙概念，是一个广义元宇宙认识观。当前中国各级政府的元宇宙政策，主要就是在这一层次上颁布出台的。以 2023 年 8 月 29 日工业和信息化部办公厅、教育部办公厅、文化和旅游部办公厅、国务院国资委办公厅、国家广播电视总局办公厅五部门联合印发的《元宇宙产业创新发展三年行动计划（2023—2025 年）》为例，其在正文第一句话就对"元宇宙"进行了明确界定："元宇宙是数字与物理世界融通作用的沉浸式互联空间，是新一代信息技术集成创新和应用的未来产业。"这一层次的元宇宙概念反映出人们已经认识到元宇宙是一个整合性的战略框架。

第四个层次（完整义）：元宇宙是人类新一代生存方式。第三个层次的元宇宙认知，其内涵相对比较广泛，然而仍然存在一个问题：元宇宙在实现了对 AI、区块链、XR 等技术的集成应用之后，会给整个人类世界带来怎样的全面和深远的影响呢？这一问题在第三个层次的元宇宙认识观里并未清晰阐明。本文认为，元宇宙在对新一代信息技术进行集成应用创新的基础上，将推动整个人类世界在社会主体及其组织方式、生产与分配方式、栖息与生活方式、文化形成与传承方式等各个方面产生深刻变革，从而形成人类新一代生存方式。这一层次的元宇宙认识，笔者将其界定为完整含义上的元宇宙认识观。

需要说明的是，上述关于元宇宙概念界定的四个层次，其实并没有正确与错误之分，只是代表了人类对元宇宙在不同发展阶段的不同认识和思考视野，与此同时也反映该阶段元宇宙建设与发展的重点任务。为什么在当前阶段，很多人会认为元宇宙就是一个虚拟世界（即元宇宙认知的第一个层次及第二个层次的相关部分）呢？因为现在虚拟世界尚处于开始建设的初期阶段，还没有成型。在很长一段时期内，人类必然首先需要把虚拟世界建构出来，所以绝大多数的元宇宙公司，其核心目标是建构能够让人们生产与生活的"沉浸式互联空间"。

而在建设"沉浸式互联空间"的过程中，人们发现这个过程其实是离不开 AI、区块链等新一代信息技术的。因此，很多人对元宇宙的认知自然而然地升级到第三个层次，开始在元宇宙建设过程中主动整合当前火爆的AIGC、Web3.0等相关技术。这也就构成了当前阶段元宇宙建设的核心模式，即尽可能多地整合新一代信息技术，从整体战略框架维度来建构元宇宙。但是需要指出的是，虽然当前全国各地政府出台的元宇宙政策文件中都采纳了这一整合性战略框架，但是社会上很多人关于元宇宙的认知还未升级到整合框架的层次，所以，目前关于元宇宙的认知主要还是处于从第二层次向第三层次升级过渡的阶段。

在元宇宙认知的最高层次与完整含义上，元宇宙是人类新一代生存方式，包含了新一代的主体及其组织方式、生产与分配方式、栖息与生活方式、文化形成与传承方式。这个层次中，元宇宙将不仅仅是个空间概念，更是一个新的时间概念，就是马克·扎克伯格（Mark Zuckerberg）所说的，不是一个"place"，而是一个"time"（时代）[2]。在这个时间阶段，虚拟世界像我们的现实世界一样稀松平常，人们可以随意在虚拟与现实之间自由穿

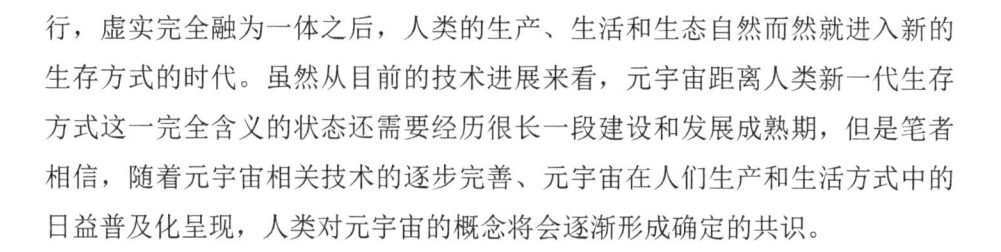

行，虚实完全融为一体之后，人类的生产、生活和生态自然而然就进入新的生存方式的时代。虽然从目前的技术进展来看，元宇宙距离人类新一代生存方式这一完全含义的状态还需要经历很长一段建设和发展成熟期，但是笔者相信，随着元宇宙相关技术的逐步完善、元宇宙在人们生产和生活方式中的日益普及化呈现，人类对元宇宙的概念将会逐渐形成确定的共识。

二 人类生存方式的历史变迁

所谓"生存"，由"生"和"存"两个字构成，"生"是生命，"存"是存在，生存即"生命存在"的涵义。生存，是人类的本能，也是人类这个生命体在地球上存在的基本目标。人类的生存方式，其实就是人类的生命如何在这个世界上存在。人类在世界上的生命存在方式可谓是千姿百态、多种多样，然而概括来讲，其实主要是四大方面：一是人类的组织与交往方式，如是否包括个体或群体、有无组织、如何交往，等等。二是人类的生产与分配方式，包括靠什么为生、如何分配劳动成果，等等。三是栖息与生活方式，包括在哪里居住、如何生活，等等。四是人类的文化形成与传承方式，如价值观、宗教信仰、风俗习惯等的形成与传承等。随着人类适应自然、改造自然能力的增强，人类生存方式这一本能也处于不断变迁和升级过程中。

人类从诞生以来大体经历了游牧化生存、农耕化生存、工业化生存和信息化网络化生存四种主要的生存方式。

（一）人类诞生至一万年前：原始游牧化生存方式

从人类诞生至一万年前，人们主要的生存方式是游牧化的生存。早期的人类在生产与分配方式上，主要以使用石器、木器、骨器等工具或以徒手的方式狩猎野生动物和采集野生植物（野果、野菜等）来作为主要的食物来源，并以家庭或血缘群体为单位进行简单分配。这一时期，人们往往采取洞穴群居的方式栖息，以躲避风雨和野兽。由于食物资源的季节性变化，人们经常需要迁徙到新的地区以寻找更多的食物，由此形成迁徙性居住方式。居住在一起的群体往往是以血缘为纽带形成的群体，成员有共同的祖先，按照血缘辈分形成了部落化和氏族化的社会结构和交往关系。人们之间仅采用肢体动作、简单的词汇和表情进行交流。这一时期，人类形成了以图腾崇拜为主的原始宗教信仰，形成了一些简单的祭祀仪式和禁忌；在文化传承上主要通过口口相传的方式传承狩猎技巧、生活技能、宗教知识和规则，神话故事和民间传说逐渐产生，岩画、陶器等简单艺术形式开始出现，反映了当时人们的文化信仰和精神世界。

（二）1万年前至18世纪中叶：农耕化生存方式

正如阿尔文·托夫勒（Alvin Toffler）在《第三次浪潮》（*The Third Wave*）中的研究发现，大约公元前1万年至前8000年左右的某个时刻，农业革命开始了，人类逐渐学会了人工栽培植物来发展农业，同时，也学会了驯化动物，发展出了早期的畜牧业，直到1650—1750年这一时期，第一次浪潮才逐渐失势[3]。随着农业技术的进步，具有稳定产量的小麦、玉米、水稻等成为主要的农作物，人工灌溉、水利工程等灌溉技术不断提升，农业成为主要的生产方式，同期出现了冶金、制陶、漆器、纺织等种类日益丰富的手工业；与此同时，贸易、集市等商业形态日渐发达。随着社会分工的细化和阶级分化的加剧，在传统的按血缘关系和按贡献分配劳动成果之外，出现了按阶级分配的主要分配方式。

这一时期的人类逐渐开始定居生活，逐步建立了大大小小的村落，城市也开始发展，房屋建筑逐步坚固、生活设施日渐丰富、食物供应更加充足、人口数量快速增长；社会开始分层，社会化大分工日渐细化，家族、宗族等社会组织体系逐渐形成；阶级分化更加明显，奴隶制、封建制等社会形态出现；国家和政权在这一时期出现并成为人类的主要组织方式，军队和官僚机构等组织形成了复杂的社会结构。西方的文艺复兴结束了漫长而黑暗的中世纪。人类的语言能力和交往能力在这一时期出现了质的飞跃，世界上出现了多种不同的语言，文字成为主流，造纸术、印刷术被发明，绘画、雕塑、音乐、舞蹈、文学等多种艺术形成并发展，宗教信仰更加复杂，教育制度正式确立并不断发展，使得这一时期产生了绚烂多彩的人类文化。人类社会从茹毛饮血的原始文明进入农耕文明，人类的生存方式也从游牧化生存升级为农耕化生存，并为近代工业文明的出现奠定了坚实的基础。

（三）18世纪中后期至20世纪中叶：工业化生存方式

1776年前后，英国工程师詹姆斯·瓦特（James Watt）经过10多年的努力和不断改良，终于制造出了第一台具有实用功能的蒸汽机。人类开始迈向工业社会。这一时期大机器生产取代手工业生产，生产线和流水线作业方式日益成熟，生产的标准化和专业化程度大幅提高；石油、煤炭等化石燃料的大规模使用推动了能源革命，电力被发现并得到广泛应用，促进了生产和生活的现代化，铁路、汽车、轮船、飞机等现代交通工具日益发达，生产效率有了质的提升，生产力大幅提高，社会财富迅速增长。工业化生产方式正式取代农业化生产方式，成为主要的生产方式。与此同时，资产阶级与工人阶级的阶级划分逐渐固化，出现了更加尖锐的贫富差距、阶级矛盾等问题。

这一时期，大量人口从农村转移到工厂工作、迁移到城市居住，城市规模迅速扩张，社会分层和职业分工更加细化；工厂制、公司制等现代生产组织形态出现并成为主流，社会组织体系更加复杂，管理也更加规范；食品、住房、医疗等生活条件不断改善，现代教育制度建立，文化娱乐生活更加丰富；艺术创作更加自由，印象派、抽象派等现代艺术形式出现；人们的生活水平普遍提高；报纸、杂志、广播、电视等大众传媒逐渐普及并发挥越来越重要的作用；人文主义、民主主义等思想得到广泛传播，启蒙运动、科学革命等文化运动推动了全球各国的社会进步和民族解放。

（四）20世纪后半叶至2021年前后：信息化网络化生存方式

随着1946年第一台电子计算机的发明、1969年阿帕网的建立、1990年前后万维网（World Wide Web）的正式提出和面世，人类社会正式进入信息化和网络化社会。这一时期以计算机和互联网技术的提出和发展为重要标志。进入21世纪以来，互联网，特别是移动互联网改变了人类的生产方式、生活方式和交往方式，整个人类的生存方式升级为信息化网络化生存方式。

随着计算机和网络技术的快速发展，大数据、云计算等技术在生产过程中被广泛运用，生产效率大幅提高；虚拟团队、远程办公等工作方式逐渐普及，网络化组织方式越来越发达；知识和信息成为重要的生产要素，知识经济和信息经济生产方式取代了传统的工业化生产方式；全球网络一体化推动了研发、采购、生产、交易、物流和消费的全球化、电子化进程，电子商务打破了地理和时间限制；互联网时代加速了平台的崛起，平台逐渐掌控了数字经济的生产资料、销售渠道与用户资源，并逐渐掌握了经济收益的分配权。随着互联网和手机等智能设备的普及，人们的生活方式越来越网络化、数字化，线上社交、在线娱乐、网络游戏、在线学习等成为常态，信息技术还推动了城市的智能化网络化，智慧城市应运而生，人们的生活方式相比工业时代发生了根本性改变。与此同时，盗版侵权、隐私侵犯、数据安全等各种信息网络问题日渐突出和尖锐，亟须从根本上解决。这一时期，整个人类的生存方式经历了从传统到现代、从工业化到信息化的巨大变革。这一变革深刻影响了人类社会的方方面面，并为未来人类社会的发展奠定了良好的数字化基础。

三 元宇宙作为人类新一代生存方式的理论框架

回顾整个人类生存方式演进的历史，可以发现两大核心特征：一是人类的生存方式进化迭代更新进程日益加速，从万年，缩减到千年，再缩减到百年；二是人类的生存方式越来越朝着数字化虚拟化方向迈进，人类在整个生存过程中花费在实体物理世界中的时间越来越短，花费在数字虚拟世界中的时间则越来越长。

2021 年元宇宙在东西方社会获得热议并被广泛化应用，2022 年 11 月 ChatGPT 上线标志着全球 AIGC 时代的到来，2024 年 4 月苹果公司发布苹果视觉专业版，共同推动人类社会开启元宇宙新一代生存方式。元宇宙，作为整合性战略框架，通过对 VR、AR、计算机视觉、AI、区块链、网络及通信技术等系列数字技术群的综合运用，正在建构人类的新一代生存方式。如何理解呢？可以类比想想我们所经历的网络化生存方式的演变。从 20 世纪 90 年代，万维网和 HTTP 协议（Hypertext Transfer Protocol，超文本传输协议）

正式上线，人类叩开了网络时代的大门。经过30多年人类在生产和生活各个领域的网络化创新和实践探索，人类的生产、生活都已经实现了网络化，可以说，人类的生产和生活如今已经离不开网络，人类的整个生存方式变成了网络化生存。美国麻省理工学院媒体实验室主任尼古拉斯·尼葛洛庞帝[①]（Nicholas Negroponte）教授在其著名的《数字化生存》（*Being Digital*）一书中向我们展示了未来人造世界与自然世界无缝融合的数字化生活新时代[4]。可以预见，随着元宇宙所引领的虚实融合全面转型，人类社会必然将进入一种虚实融为一体的新的生产和生活状态，而这就是人类的新一代生存方式——元宇宙。

从"新一代人类生存方式"这个意义上来讲，元宇宙新一代生存方式包含了元宇宙中的主体及其组织方式、元宇宙的生产与分配方式、元宇宙的栖息与生活方式、元宇宙的文化形成与传承方式四大方面的基础框架。

（一）元宇宙中的主体及其组织方式

所谓元宇宙中的主体及其组织方式，其内涵包括在元宇宙新一代人类生存方式中，人类通常是以何种组织形式存在（个体还是群体）、如何组织起来、如何进行相互交往，等等。除此之外，与传统的人类社会生存方式所不同的是，我们需要思考，元宇宙新一代人类生存世界中，还将仅仅只有人类这一种社会主体吗？随着AIGC技术及其他相关新一代信息技术的发展，未来将会有越来越多的虚拟数字人、智能机器人在元宇宙虚实融合世界中以"主体"身份从事生产与生活活动。

可以预见，元宇宙这一人类新一代生存方式，将会是一个由多元主体构成的复杂社会系统。传统的人类社会中仅存在"人类"这样一个主体类型，但是在元宇宙新一代人类生存方式中，不仅仅有"人"的真身这一类主体，每个"人"都将会有一个或多个"虚拟数字人"作为"真人"的化身或分身代表人类自身进入虚拟世界实现数字化生存；与此同时，在现实的物理世界中，由于各种场景需求和角色需要，人类还将会有一个或多个"智能机器

---

① 对于 Nicholas Negroponte，笔者采用中译名尼古拉斯·尼葛洛庞帝，所引文献保留原貌，余同。

人"作为"真人"的合法代理人去从事各种生产活动与生活娱乐消费活动。

2023年4月，来自斯坦福大学和谷歌的六位合作研究者在美国康奈尔大学主办的在线学术文献平台 arXiv 上发表了文章"Generative Agents：Interactive Simulacra of Human Behavior"，研究者们成功构建了一个名为 Smallville 的虚拟小镇，25个智能体表现出了惊人的"类人"行为：会做早餐、上班，艺术家会画画，作家会写作。更让人惊讶的是，当一个智能体策划举办情人节派对时，智能体们会广泛传播派对、邀请、结交新朋友，并都能够准确地在正确的时间出现在派对上[5]。此外，2023年9月，复旦 NLP（natural language processing，自然语言处理）研究团队和米哈游公司近30位作者组成的联合研究团队也在 arXiv 上发表"The Rise and Potential of Large Language Model Based Agents：A Survey"（《基于大型语言模型的智能体的兴起与潜力：一个综述》），全面综述了基于大语言模型的智能体研究进展，并指出自我进化的智能体已经具备主动感知、计划、决策和彼此社交等"类人"能力[6]。这项研究的一个启示在于未来新一代人类将会生活在人、虚拟数字人、智能机器人和智能体等多类"主体"并存的多彩新世界。

元宇宙时代还将迎来人类组织方式的深刻变革。企业，这一存在了400多年（1555年英俄贸易产生了公司，1602年荷兰东印度公司成立）、主导人类社会200多年（从18世纪末19世纪初工业革命至今）的组织形态，将会随着元宇宙时代的发展，尤其是区块链和 AI 技术的日益深化而逐渐萎缩，去中心化自治组织（decentralized autonomous organization，DAO）、一人制组织、小团队工作室、虚拟网络组织等将会越来越成为主流的组织方式。

（二）元宇宙的生产与分配方式

这里的核心是元宇宙的"生产力"，即创造人类新一代生存方式所需要的各种虚拟与物质财富的能力。传统的生产力，是指人类社会生产物质财富的能力。在全面虚实融合的新一代人类生存方式中，各类主体（人、虚拟数字人、智能机器人及智能体）将每天不断地创造各种财富，这里的财富既包含物理世界中传统意义上的实物资产所代表的实体类财富，同时也包含虚拟世界中以虚拟资产为表现形态的虚拟类财富。而创造上述两类财富的能力，共同构成了元宇宙时代的生产力。元宇宙将使虚拟商品和服务的创造、交易成为日常，形成一个庞大的虚拟经济体系。

更为重要的是，元宇宙时代基于 AIGC 的新一代生产力，相比传统的生产力，将会迎来如下几个方面的变革：一是生产效率和生产质量方面质的提升、生产成本的大幅下降。原因很明显，智能机器可以全年全天连续不间断且精准地完成工作，并且不需要发放任何工资与福利。二是人类将从"利用机器生产"变革为"指挥机器生产"，从原来的"执行密集型生产力时代"升级为"指挥密集型生产力时代"。三是在"全科涌现"的 AIGC 大模型加持下，依靠专业分工提升生产效率的传统范式将会升级为专业融合与智慧聚合型生产力范式，人类社会的生产力将会迎来从大规模生产升级为自由智慧迸发的大规模创造型生产力新时代。

元宇宙还将改变分配方式，形成新的生产关系。所谓元宇宙的"生产关系"，是指在人类新一代生存方式形成的元宇宙社会系统中产生的各种关系的总和。在新一代人类生存方式下，生产关系将发生深刻变革。传统的生产关系，是指人类在物质资料生产过程中形成的人与人之间、人与生产资料之间、人与资本利得之间的各类关系。在元宇宙的社会系统中，上述关系将超越单纯的物理世界物质资料生产过程，拓展到虚拟世界中虚拟物质、虚拟场景、虚拟财富生产过程中，此外还包括虚实融通生产过程中的各种生产关系。也就是说，元宇宙生产关系实际上包含了物理世界生产关系、虚拟世界生产关系和虚实融合生产关系三大类型，正是这三大类生产关系构成了人类新一代生存方式的经济结构和社会结构，与元宇宙生产力相互作用、相互制约，共同推动人类元宇宙文明的发展进步。

更为深刻的区别在于，传统的生产关系主要建立在中心化的组织和机构基础上，而元宇宙时代的生产关系将是建立在区块链系列技术群基础上的、以创作者为主体的新型生产关系，并在此基础上形成自成一体的元宇宙经济学体系。元宇宙中的收益分配将在区块链的加密技术、时间戳技术、智能合约技术以及 AI 技术等的加持下实现精细化、自动化、智能化的分配。元宇宙生产关系，归根结底，是告别传统的被支配型的生产关系，建立劳动者自主型的生产关系。

(三)元宇宙的栖息与生活方式

元宇宙的栖息与生活方式,核心是要回答人类在元宇宙新一代生存方式中如何居住、如何生活等基本问题。元宇宙,正是基于各种XR技术、计算机视觉技术、AI技术等为人类建构越来越多的元宇宙"场景空间",即人类新一代全面虚实融合的生产、生活场景与空间,从而改变人类传统的栖息与生活方式。正如人在物理世界中的生产过程与生活活动必然会创造或参与到各种类型的场景或空间中一样,虚拟数字人在虚拟世界中的生产与生活同样需要各种各样的场景与空间,同时作为虚实一体化的新型人类社会,还将会产生大量的虚实融合的场景与空间。正是上述各类场景空间的创造与生产,人、虚拟数字人和智能机器人等多种"主体"的生产与生活才有了实质性的内容与载体,才构成了人类新一代生存方式。

当人们为元宇宙建构的各种虚拟空间足够丰富、成为人类生产生活所必需的应用场景时,人类会逐步将越来越多的生活迁移到虚拟空间中,进而形成现实物理化生存与网络虚拟化生存的无缝对接,享受沉浸式的、虚实一体的娱乐、社交、旅行、医疗、购物、学习等全新的生活方式,从而实现全面虚实融合的人类新栖息与生活方式。

(四)元宇宙的文化形成与传承方式

"文化"是什么?联合国教科文组织《世界文化多样性宣言》明确指出文化是"某个社会或某个社会群体特有的精神与物质、智力与情感方面的不同特点之总和;除了艺术和文学外,文化还包括生活方式、共处的方式、价值观体系、传统和信仰"[7]。古罗马哲学家马尔库斯·西塞罗(Marcus Cicero)更是简捷而深刻地指出文化是一种"灵魂的培养"(cultivation of the soul)[8]。在传统的生存方式中,人类的组织与交往方式、生产与分配方式、栖息与生活方式,其实一方面都蕴含了文化的形成过程,包括组织文化与交往文化的形成、文化产业的生产与分配过程、文化生活方式的形成,等等;另一方面这些生存方式积累起来的文化内涵(生存经验、风俗习惯、宗教信仰以及各种文化符号等)都需要不断地传承给后代,这就是文化的形成与传承方式。文化的形成与传承方式，其本质是人类生存方式的文明形成与模因延续机制。后代的人类需要通过前辈延续下来的文化（文明成果）来保持和发展生产力、规范自己的行为、协调人与人之间的关系、适应自然和社会环境，等等。文化的形成与传承是人类长期生存和发展存续的核心机制。

元宇宙新生存方式时代，文化的形成与传承同样处于核心重要地位。与之前生存方式时代所不同的是，元宇宙时代的文化形成与传承方式将会有如下三个方面的新内涵。

一是AIGC将推动元宇宙形成更加丰富多样的文化形态和文明成果。上文提到，AIGC将推动全球文明的大融通，世界各国的文化边界在未来将不断模糊甚至消失，这是否意味着世界文化多样性将受到毁灭性打击呢？其实，文化边界的模糊并不代表文化多样性的消失。恰恰相反，在AIGC的推动下，元宇宙时代将形成更加丰富多样、绚丽多彩的文化形态和文明成果，主要原因在于两大方面：其一，一个基本的事实是，本国人民通过AI大模型调用本国文化资源的平均次数与调用他国文化资源的平均次数相比哪一个更多呢？毫无疑问是调用本国文化资源的次数更多，因为本地化的场景应用需求更多。因此，AI大模型在促进一国文化全球传播的同时，更加促进的是本国人民对本国文化的认识和深化，进而能够更好地、更加深入地将本国文化、本民族文化予以保护传承和创新发展。其二，更为重要的是，AIGC带来的将是个体智慧、创造力和生产力的大爆发。传统的生产过程是"人利用机器生产"，在AIGC普及化应用后，生产过程将变成"人指挥机器生产"。现有的组织体系是少部分精英群体发号施令，大部分普通人执行。在这个过程中，占全球绝大多数的普通群体的"智慧"处于受压抑、不被重视、无法自由发挥的状态。而当大量的执行工作交由智能机器去完成之后，普通人的"智慧"将真正得到全面释放，进而将指挥智能机器去创造出无限丰富的文化新样式、新形态，人类世界的文明成果将会更加多姿多彩、绚丽璀璨。

二是AIGC将推动元宇宙文化形成，带来全球文明的大融通。AI大模型，实际上是一个全球文明融汇交流的大媒介。例如，ChatGPT的训练数据中包含了来自全球各地的新闻文章、书籍、期刊、博客文章、社交媒体帖子、电影、电视剧、音乐、视频以及历史、哲学、宗教、艺术等海量的互联网公开资料、出版物资料及其他各种能够获取的全球各个国家的各类模态的资料。正是在这样一种"大力出奇迹"的基础上，ChatGPT才成为能够高质量回答全球各国问题的世界通用大模型。同样，Midjourney、Stable Diffusion、Sora等文生图大模型、文生视频大模型也正是因为吸纳了来自全球各地的图片、视频资源才能快速且高质量地生成带有世界各国不同文化风格的图片与视频。可以说，在AIGC这一全球通用媒介的推动下，世界各地的文化资源和文明成果正在经历前所未有的深度融合。不同文明之间的边界将逐渐模糊，全球文明融通的共同体时代正在开启。

三是元宇宙新生存方式及其文明成果将获得跨越时间和空间的可持续传承。在元宇宙所形成的虚拟与现实多元一体的新技术手段和新场景空间里，无论是传统的文化艺术作品，还是创新生成的文化形式，都将以元宇宙的方式得到跨越时间和空间限制的更加广泛的传播和展示，并将以更加长久的方式得以保存和传承。一方面，在AI大模型的驱动下，进入虚拟世界的一切都具有数字生命并得到长久存续甚至永生。对于人类而言，在初级阶段，可以通过AI模型的训练使之成为深刻掌握某个人类个体的思想、思维方式和日常行为习惯、个性偏好特征的专属模型，并通过数字人技术制作一个与该个体具有完全一样外貌特征的虚拟数字人，当这个人类个体去世后，能够代表其个体外表、内在思想以及个体行为特征的一比一"复制人"将在虚拟世界中永续存在；在高级阶段，当脑机接口等技术成熟后，可以直接将人类个体的意识整体上传到虚拟数字人的大脑中，从而让人类更加真实地在虚拟世界中永生。对于非人类的动物、植物等其他生命体而言，同样可以采取类似技术获得长久存在的数字生命。而且，在技术成熟之后，这些数字生命将不会被放在档案馆、陈列馆里，而是将存在于数字孪生的虚拟世界中，跟现实世界中的人或其他生命体一样进行正常的生存和交往。另一方面，在区块链技术的支持下，每一个进入虚拟世界的生命形态都将被上链赋以全球唯一的加密编码，在此基础上，每一个数字生命将真正获得独一无二、不被复制、无法替代的生命权。而从整个人类生存方式的宏观维度来讲，人类群体的组织与交往方式、生产与分配方式、栖息与生活方式都将在每一个个体数字生命的永生基础上实现可持续传承。

元宇宙中的人类组织文化与交往文化、文化产业生产与分配方式、文化栖息与生活方式，还有上述生存方式积累起来的元宇宙生存经验、风俗习惯、宗教信仰、价值观以及各种文化符号等文化内涵，特别是集合全人类智慧创造的各种文化形态和世界文明的传承与发展方式的总和，构成了我们所谓的"文化元宇宙"。

四　人类元宇宙新一代生存方式的体系构架图

概括来讲，元宇宙，作为人类新一代生存方式，在主体及其组织方式上将形成人机主体多元并存及 DAO 等新型组织方式；在生产与分配方式上将升级为智慧聚合型生产力与自主型生产关系；在栖息与生活方式上，将迈入物理化与虚拟化生活无缝对接、全面虚实融合的新形态；在文化形成与传承方式上将进入全球文明多样融通与可持续传承新范式。由此可绘制人类元宇宙新一代生存方式体系构架图，如图 1 所示。

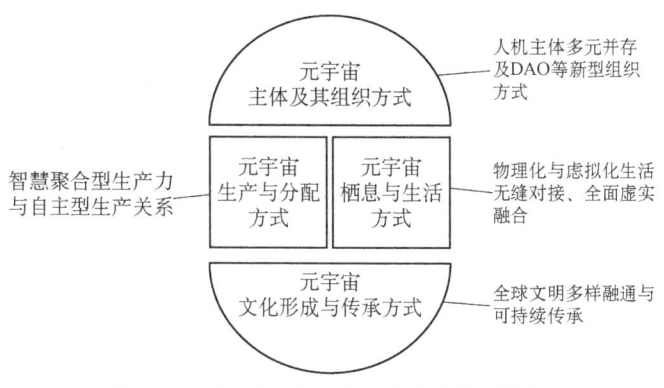

图 1　人类元宇宙新一代生存方式体系构架

资料来源：作者设计。

综上所述，人类社会正在加速进入新一代生存方式——元宇宙。《2023全球数字报告》统计显示全球互联网用户年度增长率从 2019 年的 9%连年持续下降到 2023 年的 1.9%，而每天花费在互联网上的时间已经从 2019 年以来的正向增长发展到 2022 年比 2021 年反向降低了 4.8 个百分点（从 2021 年第三季度的 6 小时 57 分下降到 2022 年第三季度的 6 小时 37 分）[9]。由此可见，无论是东方还是西方的主要互联网国家，其生存方式都处于从信息化网络化生存方式向元宇宙新一轮生存方式破茧升级的临界期，数字文明发展都面临由初级阶段向高级阶段更新升维的过渡期。

当人类的生存方式即将确定性地换挡升级，步入元宇宙这一更加高维的新文明阶段时，任何一个国家都需要将自身的国家机器进行适时、全面、深刻的优化升级，科学地认识元宇宙作为人类新一代生存方式的深刻内涵与战略价值，与时俱进地更新传统的体制机制、更新现有的产业结构、更新落后的知识与教育体系、更新过时的法律与政策体系、更新老旧的社会治理体系，从而更好地适应人民未来新一代生存与发展的需要。

参考文献

[1] 郑莹莹. "元宇宙"写入"十四五"规划 上海前瞻布局"虚实融合". (2022-03-15) [2024-05-18]. https://tech.gmw.cn/2022-03/15/content_35588646.htm.

[2] Zuckerberg M. Mark Zuckerberg: Meta, Facebook, Instagram, and the Metaverse. (2022-03-01) [2024-05-21]. https://podcastnotes.org/lex-fridman-podcast/267-mark-zuckerberg-meta-facebook-instagram-and-the-metaverse-lex-fridman-podcast/.

[3] 阿尔文·托夫勒. 第三次浪潮. 黄明坚, 译. 北京: 中信出版社, 2018: 8-9.

[4] 尼古拉·尼葛洛庞帝. 数字化生存. 胡泳, 范海燕, 译. 北京: 电子工业出版社, 2017: 158-159.

[5] Park J S, O'Brien J C, Cai C J, et al. Generative agents: Interactive simulacra of human behavior. (2023-04-07) [2024-05-10]. https://arxiv.org/pdf/2304.03442v1.pdf.

[6] Xi Z H, Chen W X, Guo X, et al. The rise and potential of large language model based agents: A survey. (2023-09-14) [2024-05-10]. https://arxiv.org/pdf/2309.07864.pdf.

[7] UNESCO. UNESCO Universal Declaration on Cultural Diversity//UNESCO. Records of the General Conference, 31st session. Paris: UNESCO, 2001: 78-80.

[8] 郑建明, 王锰. 数字文化治理的内涵、特征与功能. 图书馆论坛, 2015, 35 (10): 15-19.

[9] Meltwater, We Are Social. Digital 2023: Global overview report. (2023-01-26) [2024-05-16]. https://datareportal.com/reports/digital-2023-global-overview-report.

Metaverse: A Theory of the New Generation of Human Existence

ZANG Zhipeng

(School of Humanities, Tongji University, Shanghai 200092, China)

Abstract: Currently, the understanding and definition of the metaverse among all sectors of society are going through a cognitive development from the narrowest to the narrow, then to the broad, and finally to the complete meaning in four progressive stages. At the highest level of metaverse cognition and complete meaning, the metaverse is a new generation of human existence, encompassing the new generation of subjects and their organizational methods, modes of production and distribution, habitats and lifestyles, and methods of cultural formation and inheritance. In terms of subjects and their organizational methods, the era of the metaverse will form a coexistence of human-machine subjects and new types of organizations such as DAOs; in terms of production and distribution methods, it will upgrade to intelligent aggregation-type productive forces and autonomous production relations; in terms of habitats and lifestyles, it will enter a new form of complete integration of virtuality and reality; in terms of cultural formation and inheritance methods, it will enter a new paradigm of global civilization's diverse integration and sustainable inheritance. When the virtual world becomes as common as our real world, people can freely move between the virtual and the real, and the virtual and the real are completely integrated, human production, life, and ecology naturally enter a new era of existence.

Keywords: metaverse; human; mode of existence

元宇宙视域下传统文化传播的演进与创新*

金 韶 唐 冰

摘要：元宇宙作为数字技术、交互应用的集成平台，为传统文化的传播提供了全新的展现形式和传播平台。在文化数字化战略、数字技术革新、文化市场繁荣等多重机遇下，元宇宙和产业需求加快对接，传统文化在元宇宙生态中焕发生机。传统文化的数字化传播，经历了从 1.0 的数字出版时代，到 2.0 的视听传播时代，再到 3.0 的沉浸文旅时代的形态演进。元宇宙虚实交融的技术动力、文化资源的本体动力以及用户体验的主体动力构成了推动传统文化传播创新的动力机制。传统文化的创新和传播面临着全新的现实需求和实践进路，需从价值引领与审美再造、科技研发与应用赋能、版权保护和 IP 转化、业态创新和消费升级四个方面打造传统文化元宇宙的创新路径。

关键词：传统文化；元宇宙；形态演进；传播创新

作为一种新的社会文明形态，元宇宙正在逐渐成为传统文化创新发展的

---

* 基金项目：北京联合大学项目"'新文科'理念下高水平人才培养模式创新——基于新媒体课程群的教学改革研究"（JJ2023Z001）的研究成果。
作者简介：金韶，北京联合大学应用文理学院教授（北京，100000）；唐冰，北京联合大学应用文理学院实验室主任（北京，100000）。

实践场域，传统文化的数字化传播成为必然。随着国家推进实施文化数字化战略，加上数字技术升级及其对文化产业的支撑作用，传统文化的数字化传播形成了全新的传播生态。本文从元宇宙视域下传统文化传播的形态演进入手，根据传播动力学理论分析传统文化数字化传播的动力机制并有针对性地提出打造传统文化元宇宙的创新路径，以期推动传统文化进入新的发展阶段。

随着国家推进实施文化数字化战略，传统文化的数字化传播受到越来越多的重视。相关研究表明，数字技术与优秀传统文化的结合为传统文化的传承和创新提供了新的契机[1]。国外的研究主要集中在元宇宙的技术实现、社会影响以及未来发展等方面。例如，有研究利用信息可视化工具 Citespace（数据可视化和分析工具）对元宇宙研究情况进行系统回溯，发现元宇宙研究呈现出多元化和交叉化的特点，具有动态演进的总体趋势。此外，还有研究从非物质文化遗产的角度出发，探讨了元宇宙在文化传承中的潜力和挑战。这些研究表明，元宇宙为传统文化的传播提供了新的平台和方式，但同时也需要警惕技术主义对文化传承本质的僭越，防止虚拟与现实之间的错位失衡。

一 传统文化数字化传播的形态演进

在文化强国、科技强国战略的推动下，传统文化和数字技术加速融合，不断增强中华文明的传播力和影响力。传统文化的数字化传播，经历了从1.0 到 3.0 的发展阶段和形态演进，发挥出多重价值和功能。

（一）1.0 数字出版时代：教育功能和知识服务

近年来，我国数字出版业进入蓬勃发展期。数字阅读用户量从 2017 年的 3.8 亿人增长到 2022 年的 5.3 亿人，数字出版产业规模从 2017 年的 7072 亿元增长到 2022 年的 12 762 亿元[2]。数字出版将传统线下出版延伸到线上，依托数字技术、网络平台和移动终端，助推传统文化资源的数字化，塑造用户的数字阅读习惯，成为传统文化得以传承、传播的基础支撑。

数字出版和传统文化传播的结合，按照结合程度和时间顺序，主要包括三种方式：大众图书的数字出版、专业古籍的数字出版、文化数据库的建设。

第一种方式大众图书的数字出版，最早源于 21 世纪初的超星、方正、汉王等企业通过阅读网站或电子阅读器，将书籍搬到线上，2011 年后当当、京东等电商平台推出电子书业务，数字出版开始快速发展。2013 年以来，喜马拉雅软件上线并快速积累用户，促进了有声书的流行。在喜马拉雅的历史频道中，百家讲坛姜鹏精读《资治通鉴》、平说古文《史记》名篇精讲等有声作品广受用户欢迎。

第二种方式专业古籍的数字出版，是出版机构借助数字技术实现转型升级的重要业务模式。陕西的三秦出版社，作为古籍专业出版社，推出了《国学百部文库》等中华传统文化丛书，该出版社 2014 年成立数字出版部门，推行古籍的数字出版业务，通过数字出版更好地传播古籍所载的中华优秀传统文化[3]。读者传媒以其地处甘肃的区域优势，于 2019 年推出线上"敦煌书坊"，完成数字化加工敦煌学和丝绸之路研究专著 2000 余册、古籍 500 种、期刊 500 期、论文 6000 篇[4]，打造面向高校和科研机构的敦煌学知识服务平台。

第三种方式文化数据库的建设，是在专业古籍的数字出版基础上的升级。中华书局 2014 年推出古籍整理发布平台"籍合网"，到 2021 年已上线古籍资源 5000 余种，累计 20 亿字，成为集古籍文献、学术研究、图书教材、传统文化交流的综合平台。国家图书馆作为全国乃至亚洲最大的图书馆，近些年拥有古籍文献约 200 万册，数字资源超过 1000TB，拥有"敦煌遗书""赵城金藏"《永乐大典》、文津阁《四库全书》"四大专藏"古籍，2023 年上线《永乐大典》高清影像数据库，以数字复原、3D 建模、人工智能等技术手段全面呈现《永乐大典》的高清图像、立体风貌及知识图谱，还同步推出《国家珍贵古籍名录》知识库供公众免费使用。

数字出版和传统文化的结合，既是出版业转型发展的需要，也是传统文化发挥社会教育功能的需要，更是国家推进实施文化数字化战略的重要支撑。

（二）2.0 视听传播时代：娱乐功能和传播服务

在 2.0 视听传播时代，娱乐功能与传播服务的融合成为媒体发展的重要趋势。这一时代背景下，主流媒体机构如中国中央电视台（以下简称中央电视台）、北京卫视、河南卫视等，正通过全媒体战略，致力于通过传统文化与现代传播手段的创新结合，实现文化强国战略的目标。这种结合不仅为传统文化的传播提供了新的平台和形式，也推动了文化传播方式的现代化转型，使之更加符合当代社会特别是年轻一代的审美和接受方式。中央电视台、北京卫视、河南卫视等各级电视台，面向文化强国战略，发挥全媒体的传播力和影响力，致力于传统文化和影视节目的创新结合，打造了《典籍里的中国》《最美中国戏》《唐宫夜宴》等爆款节目和文化 IP，寓教于乐，变"硬"宣传为"软"传播，在大众层面掀起传统文化热潮，并助推中华优秀文化走向世界。

中央电视台 2021 年推出大型文化节目《典籍里的中国》，选取《史记》《永乐大典》《本草纲目》等 11 部中华古籍，以"跨时空对话"为叙事主题，让主持人以当代读书人的身份走入典籍里的历史时空，与历史人物面对面，再以"典籍+戏剧+影视"为叙事结构，通过专家解读、戏剧情节和演员表演，并结合环幕投屏、AR、实时跟踪等舞台技术重现历史场景，展现千年历史和传统文化的流转传承，激发观众产生"古今相通、记忆相通、精神相通"的情感共鸣[5]。

2021 年一档春节联欢晚会（以下简称春晚）节目《唐宫夜宴》一经播出（由河南卫视播出）就火爆全网。《唐宫夜宴》突破传统舞蹈的演出形式，创新出戏剧化、场景化的叙事方式，以唐俑复活成唐朝小姐姐进宫赴宴为故事设定，以莲鹤方壶、妇好鸮尊、簪花仕女图等国家宝藏为静态背景，演员们妙趣横生的舞蹈穿梭其中，同时运用 5G+AR 技术，实现了文物的数字复原、人物视角和舞台场景的灵活切换，创造出动静结合、虚实融合的艺术表现，给观众带来视听奇观体验。

数字人是以 AI 驱动的超写实人物形象，在虚拟现实领域发挥重要作用。数字人兴起于 2021 年，先是以短视频的方式流行，2023 年在各电视台春晚上绽放光彩。取材自敦煌飞天的虚拟数字人"天妤",以创作和发布传统文化短剧,在国内外社交媒体上广受关注,后登上陕西卫视的丝路春晚,与真人演员共同表演歌舞《清平乐·禁庭春昼》。浙江卫视推出宋韵文化推广数字人"谷小雨",主持"二十四节气"品牌节目,在抖音、小红书上发布"谷小雨的迷你宋韵之旅"系列短视频,又亮相浙江卫视跨年晚会表演国风歌舞。

2.0 视听传播时代的媒体实践,不仅体现了文化生产与消费的互动关系,也反映了媒介融合的趋势。主流媒体通过创新节目形态,实现了传统文化的现代化表达,推动了文化传播方式的现代化转型。这种转型不仅丰富了文化产品的表现形式,也拓展了文化传播的深度和广度,为传统文化的创造性转化和创新性发展提供了新的可能性。各大主流媒体主动拥抱新技术、激发新创意,创新传统文化节目形态,用虚实融合、古今交融的叙事方式和艺术表现,契合年轻人的审美意趣和沟通方式,实现传统文化的现代化表达,进而实现传统文化的创造性转化、创新性发展。

(三) 3.0 沉浸文旅时代:体验功能和消费服务

《文化和旅游部关于推动数字文化产业高质量发展的意见》中提出要"发展沉浸式业态"。随着近几年旅游市场的复苏,再加上 VR 技术在文旅领域的加速应用,沉浸式演艺、沉浸式夜游、沉浸式展览、沉浸式街区等新业态不断涌现。

"沉浸"这一概念最初源自美国心理学家米哈里·契克森米哈赖(Mihaly Csikszentmihalyi)提出的"心流"(flow)概念,用以指感官和心灵的投入状态。2000 年以来,"沉浸"引入传播学领域,其研究围绕人的感官和身体在虚拟环境中的沉浸感展开,强调沉浸传播中人的主体性和"身体在场",具身传播的研究也由此兴起[6]。由此可见,沉浸传播是多种数字媒介形态融合的产物,其核心是运用 VR、智能交互等新技术,塑造虚实融合、时空交汇的传播场景,为用户提供多感官、全身心的沉浸体验。相比视听节目的屏幕空间,文旅项目的实体空间,更能将文化创意、数字技术和空间感知进行融合创新,将虚拟的文化场景和真实的在场体验融合一体,让游客沉浸其中,更能激发人们的感官、身心体验和情感共鸣。

2023年7月，文化和旅游部发布20个沉浸式文旅新业态示范案例，其中传统文化项目近十个，有山西的"又见平遥"、湖南的"遇见大庸"、江西的"寻梦牡丹亭"、江苏的扬州大运河博物馆、西安的"大唐不夜城"和"长安十二时辰"等。2024年2月22日，第一批全国智慧旅游沉浸体验新空间培育试点项目名单公布，这些文旅项目植根于地域历史文化，利用数字技术改造提升传统旅游消费场所，打造智慧旅游沉浸式体验新空间，让观众在跨时空展演、行进式观赏、参与式体验中充分感受传统文化的魅力和活力，以新场景、新业态为文旅市场打开新的空间，带动城市文化传播和文旅消费繁荣。

二 元宇宙对传统文化传播创新的动力机制

传播动力学理论指出传播活动的动力来自：传播技术和媒介控制（媒介动力）、信息的开发和共享（本体动力）、传受双方（主体动力）。该理论在元宇宙火热发展的当下，仍然具有很强的解释力。元宇宙作为数字技术的集成，将虚拟世界与现实世界密切融合，是激活文化资源、改变传播样态，创新消费方式的强大动力。

元宇宙是一个集VR、AR、MR等技术于一体的数字化空间，它不仅是一个单一的平台，更是一个由多个虚拟世界组成的网络，用户可以在其中进行社交、游戏、工作和学习等活动[7]。元宇宙的核心特点在于其沉浸式体验和高度互动性，能够为用户提供一个几乎与现实世界无异的虚拟环境。这种环境不仅能够模拟现实世界的物理规律，还能超越现实，创造出全新的体验和可能性。元宇宙能为传统文化传播提供一个全新的平台，将传统文化以更加生动的方式呈现给公众。通过元宇宙，传统文化可以突破时间和空间的限制，以全新的形式和内容与现代科技相结合，吸引更多年轻一代的兴趣和参与。此外，元宇宙的互动性和创造性也为传统文化的创新提供了广阔的空间，使得传统文化能够在保持其核心价值的同时，以更加现代化和国际化的方式传播。

（一）虚实交融的技术动力

元宇宙通过 VR、AI 等新技术的集成应用，搭建了虚拟和现实互通、融合、共生的数字化空间，塑造了全新的文化传播形态。支撑元宇宙的不是单一的技术，而是高度复杂的技术系统，包括 VR、AI、数字孪生、区块链、交互技术等，这些技术的综合运用，可以实现时间的自由穿梭、空间的多重交叠、真实和虚拟的价值融通，在文明传承、文化生产和文化传播上开创了更多的可能性。元宇宙是媒介发展演进到数字时代的必然产物，是数字革命以来所发展起来的全部技术与社会现实融合发展的全新文明形态[8]。

媒介环境与人类社会是一个相互依存、相互影响的生态系统。在这个系统中，媒介不仅是信息传递的工具，更是文化和社会价值观的塑造者。元宇宙作为一种新兴的媒介形态，通过 VR 和 AI 等技术的应用，创造了一个虚拟与现实交融的数字化空间。这个空间不仅为个体提供了沉浸式的体验，而且为文化内容的创作、传播和交流提供了全新的场景。通过 VR 技术，用户可以身临其境地体验古代文明的遗址，感受历史的厚重；AI 可以创建智能导游，为用户讲解文化背景和故事；数字孪生技术则可以复制现实世界的文化遗产，对其进行数字化保护和展示；区块链技术则可以确保文化资产的所有权和交易的透明性。这些技术的结合，为传统文化的传播提供了前所未有的动力和可能性。

（二）文化资源的本体动力

作为一种新兴的科技文化现象，元宇宙的火爆固然有科技巨头公司的助推，但究其根本还是因为其具有天然的文化基因。从本质上看，元宇宙是科技与文化深度融合的产物，它超越了单一的技术层面，成为一种文化资源的本体动力。这一概念的诞生，源自科幻小说中对未来社会的构想，体现了人类对未来世界的无限想象与探索欲望。元宇宙并非是空中楼阁，其兴起是植根于人类精神生活需求的文化土壤之中的，它通过融合各种文化元素，如游戏、电影、旅游等，为人们提供了一种全新的沉浸式体验。元宇宙从游戏开始流行，有人直接将元宇宙比作网络游戏的放大版；元宇宙和电影不断融合，推动了 VR 电影、交互电影的发展；元宇宙和文旅加速融合，催生沉浸式新场景和新业态。

元宇宙不是凭空想象的概念，也不是简单的技术集合，其本质是满足人们的精神生活需求、加强文化和科技的融通、提供新的文化产品和服务的新经济形态。元宇宙与文化领域的结合为文化资源赋予了更多的技术、创意和美学价值，推动了文化产品的多样化和个性化发展。这种融合不仅催生了沉浸式的新场景和新业态，而且促进了数字文化产业的发展，形成了一股新的文化消费潮流。元宇宙的这种文化资源本体动力，体现了人类对美好生活的追求，以及对精神文化需求的不断满足和超越。在这个平台上，传统文化可以以数字化的形式得到保存和传承，同时，通过与现代科技的结合，传统文化也可以被赋予新的生命力。例如，通过元宇宙，传统的艺术作品可以被数字化并进行 3D 展示，使得艺术作品的展示不再受限于物理空间；传统的节庆活动也可以在元宇宙中举行，吸引全球的用户参与，扩大其影响力。根据皮埃尔·布尔迪厄（Pierre Bourdieu）的文化资本理论，文化资本包括教育、知识、技能等非物质形态的资本。元宇宙的发展可以被视为一种文化资本的积累与转化过程，通过整合各种文化资源，将这些非物质形态的资本转化为具有实际价值的文化产品，从而推动文化产业的创新与发展。

（三）用户体验的主体动力

追求极致体验，是用户/消费者的内在需求和外化行为的驱动力。"体验经济"作为一种经济发展模式，强调满足消费者的心理、精神和情感需求。元宇宙给用户带来的沉浸式体验，是其在短时间内获得各行各业追捧的重要原因，也是拉动文化消费升级的强大动力。

元宇宙通过整合影像、视听、游戏等多种艺术表现形式，极大地丰富了用户的感官体验。这种感官体验不仅限于传统的视觉和听觉，更扩展到了触觉、嗅觉、味觉等其他感官，实现了从感官到身体的"六感"化传播情境。这种全方位的感官刺激，不仅能够带给用户更加真实和丰富的体验，还能够激发用户的想象力和创造力，促进用户与虚拟世界的深度互动。此外，元宇宙打破了传统传播时空的限制，实现了线上与线下、真实与虚拟、历史与未来之间的自由穿梭。这种时空的跨越，不仅为用户提供了一种全新的时空观念，更通过艺术手段再现和解构历史，让传统文化在虚拟世界中焕发出新的活力和感染力。这种时空的转换和重构，不仅能够给用户一种穿越古今的奇妙体验，还能够促进不同文化之间的交流和融合，推动文化创新和文化多样性的发展。

元宇宙作为一种新兴的媒介形态，它的沉浸体验不仅满足了消费者的心理、精神和情感需求，更在感官、时空和情感三个层面实现了创新和突破。这种沉浸体验不仅推动了体验经济的发展，更促进了文化创新和对文化多样性的保护。元宇宙作为一种新兴的体验经济模式，其发展前景广阔，值得我们深入研究和探索。

三 打造传统文化元宇宙的创新路径

伴随着科学技术的迭代升级，人类的文明社会经历着由米歇尔·福柯（Michel Foucault）口中的"规训社会"到吉尔·德勒兹（Gilles Deleuze）的"控制社会"乃至当下的算法社会[9]，传统文化的创新和传播面临着全新的现实需求和实践进路，亟须加快打造符合时代需求、尊重客观发展规律的传统文化元宇宙的创新路径。

（一）价值引领与审美再造

在平台资源的急剧扩张下，技术的异化容易引发人文的异化，用户的审美思维、生活经验、行为意识等在算法构成的信息茧房中逐步落入平台特意打造的"数字陷阱"[10]，最终成为服务自动化社会的一部分。元宇宙的去中心化、虚拟属性以及数字化社会背后的隐形算法容易导致人们陷入对功利性欲望的一味追求，影响其伦理价值观念，甚至对物理世界国家的文化安全造成影响，因此，把握传统文化元宇宙的价值引领与审美再造尤为重要。

习近平总书记指出："坚持把马克思主义基本原理同中国具体实际相结合、同中华优秀传统文化相结合。"[11]元宇宙为传统文化发挥马克思主义思想的价值统领提供了新的结合点和新的表达方式。当前我国已经在顶层设计上逐步开展制度建设，通过制度规范元宇宙的健康发展，需要打造以人为本的传统文化元宇宙，以文明守正为基准引导正确的审美取向，彰显人的主体性，强化伦理保障和风险防范，构建符合中国特色社会主义的多主体协同治理的传统文化元宇宙。

党和国家十分重视中华优秀传统文化的传承发展，并提出推动中华优秀传统文化创造性转化和创新性发展。"两创"（创造性转化、创新性发展）方针的提出，为传统文化类节目的生产和传播提供了根本方法论，即秉持"思想+艺术+技术"的融合导向，以灵活多元的方式提炼中华优秀传统文化，达成对"文化中国"的影像深描[12]。运用沉浸式的输出方式挖掘传统文化底蕴，沉浸式项目要以文化价值为支撑，呈现浓郁的地方特色和鲜明的城市文化，再选用相应的表达方式，以人为中心设计产品和服务，才能达到锦上添花的效果。通过打造多样化的文旅产品，帮助城市传播特有的历史文化，甚至能够带动城市、老城区或历史文化街区的经济复苏，提振消费的活力。

（二）科技研发与应用赋能

2023年中共中央、国务院印发《数字中国建设整体布局规划》，提出要建设国家文化大数据体系，形成中华文化数据库。数字出版必然成为中华文化数据库建设的重要支撑。目前，各大出版社、图书馆立足自身定位和资源优势，已经建成一批较具规模且形式多样的数据库，但在文化大数据库的关联、共享和融通上尚有很大不足。为了实现《关于推进实施国家文化数字化战略的意见》提出的"建成物理分布、逻辑关联、快速链接、高效搜索、全面共享、重点集成的国家文化大数据体系"目标，对现有各类数字出版数据库进行再造升级和共联共享，将成为加快传统文化数字化传播的重点任务[13]。其中，科技的研发与突破是打造传统文化元宇宙亟待解决的问题。只有技术实现重大突破后，围绕传统文化元宇宙模式的设定和应用探讨才能进一步实现。因此，现阶段要立足扎实推进核心关键技术研究，重点开展芯片、区块链、人工智能、扩展现实、脑机接口、数字孪生、数据安全和隐私保护等关键技术研究，改变我国过去在信息技术、互联网等领域受制于人的被动局面。

VR 技术可与 5G 技术相结合，使计算机虚拟环境以及环境中嵌套的文字、图像、动画、音视频素材一次生产，多次使用；共建协同共享的版权清晰、内容多样、题材丰富的 VR 素材数据库，研发受众和市场真正需要的新技术和新产品，不断推进 VR 出版的可持续性发展。元宇宙生态升级了传播参与者的互动和参与模式；XR 沉浸技术颠覆了传统的文化影像信息传播模式，由单纯的文字符号、视频传递演变成场景传递和体验传递，突破二维图像编码传播，实现全息交流和生态交流。元宇宙生态让中华优秀传统文化影像传播重拾"光韵"。元宇宙数字新基建要为重构传统文化的数字化生成流程、赋能优秀传统文化高质量发展、拓展内容分发渠道提供保障，应加快建设可信文化大数据流通环境，培育优秀传统文化数据要素市场，打造可体验、可沉浸、可感触的活态传统文化产品，构建起高效畅通、供需适配的优秀传统文化供给体系。

（三）版权保护和 IP 转化

如果说已确立的 IP 制度针对的是现实世界中的文化资本生成，那么区块链中的 NFT（Non-Fungible Token，非同质化通证）技术则为互联网世界中的文化资本生成提供了可能，二者都为"元宇宙"文创产业的生产和运营提供了坚实的技术操作基础。区块链和 NFT 技术，可以与特定的数字或物理文化资产相关联，从而为这些文化资产提供数字版权认证服务，完成数字的传统文化资源向资本的转化，为"元宇宙"中的传统文化艺术品的发行、收藏和流通提供了必要基础。

在法律监管上，政府首先应切实完善 VR 中与著作权保护相关的法律法规，对 VR 的传统文化市场存在的隐私保护、虚拟与现实混乱的伦理问题从司法角度进行界定。其次，需要加强元宇宙中的市场监管，及时配套跟进服务和监管措施，通过监管理念创新、方式创新、手段创新的方式整治乱象。最后，建立行业登记评定体系，推动元宇宙中传统文化品牌示范建设，通过标准化引领不断提高产品和服务水平。

文化数字化就是把所有的文化典籍、文化遗存、文物文博、文化创意、文化要素转化为数字化的产品，向国内外传播，提升中华文明的传播力影响力。数字产业化就是把所有的实体变成数字，然后转化为数字资产，构建数字经济的模式，进行产业化的生产、经营活动。中华优秀传统文化的核心市场要素就是内容，中华优秀传统文化数字化开发的运营创新关键是对内容的市场化运营，在跨领域、多平台的数字经济生态圈进行运营创新，其实质是对IP的打造和延伸。中华优秀传统文化的数字IP运营创新，可进行跨行业运营和跨媒介运营。在IP的转化上，通过对传统文化内容的精耕细作打造文化价值与现代科技高度融合的创意品牌，在考虑用户体验的基础上改造数字出版服务全民、全球阅读的供给体系，打造全球互联互通的数字出版大平台，让数字出版惠及乡村振兴和城市文化繁荣，以更大的力量和效率向全球传播中华文明和当代中国的精神、价值、力量和形象。

（四）业态创新和消费升级

在元宇宙的背景下，传统文化的传播与消费正经历着一场深刻变革。从产业关联性来看，传统文化对元宇宙的技术外溢具有较强的吸纳能力。一是立足于传统文化的优秀内核，为元宇宙业态提供内容支持，并通过交互方式进行创新技术、人才的学习与交流。二是利用AI、云计算等技术，促进传统文化元宇宙产业链消费升级，从而更好地把握传统文化元宇宙产业的发展方向和趋势。

做强传统文化元宇宙产业链的业态创新。在元宇宙的文旅产业中，满足身体和精神的六感体验，一直是文旅产业的极致追求，而沉浸业态无延迟的交互，可以使其投资者、创作者、运营者、消费者全程参与其中，共同创造新的消费模式。文旅行业正在呈现出数字化、沉浸式、强社交、定制化的特点，亟须用心制作的好场景、好内容。近年来，以文旅元宇宙为代表的"传统文化+科技应用+数字文旅"的新业态纷纷涌现，给人们带来了丰富的体验，掀起了新的消费热潮。如由凤凰数字科技、故宫出版社、重庆两江产业发展集团有限公司联合主办的"画游清明上河——故宫沉浸艺术展"，综合运用现代数字技术，通过全息投影、裸眼3D、8K超高清数字交互等科技手段，呈现《清明上河图》中宋代的都市生活，让参观者身临其境地体验宋代和中国的生活美学。

丰富传统文化元宇宙产业链下游的消费环节。传统文化元宇宙消费新场景的打造应加快集成全息呈现、数字孪生、虚实交互等新型体验技术，形成技术价值、文化价值与产业价值的加乘赋能模式；加快开发智媒体、电竞、直播、社交、短视频、数字人/虚拟偶像、智慧文旅、虚拟音乐会、云社区等新业态的新消费场域；基于消费升级趋向关注最新的文化消费偏好。元宇宙还能激发人们的创造力，让用户生产变得更加自由和活跃。谁都可以拥有自己的数字人、自主创作和分享内容，谁都可以选择不一样的数字生活方式、延续自己的数字生命。用户参与和价值共创正是文化元宇宙的生命力所在。加快培育用户的新型虚拟空间、传统文化消费习惯，打造高品质、沉浸式、体验化的消费新场景与新业态。

元宇宙与传统文化的结合为中华优秀文化资源赋予了更多的技术、创意和美学价值，推动了中华民族现代文明的发展。在元宇宙平台上，文化、科技、艺术等多重资源和要素加速融合，催生了沉浸式的新场景和新业态，构建了传统文化元宇宙的生态体系。新技术的赋能是推动传统文化元宇宙发展的基石，新模式的创新是探索传统文化与元宇宙结合的驱动力，市场认知的提升也是推动传统文化元宇宙发展不可忽视的因素。中华优秀传统文化的加持，让单纯追求技术和体验的元宇宙项目，增加了文化的深刻内涵和独特魅力，实现了社会、文化和商业价值的多重提升。

参考文献

[1] 王广生，韩月娇. 元宇宙的研究现状、热点与前沿. 上海管理科学, 2022, 44 (5): 1-6.
[2] 崔海教. 2021—2022 中国数字出版产业年度报告. 北京：中国书籍出版社, 2022.
[3] 张琪悦（《陕西日报》记者）. 古籍整理弘扬传统文化 数字出版讲好中国故事. 陕西日报, 2023-07-18 (07) [2024-07-20]. https://esb.sxdaily.com.cn/pc/content/202307/18/content_813501.html.
[4] 闫姣. 读者出版集团探特色出版融合生态圈 冀加快"读者"IP 数字化. (2022-08-24) [2024-07-29]. http://www.duzhepmc.com/2022/0824/1861.shtml.
[5] 李春雷，张雪婷. 电视节目的媒介场景塑造与时代记忆提取——以《典籍里的中国》为例. 电视研究, 2022, (1): 82-84.

[6] 刘海龙. 具身性与传播研究的身体观念——知觉现象学与认知科学的视角. 兰州大学学报 (社会科学版), 2019, 47 (2): 80-89.

[7] 尹铁燕. 元宇宙概念：科学内涵、价值意蕴和实践指引. 运城学院学报, 2024, 42 (2): 27-35.

[8] 喻国明. 元宇宙是数字文明时代的具象版图. 新闻论坛, 2022, (4): 12-14.

[9] 蓝江. 从规训社会, 到控制社会, 再到算法社会——数字时代对德勒兹的《控制社会后记》的超一解读. 文化艺术研究, 2021, 14 (4): 1-11.

[10] 王寅. "元宇宙"之技术构镜、叙事症候及哲学反思. 甘肃社会科学, 2023, (4): 36-45.

[11] 习近平. 在庆祝中国共产党成立100周年大会上的讲话. 人民日报, 2021-07-02 (2) [2024-06-07].

[12] 李智. 文化复归：传统文化类节目蝶变跃升的深层逻辑. (2022-09-13) [2024-06-07]. http://ent.dzwww.com/tt/202309/t20230913_12751224.htm.

[13] 谢亚可. 数字出版融入文化数字化战略的现实意义与实践进路. 出版发行研究, 2023, (1): 8-14.

The Evolution and Innovation of Traditional Cultural Communication from the Perspective of Metaverse

JIN Shao, TANG Bing

(College of Applied Arts and Science, Beijing Union University, Beijing100000, China)

Abstract: Under the guidance of the digitalization strategy for cultural development, China's traditional culture is revitalized within the Metaverse ecosystem. The digital dissemination of traditional culture has undergone a transformation from the 1.0 era of digital publishing to the 2.0 era of audiovisual communication, and now to the current 3.0 era of immersive cultural tourism. The convergence of virtual and real elements in the Metaverse, the intrinsic power of cultural resources, and the user-centric experience constitute the driving forces behind innovative approaches to the dissemination of traditional culture. The innovation and dissemination of traditional culture face new practical demands and paths. Therefore, it is necessary to establish an innovative path for the traditional culture Metaverse through four key aspects: value orientation and aesthetic reconstruction, technological research and application empowerment, copyright protection and intellectual property transformation, as well as innovative formats and upgraded consumer experiences.

Keywords: traditional culture; Metaverse; form evolution; dissemination innovation

历史唯物主义视域下"文化元宇宙"的逻辑建构*

宾 岩

摘要： 在元宇宙的各项技术日趋成熟之时，"文化元宇宙"已然成为当下文化事业、产业发展的新形态。基于现实的文化、现实的人、现实文化的意识形态属性、现实文化的多样性与交互性等历史唯物主义基本观点，对文化元宇宙进行深度透视，发现文化元宇宙的形成与发展遵循一定"物质逻辑"；文化元宇宙内部一切活动的展开与发展遵循着一定的"实践逻辑"；文化元宇宙内容的属性来源遵循着一定的"生成逻辑"；文化元宇宙内容的表现形式遵循着一定的"交互逻辑"。系统性把握这些逻辑有助于推动文化元宇宙向纵深发展。

关键词： 文化元宇宙；历史唯物主义；逻辑建构

一 "元宇宙"与"文化元宇宙"

集众多关注与光环于一身的元宇宙究竟是什么？元宇宙与文化元宇宙之

---

* 基金项目：云南省哲学社会科学规划项目研究成果"AIGC驱动下主流文化传播的风险治理研究"（ZX2024QN04）；云南省"双百双进"活动调研项目（思想政治理论课教师研究专项）、"人工智能生成内容（AIGC）热潮下维护边疆少数民族地区高校意识形态安全研究"（2023SBSJ05QN）阶段性成果。
作者简介：宾岩，云南艺术学院马克思主义学院助教（昆明，650000）。

间的关系又是什么？元宇宙与文化元宇宙之间是相互交叉融合、相互促进补充的辩证关系，和三角形与直角三角形之间的关系一样，二者的核心内涵极其相近，但是在外延上有所不同。对元宇宙基础理论的回望与梳理，有助于深层次、系统化把握和理解文化元宇宙的内涵特征。

（一）元宇宙——文化元宇宙形成发展的前提和基础

目前国内外对"元宇宙"的认识主要集中于三个不同的层面：一是认为元宇宙是玄化虚拟的（亦可理解为虚拟世界观），是一种神妙变化的虚拟世界；二是认为元宇宙是二元平行的（亦可理解为孪生世界观），是一种基于技术对现实世界进行复刻的平行世界；三是认为元宇宙是一种技术集成（亦可理解为技术世界观），是一种基于技术将虚拟世界与现实世界耦合在一起的世界。上述三种观点均只在表象的层面对元宇宙的概念进行界定，但是对于元宇宙的本质究竟为何没有进行深层次的探析梳理。历史唯物主义基本观点认为，对元宇宙本质的理解应当从作为主体的人与作为客体的外部世界的关系加以考察和把握。

1. 现实世界（物质领域），即作为客体的外部世界，在物质层面对元宇宙本质的规定。人类社会是不断变化发展的，历史唯物主义从具有客观实在性的"社会存在"出发，即从人们的物质生产实践活动出发来考察社会历史发展的动力问题。其中，社会基本矛盾是人类社会历史前进与发展的根本动力，不同时期社会各阶级之间的斗争及革命运动起着重要推动作用，而科学技术作为先进生产力的主要标志，是推动社会文明进步的关键性力量。从这个角度看，在理解元宇宙本质的时候应从当前社会生产力发展的最新状况着手，即元宇宙的诞生伴随着人类社会生产力的进一步发展，是人类社会步入数字信息时代，各项关键性科学技术集成的综合结果。近年来，以大数据、云计算、区块链、5G/6G、机器学习/深度学习、大模型、AI/AIGC/GAI（general artificial intelligence，通用人工智能）、VR/AR/XR 为代表的技术集群交互发展，各高新技术在相互叠加之后共同推进的科技大爆发，是元宇宙诞生的物质动因。例如，有学者认为元宇宙是六大技术的集成，包括区块链技术、交互技术、游戏引擎与孪生引擎技术、AI 技术、综合智能网络技术、物

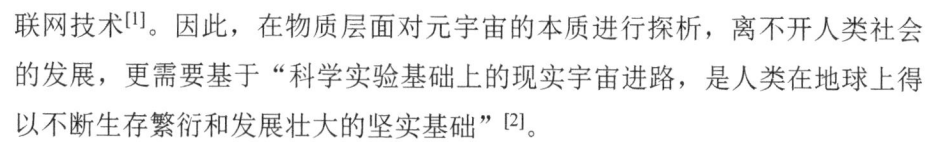

联网技术[1]。因此，在物质层面对元宇宙的本质进行探析，离不开人类社会的发展，更需要基于"科学实验基础上的现实宇宙进路，是人类在地球上得以不断生存繁衍和发展壮大的坚实基础"[2]。

2. 虚拟世界（精神领域），即作为主体的人内在的思维意识的世界，在精神层面深化了元宇宙的本质。在自然界和人类社会长期发展演变的过程中，人们在处理自身与外部客观的物质世界关系的同时，也在处理人与自己主观世界（思维、思想、意识）的关系。人主观世界的活动不仅在于能从实践活动中形成对客观事物及其发展规律的认识，即形成活动的目的、计划、方法等观念的东西，更在于人们会以这些观念的东西为指导，在新的实践中使之逐步转变为客观现实。"世界不会满足人，人决心以自己的行动来改变世界。"[3]正是基于人类意识的能动性，人类发明了语言、文字、音乐、舞蹈、绘画、雕塑、戏剧、影视、体育、游戏等形式各异的符号系统，以此展示人们想象中的世界。在文学领域具有影响力和代表性的有弗诺·文奇（Vernor Vinge）在《真名实姓》（*True Names*）（1981）中提到的"网络黑客的巅峰对决"，威廉·吉布森（William Gibson）在《全息玫瑰碎片》（*Burning Chrome*）（1986）中提出的"赛博空间"（cyber space），尼尔·斯蒂芬森（Neal Stephenson）在《雪崩》（*Snow Crash*）（1992）中提出的"元宇宙"，J. K. 罗琳（J. K. Rowling）出版的科幻小说《哈利波特与魔法石》（*Harry Potter and the Sorcerer's Stone*）（1997）；在影视剧作中有电影《头号玩家》（*Ready Player One*）（2018）、《失控玩家》（*Free Guy*）（2021）、电视剧《三体》（*Three Body*）（2023）等国内外具有影响力的作品；在娱乐实践中有美国林登实验室（Linden Lab）在2003年推出的《第二人生》（*Second Life*），2017年幼虫实验室（Larva Labs）推出的《加密朋克》（*Crypto Punks*），从此NFT（non-fungible token，非同质化通证）火遍全球。由此，人们开始意识到自己主观世界的产物（思维、思想、意识）对元宇宙越来越多的可能性。这种可能性作为一种人类内在主观世界的反映，与"社会意识是社会存在的反映，并反作用于社会存在"的历史唯物主义基本观点高度契合，正可谓人的"思想本身根本不能实现什么东西，思想要想得到实现，就要有使用实践力量的人"[4]。换言之，人们要推动元宇宙的形成与发展必然离不开自身主观世界具体产物的作用,但是这种作用是通过人主观世界的产物(思维、思想、意识)指导人们的实践活动而实现的。由此可以将元宇宙的本质理解为人们依据现实世界的发展趋势和人们的主观意愿,以"互联网、AI、区块链技术为支撑,通过信息通信技术和智能设备把虚拟世界与现实世界耦合一体,依据自己的主观想象建构和再造的一个虚实融通的现实镜像世界"[5]。

综上所述,尽管在现阶段社会各界对元宇宙的基本概念尚有争议,不同的专家由于知识背景、行业背景不同,其所能够接触和思考的元宇宙广度和深度不同,所以建构出的元宇宙概念也不尽相同。但是通过梳理国内专家学者对元宇宙的观点和理解,可以将元宇宙理解为人类社会数字信息化、智能化高度发展的必然结果。这种结果建立在人们对现实世界(自然界和人类社会)发展规律的充分认识和运用的基础之上,通过人主观世界的产物(思维、思想、意识)所设计和构建出过去、现在、未来所有认知尝试的总和。元宇宙依赖于技术的发展,但不局限于技术本身,它有效推动了社会各大产业发展但又不是产业自身。因此,本文认为元宇宙是人类数字化、智能化高度发达的虚实融合的社会新形态,"元宇宙+各大产业"将会是人类社会发展的下一趋势,如本文研究的主题"元宇宙+文化"。诚然,元宇宙赋能各大产业的场景,会随着元宇宙相关技术的进步而逐步走向实践,那时,基于具体的"元宇宙+N"的社会实践形式,人们对元宇宙更为精准的定义才会出现,这可能还需要很长时间。

(二)文化元宇宙——元宇宙技术赋能文化事业产业发展的新形态

文化元宇宙的产生与发展,是现实性与可能性的高度统一。就现实性而言,文化元宇宙的产生与发展不是一蹴而就的,而是建立在人类文化千百年来发展的深厚历史积淀基础之上的;就可能性而言,文化元宇宙的产生与发展又不是偶然的,而是在文化传承、传播、传扬、传递过程中不断深化,在科技融合的基础上水到渠成的。

1. 基于现实性的角度考察文化元宇宙,可以发现其本质是一部"文化与科技融合的发展历史"[6]。在历史唯物主义的基本观点中,"现实性"主要是指相互联系着的实际存在的事物的综合，主要囊括了事物的过去及现在的状态。一方面，以过去式的视角来探析文化元宇宙的发展历史，可以得出文化元宇宙的本质是文化与科技交互交融的发展历史。自从被打上支撑元宇宙关键性技术的烙印之后，文化的发展就同技术的发展产生了紧密的联系。例如，20世纪50年代美国人莫顿·海利希（Morton Heilig）成功研制世界上第一台虚拟现实机器；20世纪60年代，美国人伊万·萨瑟兰（Ivan Sutherland）开始研发一套名为达摩克利斯之剑（Sword of Damocles）的设备，并于1968年完成整个系统的研发，这被普遍认为是AR的雏形。这些创新性的研究成果为文化元宇宙的发展奠定了坚实的人体感官模拟技术的基础。又如2008年中本聪（Satoshi Nakamoto）提出的基于区块链技术的比特币系统，为文化元宇宙的发展提供了可靠可信的基础设施。再如从2000年国际电信联盟正式公布的3G（the third-generation，第3代）移动通信技术，到2012年国际电信联盟正式公布的4G（the fourth-generation，第四代）移动通信技术，再到2018年国际电信联盟正式公布的5G移动通信技术，为文化元宇宙的发展提供了强有力的数据传输保障[7]。另一方面，以现在进行时的视角来探析文化元宇宙的现实性应用场景，可发现在文化产业与公共文化领域的元宇宙场景适用普及范围较为广阔。例如，"数字一大，中国共产党人的精神家园""军事虚拟人：《顺溜讲党史》"等文化元宇宙典型示范案例以当下人们喜闻乐见的载体和方式，对红色文化、党史等社会主流价值文化的传播赋予了崭新的形式。又如"《风起洛阳》VR全感互动剧场""秦始皇帝陵铜车马博物馆"等元宇宙典型示范案例以中华优秀传统文化为主线，以视听感官"虚实交互"为载体，丰富人们接受文化熏陶的途径，不断加强人们的民族文化认同，提升人们的人文素养。再如"奇遇·意境——齐白石艺术互动与毕加索真迹展""'时光·宝藏——对话达芬奇'沉浸式光影艺术体验展"等文化元宇宙的优质案例，以沉浸式的艺术体验场景为基座，丰富了人们艺术体验的形式，为传统的艺术展览提供了一种全新的视角。

综上所述，元宇宙技术在文化领域的运用所形成的"元宇宙+文化"的模式，将极大助力文化的传播与传承，赋能文化产业事业链的全新升级，为文化强国建设提供一种全新的视角和强有力的支撑。

2. 基于可能性的角度考察文化元宇宙，可以发现其核心内涵是文化数字化的战略性升级。在历史唯物主义的基本观点中，"可能性"主要是指包含在事物中、预示事物发展前途的种种趋势，往往标志着事物发展的方向。"文化元宇宙是一场智能互联网时代技术赋能文化发展创新的革命"[8]，市场需求、技术迭代、政策支持是影响这场文化数字化革命走向的三个关键性因素。一是市场需求是文化元宇宙形成和发展的内生动力。由于元宇宙本身巨大的包容力与传播力，加上"00后"逐步成为文化消费的主力军，出现了诸如 A-SOUL（灵境少女）、翎 Ling、AYAYI（阿雅依，网络虚拟人物）、洛天依等广为人知的虚拟偶像，这些虚拟偶像不仅拥有大量的粉丝，在现实生活中还具有一定影响力。生活在现实世界的人对网络虚拟偶像的需求，是传统文化产业转向虚实融合、沉浸式体验等文化元宇宙业态的内驱动力。二是技术迭代是文化元宇宙发展的关键性驱动力。在当今信息技术爆炸的时代，要进一步"着力推动文化事业和文化产业繁荣发展"[9]，离不开新技术，以 AIGC 为代表的新技术的发展现状，明晰了文化元宇宙发展的现实路径。近年来，AIGC 对人类的生产方式、生活方式和思维方式产生了巨大的影响，这也包括文化领域。以美国人工智能公司开放人工智能研究中心（OpenAI）为例，旗下产品从 GPT（Generative Pre-trained Transformer，生成式预训练转换模型）到 DALL·E（音译为"达利"，OpenAI 开发的一种新的文本到图像生成系统），再到如今的 Sora（音译为"索拉"，OpenAI 发布的首个扩散式文本生成视频模型），实现了"文生文""图文互生""文生视频"的阶段式发展，AIGC 的这一变化发展"在整个文化领域产生的作用是将彻底解放 C 端的生产力，在 AIGC 的推动下，文化元宇宙有了一种新的高效生产的 AI 基础措施"[6]。正是基于这些技术发展的现实性成果，文化元宇宙克服了传统文化事业产业以固定性较强的文化遗产纪念地、景区、文博场所等为载体进行的传播属地性极强的问题，对传统文化的核心内容、呈现方式、发展历程等进行系统化的全新构建。三是政策支持是文化元宇宙可持续性健康发展的外驱动力。在党和国家领导人层面，习近平总书记强调，要"把握数字时代新趋势，深化数字领域国际交流合作，推动智能产业创新发展，加快构建网络空间命运共同体，携手创造更加幸福美好的未来。"[10]这为文化数字化的发展指明了方向。在国家部委层面，2022年中共中央办公厅、国务院办公厅发布了《关于推进实施国家文化数字化战略的意见》，2023年工业和信息化部办公厅、教育部办公厅、文化和旅游部办公厅、国务院国资委办公厅、国家广播电视总局办公厅五部委联合发布了《元宇宙产业创新发展三年行动计划（2023—2025年）》，这些文件中均明确提出要抢占先机引导元宇宙产业健康安全的高质量发展，为文化元宇宙的建设发展提供有力保障。在地方政府层面，上海、杭州、武汉等城市政府相继组织召开"元宇宙"产业发展座谈会并出台了相关文件，以支持元宇宙产业的布局和发展。至此形成了中央主导规划、地方联动实施的元宇宙产业布局，这进一步使元宇宙及其市场应用成为影响人类社会未来发展走向的技术热点和人文现象。

由上可知，文化元宇宙的形成与发展，既有文化与科技相互交织、共生共荣的雄厚历史积淀作为基础，也离不开市场需求、技术迭代、政策支持等对文化元宇宙发展趋势产生重大影响的因素。

二 历史唯物主义视域下文化元宇宙的透视

通过上述我们可以知晓文化元宇宙是元宇宙在文化精神领域的拓展和延伸。基于历史唯物主义基本原理，从现实世界中作为主体的人、现实世界中文化的主体内容、现实世界中文化具有的意识形态属性、现实世界中不同文化之间存在交流碰撞这四个层面，对文化元宇宙加以考量，有助于进一步加深人们对文化元宇宙的系统性认知。

（一）现实的人是文化元宇宙的现实前提

历史唯物主义的前提是现实的人，这里所说的现实的人是建立在现实生活中的具体的、活生生的人。马克思、恩格斯指出，"现实的人"（原文是"现实的个人"）"同他们的生产是一致的……因而，个人是什么样的，这取决于他们进行生产的物质条件"[11]。当然，历史唯物主义的"现实的人"不仅包含了进行物质生产活动的个人，还包含了进行精神生产活动的个人，这意味着"现实的人"也从事与自身相关的文化精神产品的生产、传承、传播。那么应当如何理解文化元宇宙中"现实的人"的存在及其意义呢？

1. 现实的人及其社会属性是文化元宇宙存在发展的现实先决条件。历史唯物主义认为，人不是抽象的而是现实的，现实的人及其活动是社会历史存在和发展的前提。"不是处在某种虚幻的离群索居和固定不变状态中的人，而是处在现实的、可以通过经验观察到的、在一定条件下进行的发展过程中的人"[12]，即现实的人表现为在一定社会条件下，基于自身的利益需求而从事一定实践活动、处于一定社会关系中、具有主观能动性的人。而在文化元宇宙的具体语境下，现实的人往往会根据自己的兴趣爱好为自己量身打造一个数字虚拟化身，基于"数字虚拟化身"的形象在元宇宙世界中，与其他用户的"数字虚拟化身"产生一定的关联，进而通过虚拟实践的形式产生一些文化符号，如电视剧《三体》中，"三体世界"中的"海人"和"卤煮"分别对应剧中现实生活中的应用物理学家汪淼和刑警史强；电影《失控玩家》"自由城（Free City）"中的"Molotov Girl（莫洛托夫女孩）"对应电影现实生活中的独立游戏制作人米莉，影视剧作中的这些主角都通过虚拟化身参与到元宇宙的活动中。在这个意义上，尽管在元宇宙的空间里并不存在现实生活中的真实身体，但是"现实的个人"可以通过虚拟数字人的身份积极参与到元宇宙之中。换言之，没有与"现实的人"相对应的"虚拟数字人"的参与，元宇宙空间将变得毫无意义。

2. 现实世界中的文化场域环境是文化元宇宙存在发展的现实根基。历史唯物主义认为环境是人赖以生存和发展的各种要素的总和，现实个人的生存和发展、思想和行为都与环境密切相关。"既然是环境造就人，那就必须以合乎人性的方式去造就环境。"[13]马克思的这一论断对文化元宇宙中的具体环境（情境）提供了一条重要的标准或原则，那就是在文化元宇宙中要坚持以"合乎人性的方式"去创造有利于文化传播发展的情境、环境，即在现实世界中特定的经济、政治条件下，坚持和发展什么样的文化，对文化元宇宙具体场域环境的构建是至关重要的。习近平总书记强调："中华文化既坚守本根又不断与时俱进，使中华民族保持了坚定的民族自信和强大的修复能力，培育了共同的情感和价值、共同的理想和精神。"[14]将当代中华优秀传统文化置于文化元宇宙发展的具体语境下，就要利用好"数字新媒体、虚拟

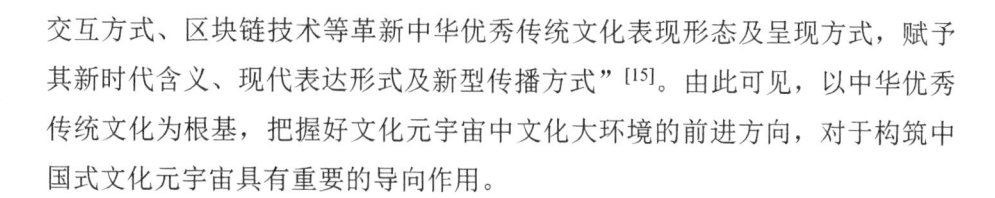

交互方式、区块链技术等革新中华优秀传统文化表现形态及呈现方式，赋予其新时代含义、现代表达形式及新型传播方式"[15]。由此可见，以中华优秀传统文化为根基，把握好文化元宇宙中文化大环境的前进方向，对于构筑中国式文化元宇宙具有重要的导向作用。

（二）现实的文化及其发展历程是文化元宇宙的逻辑起点

历史唯物主义高度肯定文化在推动人类社会发展过程中的重要作用。现实的文化通常有广义的文化和狭义的文化之分，这决定了文化元宇宙的内涵将与现实的文化内涵相对应，出现不同层别的文化元宇宙。

1. 文化元宇宙1.0版本是建立在现实物质文化发展状况的根基之上的。"人们为了能够'创造历史'，必须能够生活。但是为了生活，首先就需要吃喝住穿以及其他一些东西。因此第一个历史活动就是生产满足这些需要的资料，即生产物质生活本身。"[16]这直截了当地表明了现实物质资料的生产是一个民族或一个时代社会经济发展的根基，在这一经济根基之上出现的国家政权、法律道德、文化、艺术、哲学等归属于上层建筑的事物，都必须从这一基础进行解释。换言之，现实文化的发展状况决定了文化元宇宙的内容呈现，而现实中的文化及其相关产业、行业、具象性产品的生产与发展，离不开特定社会在特定时代生产力发展状况所决定的物质层面因素。

2. 文化元宇宙2.0版本是建立在现实精神文化发展状况的根基之上的。如上所述，在人们发展自己的物质生产和进行物质交往的过程中，物质层面的文化基础开始形成，人们"在改变自己的这个现实的同时也改变着自己的思维和思维产物"[17]。简言之，作为社会存在的物质生产活动的前进发展，不断推动着作为社会意识的精神层面文化的形成发展。在这里，2.0版本的文化元宇宙的内涵主要包括人类的精神生产活动及其结果，如"共同富裕""胸怀天下"等思想观念，是与特定的经济基础相对应的观念形态的文化。

3. 文化元宇宙3.0版本是建立在系统完整的人类文明基础上的。3.0版本的文化元宇宙中的"文化"，表达的是广义上的人类"文明"，是总体上的人类社会实践活动及其产物，主要指人类在物质领域、精神领域、政治制度领域等方面的创造性活动及其结果，即人们在实践活动中创造的物质文明、精神文明、政治文明等的总和,在此意义上,文化与文明相通。例如,在国产科幻巨作《三体》(电视剧版)中,主角汪淼先后在《三体》游戏世界中经历了137号文明(出现了殷商文化)、141号文明(出现了儒家文化、墨家文化)、183号文明(欧洲中世纪的教皇文化)、184号文明(以工业革命为标志的科学文化)、191号文明(进入工业社会后的科学文化)、192号文明(原子和信息时代的科学文化)。《三体》游戏世界中人类文明更替的叙事方式,正是建立在现实生活中人类社会文明发展的丰富史料的基础上的。由上可知,3.0版本的文化元宇宙是整个人类文明发展演化成果的汇聚。

(三)现实文化的意识形态属性是文化元宇宙的核心议题

历史唯物主义基本观点认为,经济基础决定上层建筑。文化作为观念的上层建筑,是人类社会生活中必不可少的一个重要部分。因此,文化内容的形成、发展、传播等,都受到一定社会经济关系的影响和制约,元宇宙腾空出世后在文化领域的延伸与拓展形成的文化元宇宙,同样也受到特定历史时期意识形态潜移默化的影响和制约。

基于现象层面来审视该问题,特定社会发展过程中统治阶级的思想总是占据着主导、统治地位。"一个阶级是社会上占统治地位的物质力量,同时也是社会上占统治地位的精神力量。支配着物质生产资料的阶级,同时也支配着精神生产资料。"[18]这表明在具体的实践中,一定的文化生产必然会受到特定的阶级、群体利益的支配和引导,即文化的产生是由特定的阶级、一定的经济关系所决定的。在文化元宇宙中所呈现出的文化,一定是在现实社会中的风土人情、传统习俗、科学艺术、伦理道德、法律制度、价值观念、审美情趣、精神图腾等基础上形成的,而上述元素同样是一定社会意识形态在现实生活中的具体体现。因此"文化作为现实社会生活的呈现,文化的存在样态、呈现形式、交流模式及其内容表现等都是某种意识形态在特定条件下的具体反射"[19]。

基于本质层面来审视该问题,"占统治地位的思想不过是占统治地位的物质关系在观念上的表现"[19]。意识形态从实质上来看是统治阶级的思想体系,其存在的目的是服务于统治阶级物质关系。因此,文化元宇宙在其内容

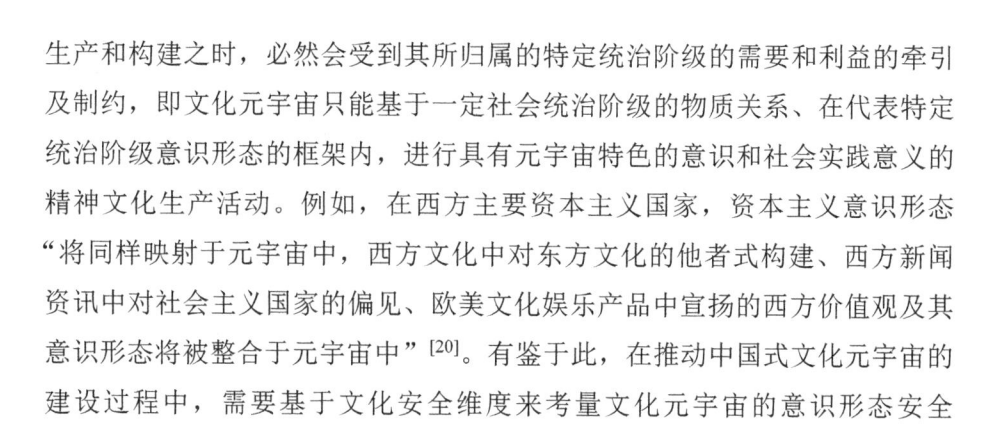

生产和构建之时，必然会受到其所归属的特定统治阶级的需要和利益的牵引及制约，即文化元宇宙只能基于一定社会统治阶级的物质关系、在代表特定统治阶级意识形态的框架内，进行具有元宇宙特色的意识和社会实践意义的精神文化生产活动。例如，在西方主要资本主义国家，资本主义意识形态"将同样映射于元宇宙中，西方文化中对东方文化的他者式构建、西方新闻资讯中对社会主义国家的偏见、欧美文化娱乐产品中宣扬的西方价值观及其意识形态将被整合于元宇宙中"[20]。有鉴于此，在推动中国式文化元宇宙的建设过程中，需要基于文化安全维度来考量文化元宇宙的意识形态安全问题。

（四）现实文化的交互性与多样性是文化元宇宙的具象形式

马克思、恩格斯关于人类普遍交往和世界历史形成发展的思想，是文化元宇宙内涵丰富发展的应有之义。文化元宇宙不是一座孤岛，更不是某一国家或地区专属的特权，相反，文化元宇宙的形成和发展是世界上不同国家、民族在物质层面、精神层面、政治制度层面的文化交互发展。同时，世界历史的形成和发展促进了生产力的发展和人们之间的普遍交往，进一步推动着文化元宇宙的发展。

1. 人们之间的普遍交往是文化元宇宙交互性的直接体现。当下，"人类交往的世界性比过去任何时候都更深入、更广泛，各国相互联系和彼此依存比过去任何时候都更频繁、更紧密"[21]。在历史唯物主义的基本观点中，交往主要是指在一定历史条件下的现实的个人、群体、民族、国家之间，在物质层面和精神层面相互往来、相互作用、彼此联系的活动。在文化元宇宙的具体语境下，人们之间的这种交往不仅仅包括物质生产实践（如技术往来）中的交往，还包括了涉及思想、意识、观念、情感、信息、文化等精神领域的交往。例如，元宇宙线上文博，可以借助 XR、AI、3D 全息影像实时渲染等技术，实现跨国别式、跨民族式的历史文物、艺术作品信息的快速获取，这让分散在世界各个角落的参观者通过元宇宙线上文博，实现 360 度的文化沉浸式体验。文化元宇宙打破传统文化在传播过程中属地性的空间局限，深度促进世界上不同国家、民族在文化方面的交流与融合，进一步提高文化传播的效度与广度。

2. 世界历史的形成发展是文化元宇宙多样性的前提条件。由上所述，随着人们之间交往活动的加深，"各个相互影响的活动范围在这个发展进程中越是扩大，各民族的原始封闭状态由于日益完善的生产方式、交往以及因交往而自然形成的不同民族之间的分工消灭得越是彻底，历史也就越是成为世界历史"[22]。人们在物质方面、精神方面等的普遍交往推动了历史向世界历史的转变，而世界历史的形成和发展反过来进一步促进了人们之间的交往。一方面，文化作为观念的上层建筑，是人类社会生活的具体产物，是人们彼此间交往的形式之一，这种交往一定程度上促进了世界文化历史的形成和发展。另一方面，世界历史的形成和发展，对文化的形成、传播和发展起到独特而至关重要的作用。随着世界历史的形成和发展，人们之间的交往范围扩大，在不同民族、不同国家、地区之间产生的大规模交往活动，为文化的世界性传播提供了广阔舞台。

三 历史唯物主义视域下"文化元宇宙"的逻辑建构

文化元宇宙作为一个新生事物，其诞生与发展必然遵循一定的逻辑，在历史唯物主义的视角看来，主要表现为"物质逻辑""实践逻辑""生成逻辑""交互逻辑"四个方面。

（一）"物质逻辑"：文化元宇宙基本形态场域的建构

基于历史唯物主义的视角来审视文化元宇宙，可以发现元宇宙核心关键技术在文化传承、传播中所建构出的基本形态和场域，其本质是对现实世界中人类社会文化发展状况的映射与复制，进而得出的一种文化虚实交互的镜像和愿景。从历史唯物主义关于人类社会基本矛盾这一基本原理来理解，文化作为一种特殊的观念性的上层建筑，其传承与发展是建立在一定历史时期内一个国家或社会的经济基础之上的，即现实生活中文化的产生与发展，是建立在人类社会生产力发展这一基本的"物质"逻辑之上的，反过来，文化的发展又会对社会的发展产生至关重要的作用。正如恩格斯所言："政治、法、哲学、宗教、文学、艺术等等的发展是以经济发展为基础的。但是，它们又都互相作用并对经济基础发生作用。"[23]

近年来，元宇宙技术的发展与日趋成熟，加速了人类社会发展的进程，随着人类社会文化水平的不断提高，文化对社会发展的影响作用日益突出，这客观上为文化元宇宙的基本形态和场域的建构提供了强有力的"现实物质"基础。例如，新一轮科技革命和产业变革在不断促进生产力的发展，在这样一种时代背景下，坚持和发展什么样的文化，如何发展本民族自己的优秀传统文化，对一个国家、民族的发展起着关键性的作用。因此，基于现实世界的"物质逻辑"来看，需要有一个坚强的力量来保障文化元宇宙基本形态场域的建构，这就需要"着力加强党对宣传思想文化工作的领导"[9]，坚持以人民为中心的文化生产导向，把握好时代发展脉络，以社会主义核心价值观构筑具有中国特色的文化元宇宙。例如，2024年春节联欢晚会陕西西安分会场的节目《山河诗长安》，运用元宇宙中的裸眼3D、实时渲染等技术，将诗人李白具象化，并与现场的艺人及观众实时互动，现场千人齐诵《将进酒》，豪放洒脱，荡气回肠，激发出无数中华儿女满满的自豪感，让许多人感到震撼，登上热搜榜单第一[24]。这种文化传播与传承的形式，扎根于中华民族优秀传统文化，依托元宇宙新颖的传播形式，为群众提供更为丰富、营养更佳的精神食粮，为在新的历史起点上继续推动文化繁荣、建设文化强国、建设中华民族现代文明凝聚文化的力量。

（二）"实践逻辑"：文化元宇宙一切活动基石的探索

科学技术作为人类一种重要的实践形式，具有社会历史性的特征。历史唯物主义的基本观点之一，就是高度肯定科学技术实践在人类社会发展中的重要作用。马克思本人曾经对科学技术的伟大历史作用作过精辟而形象的概述，认为科学技术是"伟大的历史杠杆"，是"最明显的字面意义而言的革命力量"[25]。人类社会中每一次科技革命实践的发展，都不同程度地引发了人类社会生产方式、生活方式和思维方式的变革。从第一次工业革命到第二次工业革命，再到20世纪中期以后出现的以原子能的利用、电子计算机和空间技术的发展，包括新材料、新能源、生物工程、海洋工程等高科技的出现为主要标志的科技革命,极大地推动了人类社会进步。特别是 21 世纪以来,云计算、边缘计算、分布式存储、量子计算等构建类技术,数字孪生、3D、物联网、工业互联网等映射类技术,VR、AR、MR、动作捕捉、5G(6G)等接入类技术,区块链、AI、大数据等应用类技术的迅猛发展及有机融合,推动了元宇宙的形成和发展。"元宇宙+各大产业"的模式逐渐走向成熟,文化元宇宙也应运而生。由此可知,文化元宇宙中的一切活动,都离不开科学技术实践的发展。换言之,缺少上述任意一项科学技术实践活动的发展,都不足以支撑元宇宙的形成与发展。因此,科学技术这一人类具体实践活动的历史发展进程,是当下文化元宇宙产生和发展的必要条件,文化元宇宙一切活动基石的"实践逻辑"就在于此。

(三)"生成逻辑":文化元宇宙内容属性溯源的考量

作为一种特殊的观念性的上层建筑,文化的产生与发展必然会受到其所归属的特定阶级的需要和利益的牵引和制约。换言之,与"世界上不存在两片完全相同的树叶"一样,世界上也不存在两种完全相同的文化。世界上之所以会同时存在多元文化,是因为文化的产生和发展都遵循着特定的"生成逻辑",即文化的产生和发展,都遵循历史唯物主义的"生产力决定生产关系,经济基础决定上层建筑"这一基本规律。

当今,元宇宙技术的出现,为文化的生产、传承、传播提供了一种崭新的途径,但与此同时也存在"基于技术、经济的新自由主义异动"[26]带来的"数据投毒""认知塑造""深度伪造""文化虚无主义"等乱象泛化的恶性结果。从文化元宇宙内容的生产管理者的视角来看,其在现实世界中必定是生活在特定的社会制度下的,因此其思想观念必然会受到特定社会制度的影响,换言之,文化也是具有意识形态属性的。理论上讲,元宇宙中的每位用户都是特定内容的生产者、支配者和管理者,而且还存在 DAO 这样的组织。但是在资本主义条件下,文化元宇宙的技术极有可能被资产阶级利益团体所操控,在资本逻辑下生产诸如"金钱至上""娱乐至上""功利主义"等具有资产阶级特殊利益的文化产品,此时元宇宙技术将会"表现为异己的、敌对的和统治的权力"[27],站在广大用户的对立面,沦为资产阶级用作剥削压榨、控制人民的工具。因此，正确认识和运用元宇宙技术，为文化的传承与发展赋予新业态，需要有一个科学合理的社会制度保障其正确使用，始终坚持科学技术为人民的理念，使元宇宙技术为人类文化健康发展服务。

（四）"交互逻辑"：文化元宇宙文化互联世界的建构

马克思、恩格斯关于人类普遍交往和世界历史形成发展的思想是唯物史观的重要内容，同时也是文化元宇宙实现文化相互交织、融通共进、互联世界的"交互逻辑"。交往是唯物史观的重要范畴，主要是指特定历史条件下现实的个人、群体、阶层、民族、国家之间在物质和精神上的往来，物质交往是精神交往的基础和载体，与此同时，精神交往寓于物质交往之中。在当今时代，信息交往、文化交往等新形式的出现，不断丰富着人们之间精神交往的形式，扩大了人们之间交往的范围，这客观上为多元文化的形成、传播和发展起到了独特而重要的作用，促进着不同文化的世界性传播。随着元宇宙的关键性支撑技术的日趋发展与成熟，文化元宇宙实现了对现实世界的物质载体文化和精神载体文化的数字虚拟化，给用户带来一种高配版的虚实融合文化沉浸式体验，这改变了文化交流传播的传统方式，同时最大限度地促进了不同文化的碰撞与交流。

现阶段，人类交往更加深入、广泛，国家之间的相互联系更加频繁、紧密，更加需要相互依存。我们所生活的世界既有交流、合作与互鉴，也有矛盾、冲突和对抗。在文化元宇宙中，不同文化的碰撞产生的不仅仅是文化的火花，还可能是背离本民族主流文化的"亚文化"，这种存在于网络虚拟空间的"亚文化"往往披着时尚的外壳，其实际上具有迷惑性和颠覆性。例如，恐暴、血腥、屠杀、淫秽、极端个人主义、极端自由主义等网络亚文化，会被镶嵌在文化元宇宙的某些"情境""环节""剧目"中。文化元宇宙中的亚文化现象所产生的消极后果会直接对现实世界的人产生极强的文化反噬效应，侵蚀并消解着现实世界中的优秀文化发展的成果。对此，文化元宇宙需要现实世界中先进文化的积极引领和智力支持，需要人民内在的文化自立自信，需要民族精神力量的有力支撑。

四 结语

恩格斯在《路德维希·费尔巴哈和德国古典哲学的终结》一书中指出："在它面前，不存在任何最终的东西、绝对的东西、神圣的东西；它指出所有一切事物的暂时性；在它面前，除了生成和灭亡的不断过程、无止境地由低级上升到高级的不断过程，什么都不存在。"[28] 这里的"它"指的是辩证法，其本质上是从事物内部各要素、事物之间的联系、联结、运动、产生和消逝方面去考察的。按照唯物辩证法的基本观点来看，事物是一个处于不断变化发展的过程集合体，虽然说文化元宇宙日益成为当今世界文化传播与发展的新兴载体，并且其形成和发展遵循着一定的"物质逻辑""实践逻辑""生成逻辑""交互逻辑"。但是随着人们具体的实践活动的变化发展，文化元宇宙的发展也会面临一些新的风险和挑战，如AIGC先后经历了"文生文""图文互生""文生视频"阶段，AIGC的这一变化发展为文化元宇宙在内容的"生产供给侧"注入了强大的智能动力。有鉴于此，本文认为下一步文化元宇宙的发展，应当积极探索以人民群众为中心的创作理念及实施路径，深度发掘具有颠覆性的技术（如AIGC等）与文化发展之间的逻辑关系，以便更好地服务于中国式文化元宇宙的发展，进而推动建设社会主义文化强国。

参考文献

[1] 熊焰, 王彬, 邢杰. 元宇宙与碳中和. 北京: 中译出版社, 2022: 41.

[2] 臧志彭, 解学芳. 中国特色元宇宙体系建设：理论构建与路径选择. 南京社会科学, 2022, (10): 137-147.

[3] 列宁. 列宁全集: 第55卷. 特精装版. 北京: 人民出版社, 2017: 183.

[4] 中共中央马克思恩格斯列宁斯大林著作编译局. 马克思恩格斯文集: 第一卷. 北京: 人民出版社, 2009: 320.

[5] 蒲清平, 向往. 元宇宙及其对人类社会的影响与变革. 重庆大学学报（社会科学版）. (2022-01-30) [2024-07-26]. https://kns.cnki.net/kcms/detail/50.1023.C.20220129.1921.002.html.

[6] 臧志彭, 解学芳. 中国文化元宇宙白皮书（2023）. (2023-11-18) [2024-06-06]. https://

pan.baidu.com/s/1osvbi-CO79BGPlqzBHt8Ew?pwd=bb89.

[7] 邢杰, 赵国栋, 徐远重, 等. 元宇宙通证. 北京: 中译出版社, 2021: 39.

[8] 解学芳, 祝新乐, 臧志彭. 文化元宇宙语境下的数字藏品运作机理与善治机制研究. 学术论坛, 2023, (1): 122-132.

[9] 新华社. 习近平对宣传思想文化工作作出重要指示. (2023-10-08) [2024-06-06]. https://www.gov.cn/yaowen/liebiao/202310/content_6907766.htm.

[10] 新华社. 习近平向 2023 中国国际智能产业博览会致贺信. (2023-09-04) [2024-06-06]. https://www.gov.cn/yaowen/liebiao/202309/content_6901959.htm.

[11] 马克思, 恩格斯. 德意志意识形态 (节选本). 北京: 人民出版社, 2018: 12.

[12] 马克思, 恩格斯. 德意志意识形态 (节选本). 北京: 人民出版社, 2018: 17-18.

[13] 中共中央马克思恩格斯列宁斯大林著作编译局. 马克思恩格斯文集: 第一卷. 北京: 人民出版社, 2009: 335.

[14] 中共中央文献研究室. 十八大以来重要文献选编 (中). 北京: 中央文献出版社, 2016: 121.

[15] 解学芳, 贺雪玲. 中国式现代化数字文化强国建设: 理论逻辑与革新路径. 同济大学学报 (社会科学版), 2024, 35 (1): 44-58.

[16] 中共中央马克思恩格斯列宁斯大林著作编译局. 马克思恩格斯文集: 第一卷. 北京: 人民出版社, 2009: 531.

[17] 中共中央马克思恩格斯列宁斯大林著作编译局. 马克思恩格斯选集: 第一卷. 北京: 人民出版社, 2012: 152.

[18] 中共中央马克思恩格斯列宁斯大林著作编译局. 马克思恩格斯文集: 第一卷. 北京: 人民出版社, 2009: 550.

[19] 沈江平. 文化的意识形态性与意识形态的文化性. 教学与研究, 2018, (3): 68-74.

[20] 解学芳, 高嘉琪. 数字文化强国背景下的中国式文化元宇宙. 东南学术, 2023, (4): 12-24.

[21] 习近平. 习近平著作选读: 第二卷. 北京: 人民出版社, 2023: 166.

[22] 中共中央马克思恩格斯列宁斯大林著作编译局. 马克思恩格斯选集: 第一卷. 北京: 人民出版社, 2012: 168.

[23] 中共中央马克思恩格斯列宁斯大林著作编译局. 马克思恩格斯选集: 第四卷. 北京: 人民出版社, 2012: 649.

[24] 段承甫. 千载诗意 山河长安. (2024-02-10) [2024-06-06]. http://sn.people.com.cn/n2/2024/0210/c186331-40744606.html.

[25] 中共中央马克思恩格斯列宁斯大林著作编译局. 马克思恩格斯全集: 第二十五卷. 北京: 人民出版社, 2001: 592.

[26] 陈龙. 作为想象性文明形态的元宇宙及其制度化建构研究. 江淮论坛, 2022, (4): 5-12.

[27] 中共中央马克思恩格斯列宁斯大林著作编译局编译. 马克思恩格斯文集: 第八卷. 北京: 人民出版社, 2009: 358.

[28] 恩格斯. 路德维希·费尔巴哈和德国古典哲学的终结. 北京: 人民出版社, 2018: 9.

The Logical Construction of "Cultural Metaverse": From the Perspective of Historical Materialism

BIN Yan

(School of Marxism, Yunnan Arts University, Kunming 650000, China)

Abstract: As the technologies underlying the Metaverse continue to mature, the emergence of the "cultural Metaverse" represents a significant evolution in the field of cultural undertakings and industry development. This article researches the "cultural Metaverse" from the perspective of historical materialism, such as the real culture, the real people, the ideological attributes of real culture, the diversity and interactivity of real culture. Through research, it was found that this new paradigm is guided by multiple logical frameworks, including material logic in its formation, practical logic in the execution of its activities, generative logic in sourcing its content, and interactive logic in the presentation of that content. A thorough comprehension of these underlying logics is crucial for fostering the sustainable growth of the cultural metaverse.

Keywords: cultural metaverse; historical materialism; logical construction

区块链与文化产业研究

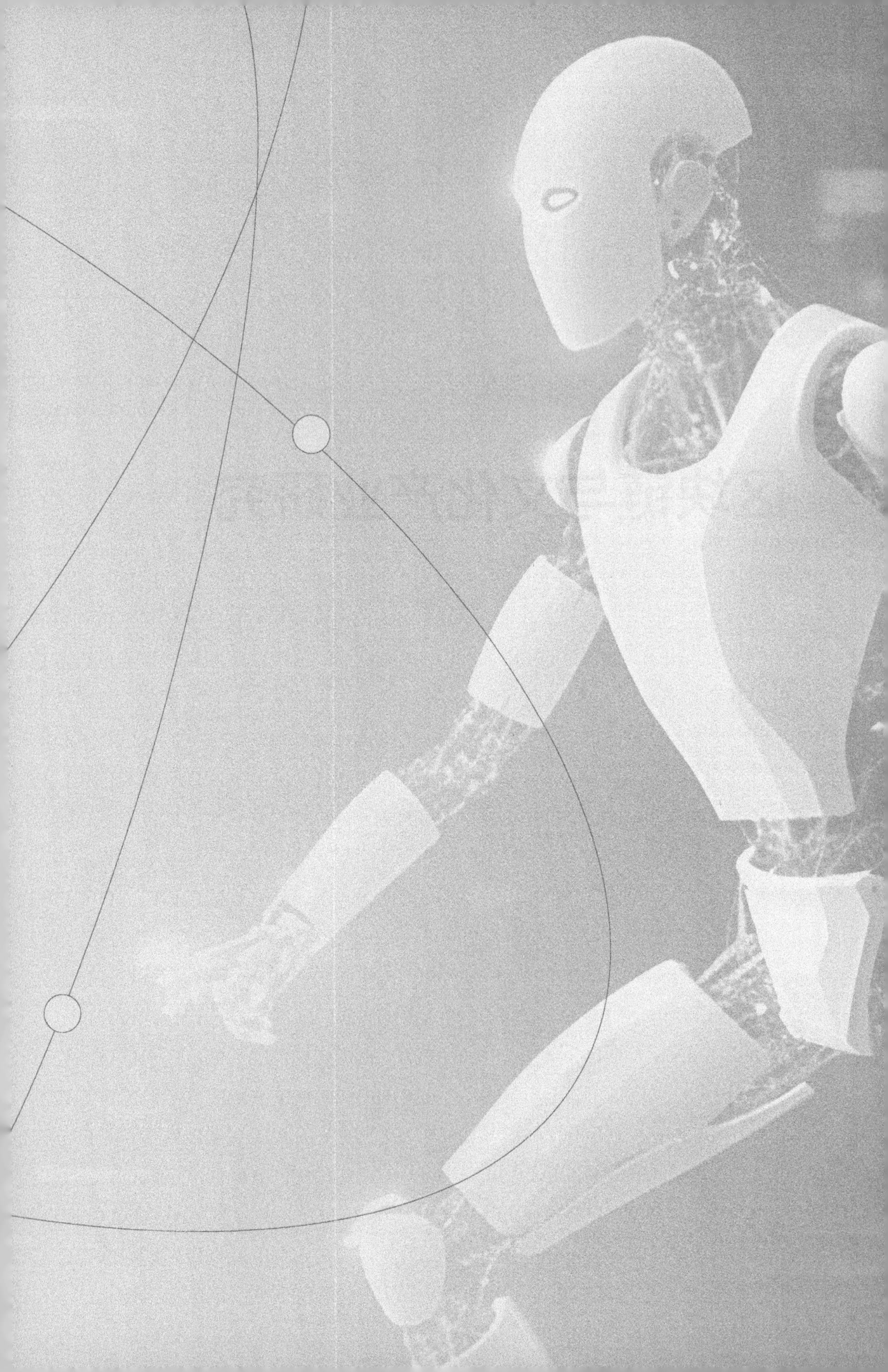

基于区块链技术的版权保护服务平台用户使用意愿影响因素研究*

刘婧 詹绍文 赵彬

摘要：基于区块链技术的版权保护服务平台是互联网时代作品确权、侵权监测与举证维权的重要支撑，研究区块链版权保护服务平台用户使用意愿及其影响因素，对于提升平台功能服务水平和推动新技术应用以加强版权全链条保护具有重要意义。笔者结合 TAM 模型和 TOE 框架识别影响用户使用意愿的 16 个因素，运用 DEMATEL 和 ISM 方法明晰关键因素并揭示因素间的层级关系，得到如下研究结论：①技术互操作性与数据安全、平台资质认证与合规性操作、平台跨链协作等属于关键的原因型因素；②感知有用性、平台确权可信度、平台证据采信度等属于关键的结果型因素；③影响因素的主导作用路径以任务-技术匹配性、技术的相对优势、

---

* 基金项目：国家自然科学基金项目"革命老区红色文旅产业链群研究：水平测度、演化动力及区域协同治理"（72474172）；中国科协青年人才计划项目"面向数字版权保护的区块链技术采纳与扩散研究"（20220615ZZ07110020）；陕西省社会科学基金项目"多维视角下陕西新型文化业态发展机制与跃迁路径研究"（2021R018）；陕西省哲学社会科学研究专项"优化营商环境视角下文旅高质量发展研究"（2023HZ1657）。

作者简介：刘婧，西安建筑科技大学副教授（西安，710000）；詹绍文，西安建筑科技大学教授（西安，710000）；赵彬，西安建筑科技大学硕士研究生（西安，710000）。

技术监管与风险防范为基础,在版权保护制度与区块链证据"三性"审查规则的引导下,驱动平台版权上链、侵权存证功能的有效发挥,提升用户感知有用性和使用意愿。本文从用户视角探明了影响区块链版权保护服务平台推广的因素及多重作用关系,为平台建设和发展提供了路径参考。未来研究可采用更大规模的数据样本开展影响因素分析。

关键词:区块链技术;版权保护服务平台;用户使用意愿;影响因素

一 引言

版权保护是文化文艺创作生产的不竭源泉,通过确权、侵权监测、取证和维权等方式保障作品权利人的合法权益,进而激发文化创新创造活力。数字化时代下,版权保护的主战场转向互联网领域,版权保护面临着海量作品确权难、版权传播追溯难、分散侵权监管难、维权证据保全难等诸多挑战。为此,2021年出台的《版权工作"十四五"规划》要求,充分利用新技术创新版权监管手段,提升版权保护水平。区块链技术因其不可篡改、防伪和可追溯等特点,为实现版权精准确权、实时监控和高效维权提供了新的解决方案。在此背景下,以区块链技术为架构的版权保护服务平台纷纷涌现,如纸贵科技、保全网和版权家等。同时,北京、杭州、广州三地的互联网法院在司法诉讼中相继采信区块链平台证据,提升了版权审判质效。然而,版权保护场景中区块链技术应用仍然处于起步阶段,尚未形成大规模的用户使用群体,制约了版权上链的数量与质量,使得技术保护的网络效应未能充分发挥。因此,2022年颁布的《"十四五"文化发展规划》强调,加强数字版权保护,推动数字版权发展和版权业态融合,鼓励有条件的机构和单位建设基于区块链技术的版权保护平台。其中,用户使用意愿是驱动区块链平台构建、功能优化与市场推广的关键因素,明晰区块链版权保护服务平台用户使用意愿的影响因素,对推动区块链应用落地和强化版权保护具有重要现实意义。

目前，国内外学者普遍认为区块链技术属性契合数字化时代版权保护的实际需求，主要沿着技术、法律和管理三条脉络展开研究。在技术领域中，已有文献侧重于技术改进以提升区块链平台的适用性与使用价值，包括版权链上链下协同存储[1]、版权隐私保护[2]、平台性能测试与风险防控[3]等；法律领域的研究主要聚焦于区块链平台的版权保护实践，围绕平台资质[4]、版权上链标准[5]、区块链证据的法理依据与真实性审查[6]、司法效力认定[7]等制度配套展开探讨；在管理领域中，现有研究关注了数字出版、影视传媒等行业开展区块链版权保护服务平台建设的典型案例[8-10]，并对区块链技术赋能文化产业版权保护和创新的作用机制进行描述性总结[11-12]。总体而言，围绕着这一研究议题，相关学者做了诸多有益探索。然而，现有文献关注了区块链版权保护服务平台的技术和法律问题，在管理方面的探索大多遵循"现状-问题-对策"的逻辑主线，偏重提出规范性的优化路径，缺乏基于经验素材的实证探讨。同时，鲜有学者立足于区块链平台用户的主体视角展开研究，也没有针对影响用户使用意愿的因素进行深入探讨。事实上，版权保护中用户使用意愿不仅受到区块链技术的影响，也受到制度环境、平台组织等因素的影响，而现有研究尚未系统揭示影响区块链版权保护服务平台用户使用意愿的多因素互动过程。

基于此，借鉴被广泛应用于技术采纳的技术-组织-环境（technology-organization-environment，TOE）框架和技术接受模型（technology acceptance model，TAM），结合区块链技术下版权保护服务平台的应用特征，从用户主体、技术、组织和环境层面识别影响用户使用意愿的因素，运用决策试验室分析法（decision-making trial and evaluation laboratory，DEMATEL）探明关键因素，并采用解释结构模型法（interpretative structural modeling method，ISM）构建影响因素的递阶结构模型，揭示对提升用户使用意愿影响较大、关联广泛的主导传递路径，以期为区块链技术下版权保护服务平台良性发展提供有益借鉴。研究的贡献在于：一是明晰版权保护中影响区块链技术平台用户使用意愿的重要因素，弥补现有研究对平台用户主体关注的不足；二是通过 DEMATEL-ISM 组合方法实证研究技术、组织和环境等多重因素间的联动关系及对用户使用意愿的交互影响，进一步理解用户使用意愿结果背后的因果复杂性，为区块链技术下版权保护服务平台的建设与发展提供路径参考。

二 理论基础与研究框架

（一）理论基础

由于区块链技术本质是一种颠覆式创新的信息技术，区块链技术下版权保护服务平台用户的使用意愿研究主要借鉴信息技术采纳理论与模型。其中，TAM被大量研究用于解释和预测用户行为意愿，并取得较好的实证效果。该理论认为，用户的感知易用性和感知有用性水平越高，其采纳新技术的意愿就更易提升，进而增强其实际使用行为[13]。具体而言，用户使用版权保护服务平台的过程蕴藏着对区块链确权可信度、证据司法采信、维权效率与成本的有用性感知，以及对平台"一站式"保护等便捷性操作的易用性认知，这与TAM的作用机理比较相符。因此，TAM有助于识别区块链技术下版权保护服务平台用户意愿的影响因素。

TOE模型从技术、组织和环境三个层面分析了影响用户感知有用性、感知易用性的前置因素，为研究信息技术中用户使用意愿与行为提供了一种因素分类方法[14]。因此，该模型不受信息技术采纳组织规模和行业的限制并被广泛验证。在区块链技术嵌入版权保护服务平台的场景中，用户的使用过程包含着对技术因素的感知（如技术的相对优势、版权保护任务与技术的匹配性等），也会受到平台组织管理因素的直接影响（如平台资质认证、平台跨链协作等）和环境因素的间接影响（如版权保护制度、技术监管等）。由于用户使用意愿受到多种因素的交互影响，TOE模型有助于系统归纳影响因素。

（二）研究框架

通过整合TAM模型与TOE框架，结合版权保护中区块链平台的实践场景，运用文献梳理、专家访谈的方法，从技术、组织和环境层面识别影响因素并构建研究框架，如图1所示。

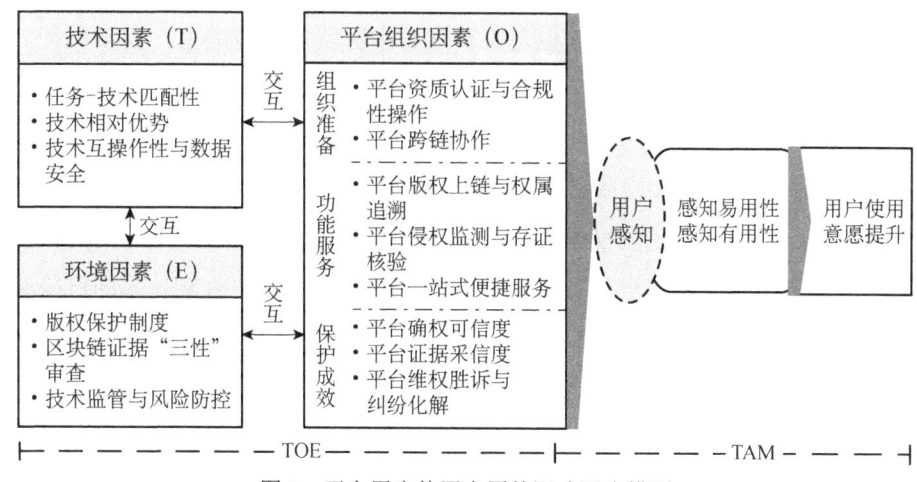

图 1　平台用户使用意愿的影响因素模型

技术层面。信息技术采纳研究认为，技术特征会对用户感知、意愿和采纳行为产生影响。在这一视角下，区块链技术是否与版权保护任务需求相匹配、是否具有区别于已有技术保护手段的相对优势、是否与现行版权保护系统相兼容成为用户关注的核心。因此，任务-技术匹配性（task-technology Fit，TTF）、技术相对优势、技术互操作性与数据安全是影响用户使用意愿的重要因素。

任务-技术匹配性理论指出，如果一项新技术能够高效地执行用户的任务需求，那么用户的使用意愿会显著提升[15]。区块链技术所具有的可信时间戳、哈希函数、防篡改和共识机制等特征，能够弥补传统版权保护中权属不明、争端解决烦琐、耗时长、证据捕捉难等缺陷[16]，契合用户在版权快速登记、信息可见度提升和维权证据可证实等方面的需求[17]。

技术相对优势是指潜在用户对即将采纳的新技术优于现有技术的感知。创新扩散理论将技术的相对优势视为预测创新采纳和推广的最优指标之一[18]。研究表明，区块链技术能够弥补数字版权管理（digital rights management，DRM）保护措施的过度限制和缺乏兼容性等不足，降低数字作品分发的复杂性和保护成本[19]。有学者强调，区块链独有的存证优势为用户创造了高效的维权模式[4]，有助于提升用户对区块链技术平台的有用性感知和使用意愿。

105

技术互操作性与数据安全也是版权保护中区块链平台的又一重要特征。由于版权保护过程涉及区块链证据在链上节点之间的转移，如通过中国版权保护中心审核作品登记与上链存储，交由电子认证机构和公证处固定保存，传送至司法鉴定中心和法院进行证据提取和审判等[20]。因此，区块链技术需要具备互操作性以满足版权保护的多业务协同和全流程服务需求。同时，区块链技术应注重数据安全与版权隐私保护，进而降低用户对新技术的风险感知，提升使用意愿。

平台组织层面。区块链技术下版权保护服务平台需要从组织准备、功能服务和保护成效三个环节进行全过程管理，这些也是用户使用平台时着重考虑的前提条件。

在组织准备环节，平台资质认证与合规性操作、平台跨链协作是影响用户使用意愿的因素。其中，平台资质认证和合规性操作是版权上链确权的基本前提[21]。同时，在开展版权诉讼过程中，平台的专业性与中立性、技术的合规性与存证的规范性已经成为版权审判关注的焦点[22]。由此可知，平台资质与技术合法合理应用有助于用户更加认可平台的价值与作用，从而对其使用意愿产生正向影响。此外，平台还需要与版权登记中心、时间戳机构、公证机关、鉴定机构、仲裁机构、法院建立链上节点间的协作关系，通过版权信息的互联互验保证数据真实和全链路可信[23]。因此，平台跨链协作提升了区块链版权保护系统的安全性与稳定性[24]，促进版权上链节点和作品数量增加，使区块链的共识机制所揭示的版权数据更为精准，带来技术更大范围的使用。

在功能服务环节，包括平台版权上链与权属追溯、平台侵权监测与存证核验、平台一站式便捷服务三个因素。从用户需求的角度看，平台的主要功能在于提高版权确权、侵权监控和维权的效率。尤其在短视频、网络文学、直播等新兴的内容产业领域，用户对版权保护时效性的需求与日俱增[25]。这表明，版权登记上链与权属追溯、侵权监测与存证核验功能的有效发挥有利于增强用户的使用意愿。此外，不少平台设计了事前登记、事中监测和事后验证的全流程解决方案，并提供发函下架、版权调解、维权诉讼等一站式便捷服务，节省了版权保护所需投入的时间与成本[26]，也会对用户使用意愿具有正向激励作用。

在保护成效环节，用户可感知的版权保护效果体现在平台确权可信度、平台证据采信度、平台维权胜诉与纠纷化解三个方面。已有文献表明，区块链版权保护服务平台提供的确权服务，除具备基础确权效用之外，还有确权可信效用[25]，即具有与传统渠道确权方式同等的法律效力，以此吸引更多的潜在用户。此外，平台证据采信度也构成保护成效的又一重要维度。这是因为区块链技术平台在抓取侵权证据的功能时需要遵循侵权取证过程合法、证据真实有保障、技术上防篡改、上链路径可查等基本原则，同时注重形成内容完整且关联印证的证据链，才能在法律上可采信[19]。由此可知，当平台证据具有较高采信度时，才能够对用户产生更高的有用性感知。最终，平台通过版权确权和证据采集化解用户的版权纠纷或提升维权胜诉率，激发用户使用需求与意愿。

外部环境层面。用户使用区块链技术开展版权保护的意愿也会受到制度环境的影响。其中，版权保护制度、区块链证据"三性"审查规则、技术监管与风险防控在推动平台有序运行、保障用户权益和提升用户使用意愿中发挥着重要作用。

版权保护制度为区块链技术平台的应用与推广提供了法律保障。自2020年《中华人民共和国著作权法》修正以来，数字作品的类型外延进一步扩大，激发了更多用户将作品内容上传至区块链，进行版权登记备案、全网监控和取证维权的意愿[27]。同年，中华人民共和国最高人民法院发布了《关于加强著作权和与著作权有关的权利保护的意见》，允许当事人通过区块链等方式保存、固定和提交证据，有效解决知识产权权利人举证难问题。这些政策的出台有助于用户建立对区块链平台的信任，提升其感知有用性和使用意愿。

区块链证据"三性"审查是对区块链生成、存储与核验的证据进行真实性、完整性和关联性的判定[28]，在版权保护中为区块链平台证据采信提供了一种有别于传统电子数据审查的证据规则，以期建立起技法融合的区块链证据版权审判规范，进而发挥区块链平台在版权证据中的技术自证与信用背书功能[29]，满足用户对平台价值的自我感知，使其更易接受新技术。

技术监管与风险防控被认为是区块链技术采纳与推广的重要外部因素。研究表明，区块链作为一个新兴技术，在链上链下数据协同、版权存储容量、版权上链标准等方面仍然存在局限性[30]，可能引发技术故障或滥用风险，影响数据的真实可信性[31]。因此，政府相关部门有效规制和监管区块链平台是必然的现实诉求。通过构建版权"上链-运用-审查-共用-共享-查验"的全流程技术监管与风险防范机制，保障平台用户基本权益，提升其使用意愿。

三 研究设计

基于 TAM 模型和 TOE 框架的整合框架，探讨技术、组织、环境三重条件如何通过交互作用影响区块链技术下版权保护服务平台用户的感知与使用意愿。由于 DEMATEL 在区分影响因素属性、重要度以及相互关系等方面具有优势，而 ISM 有助于明晰影响因素的逻辑结构并将其分类。因此，我们可以集成 DEMATEL 和 ISM 的方法特点，分析各因素之间的影响与依附关系。具体的算法步骤如图 2 所示。

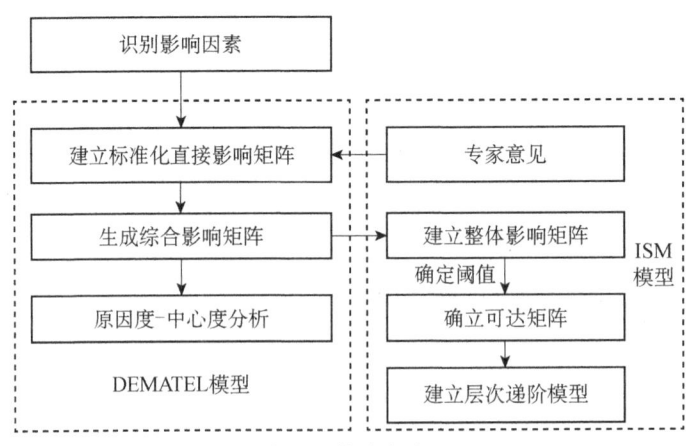

图 2 算法步骤

（一）建立 DEMATEL 模型

DEMATEL 方法是基于系统因素之间的定性判断，运用图论和矩阵运算构造直接影响矩阵和综合影响矩阵，计算各因素的影响度、被影响度、原因度和中心度，以此揭示因素间的关联关系并辨析关键因素[32]。DEMATEL方法对于分析因素之间的交互关系、识别核心因素具有良好效果，适合本文所研究的情景。

1. 变量释义。用户使用意愿的影响因素释义如表1所示。

表1 影响因素变量与释义

维度	影响因素	变量	释义
技术维度	任务-技术匹配性	C_1	版权保护任务与区块链技术特征的匹配性
	技术的相对优势	C_2	区块链相较于传统保护技术在成本、时效、举证等方面的优势
	技术互操作性与数据安全	C_3	区块链平台能够与版权保护登记、司法等系统之间实现互联互通和保障数据安全的技术能力
平台组织维度	平台资质认证与合规性操作	C_4	平台具有专业、中立和合法的存证资质，操作过程符合规范
	平台跨链协作	C_5	平台与法院、版权局、公证处、鉴定中心等链上节点建立良好的协作关系
	平台版权上链与权属追溯	C_6	对文档、图片、音频等作品的内容、作者信息、时间戳等写入区块链，开展版权权属流转的过程追溯
	平台侵权监测与存证核验	C_7	实时监控作品的使用情况，及时发送侵权预警，通过区块链存储侵权证据并运用哈希函数核验
	平台一站式便捷服务	C_8	平台提供版权登记确权、侵权监测、证据保全和取证维权、纠纷协调等全流程的版权保护服务
	平台确权可信度	C_9	平台提供基本的版权登记功能，并且具有更高确权可信效用
	平台证据采信度	C_{10}	平台提供侵权或维权证据获得法律认可和采信的程度
	平台维权胜诉与纠纷化解	C_{11}	通过区块链平台获得维权胜诉和成功调解版权纠纷的可能性
环境维度	版权保护制度	C_{12}	主要包括作品保护范围认定与自愿登记、版权行政保护与司法保护等，为区块链技术应用提供法律依据
	区块链证据"三性"审查规则	C_{13}	从真实性、完整性和关联性三个方面对区块链证据进行审查
	技术监管与风险防控	C_{14}	通过监管区块链技术，规范技术使用行为，防止引发包括道德风险、数据泄露、代码攻击在内的各类风险
用户维度	感知易用性	C_{15}	用户认为区块链技术平台的易用程度
	感知有用性	C_{16}	用户认为区块链技术平台可以在多大程度上提高版权保护的任务表现

2. 建立标准化直接影响矩阵。邀请专业领域的学者和专家对区块链技术下版权保护服务平台用户使用意愿影响因素之间的相互作用程度进行打分，将影响程度"没有影响""很弱影响""弱影响""强影响""很强影响"依次

赋值为"0""1""2""3""4"五个等级。在保障打分效度的基础上,将打分结果取均值,得到因素关系的初始直接影响矩阵 $A=\left[a_{ij}\right]_{n\times n}$,其中 a_{ij} 表示因素 i 对因素 j 的影响程度,n 为影响因素总数。采用最大行值法对矩阵 A 进行规范化,得到标准化直接影响矩阵,记为 H。

3. 生成综合影响矩阵。根据式(1)计算因素的间接关系,生成综合影响矩阵 T,其中 E 为单位矩阵。

$$T=\left[t_{ij}\right]_{n\times n}=\lim_{r\to\infty}\left(H+H^2+H^3+\cdots+H^r\right)=H(E-H)^{-1} \qquad (1)$$

4. 计算原因度和中心度。根据综合影响矩阵 T,计算第 i 个因素($1\leqslant i\leqslant n$)的影响度 D_i、被影响度 R_i、中心度 D_i+R_i 和原因度 D_i-R_i,如式(2)所示。其中,影响度 D_i 是第 i 个因素对其他因素的影响总值,被影响度 R_i 则表明第 i 个因素受其他因素影响的总值。中心度 D_i+R_i 反映了第 i 个因素的相对重要程度,原因度 D_i-R_i 揭示了第 i 个因素与其他因素间的因果关系强度。原因度将影响因素分为原因型因素和结果型因素,大于 0 为原因型因素,反之为结果型因素。

$$D_i=\sum_{j=1}^{n}t_{ij},\quad R_i=\sum_{j=1}^{n}t_{ji} \qquad (2)$$

(二)构建 ISM 模型

1. 建立整体影响矩阵。由于综合影响矩阵 T 只反映了不同因素之间的直接和间接关系,并未考虑因素与自身的一一对应关系。因此,采用单位矩阵 E 与综合影响矩阵 T 之和反映因素的整体影响关系。构造整体影响矩阵 B,如式(3)所示:

$$B=E+T=\begin{cases}1, i=j \\ t_{ij}, i\neq j\end{cases} \qquad (3)$$

2. 确定阈值。根据综合影响矩阵 T 设定阈值 λ,目的是舍去影响程度较小的因素关系,便于简化模型的系统层次结构划分。由于 λ 的取值多由决策者根据实际问题而定,主观性较强。因此,借鉴 Khanam 等[33]、薛伟等[34]、周德群和章玲[35]的研究,采用基于统计分布的均值与标准差之和代替更具有客观性。其中,阈值 λ 的计算公式如式(4)所示,式中 μ 和 σ 分别指综合

影响矩阵 T 的均值和标准差：

$$\lambda = \mu + \sigma \quad (4)$$

3. 确立可达矩阵。根据式（5）计算整体影响矩阵 B 的可达矩阵 F。其中，f_{ij} 表明因素 i 对因素 j 是否可达。若可达，$f_{ij}=1$，若不可达，$f_{ij}=0$：

$$F = \left[f_{ij} \right]_{n \times n} = \begin{cases} 1, b_{ij} \geqslant \lambda \\ 0, b_{ij} < \lambda \end{cases} \quad (5)$$

4. 建立层次递阶模型。分解可达矩阵，确定影响因素的可达集 R、先行集 Q 和交集 A。若某个因素的可达集 R 与交集 A 相同，依次获得区块链技术下版权保护服务平台用户使用意愿影响因素的层级结构。

四 实证结果与分析

（一）基于 DEMATEL 方法的实证研究

1. 综合影响矩阵。邀请 10 位学者和专家（包括版权保护和区块链技术相关领域的学者、区块链平台高级主管和运营人员等）填写不同因素间的直接影响程度。为保证数据的有效性和准确性，对专家意见进行克龙巴赫 α 系数（Cronbach's α）检验，$\alpha = 0.975 > 0.8$，表明信度较好。将专家打分取均值并进行最大值归一化，获得标准化直接影响矩阵，再利用式（1）得出综合影响矩阵 T，如表 2 所示。

表 2　平台用户使用意愿影响因素的综合影响矩阵 T

变量	C_1	C_2	C_3	C_4	C_5	C_6	C_7	C_8	C_9	C_{10}	C_{11}	C_{12}	C_{13}	C_{14}	C_{15}	C_{16}
C_1	0.085	0.101	0.172	0.270	0.181	0.259	0.274	0.182	0.273	0.273	0.310	0.107	0.154	0.110	0.177	0.317
C_2	0.091	0.085	0.184	0.256	0.195	0.261	0.276	0.164	0.282	0.271	0.308	0.112	0.149	0.149	0.179	0.313
C_3	0.155	0.111	0.144	0.303	0.305	0.265	0.302	0.212	0.275	0.278	0.330	0.150	0.212	0.181	0.197	0.382
C_4	0.103	0.111	0.151	0.151	0.182	0.286	0.289	0.195	0.260	0.269	0.310	0.121	0.178	0.127	0.188	0.314
C_5	0.131	0.118	0.171	0.185	0.157	0.300	0.298	0.204	0.280	0.274	0.320	0.156	0.202	0.134	0.194	0.388
C_6	0.102	0.094	0.142	0.153	0.170	0.144	0.155	0.193	0.294	0.207	0.282	0.139	0.176	0.096	0.191	0.335
C_7	0.113	0.083	0.154	0.176	0.163	0.154	0.149	0.166	0.200	0.294	0.305	0.091	0.195	0.126	0.154	0.341

续表

变量	C_1	C_2	C_3	C_4	C_5	C_6	C_7	C_8	C_9	C_{10}	C_{11}	C_{12}	C_{13}	C_{14}	C_{15}	C_{16}
C_8	0.099	0.082	0.155	0.148	0.137	0.152	0.170	0.111	0.206	0.163	0.174	0.082	0.105	0.085	0.264	0.282
C_9	0.094	0.094	0.136	0.148	0.139	0.177	0.147	0.152	0.152	0.187	0.304	0.128	0.154	0.093	0.167	0.326
C_{10}	0.083	0.114	0.152	0.172	0.162	0.179	0.175	0.170	0.236	0.155	0.334	0.128	0.146	0.093	0.186	0.347
C_{11}	0.088	0.068	0.141	0.154	0.140	0.150	0.168	0.133	0.174	0.155	0.161	0.144	0.125	0.077	0.146	0.284
C_{12}	0.065	0.068	0.118	0.117	0.127	0.208	0.144	0.138	0.269	0.182	0.264	0.077	0.126	0.076	0.133	0.297
C_{13}	0.078	0.088	0.121	0.172	0.190	0.170	0.180	0.148	0.194	0.284	0.295	0.103	0.106	0.091	0.136	0.305
C_{14}	0.146	0.192	0.194	0.335	0.318	0.269	0.297	0.187	0.288	0.278	0.380	0.127	0.208	0.113	0.182	0.392
C_{15}	0.057	0.052	0.073	0.112	0.091	0.088	0.088	0.134	0.109	0.099	0.110	0.049	0.068	0.065	0.073	0.272
C_{16}	0.048	0.070	0.082	0.119	0.100	0.096	0.106	0.134	0.113	0.117	0.118	0.048	0.075	0.070	0.103	0.127

2. 各因素的影响度、被影响度、中心度和原因度。根据式（2）计算出影响度、被影响度、中心度和原因度，如表3所示。

表3 平台用户使用意愿各影响因素的影响度、被影响度、中心度及原因度

变量	影响因素	影响度 D 值	排名	被影响度 R 值	排名	中心度 $D+R$ 值	排名	原因度 $D-R$ 值	排名	因素属性
C_1	任务-技术匹配性	3.246	5	1.539	15	4.785	14	1.706	3	原因型
C_2	技术的相对优势	3.275	4	1.530	16	4.805	13	1.744	2	原因型
C_3	技术互操作性与数据安全	3.803	2	2.290	12	6.093	7	1.513	4	原因型
C_4	平台资质认证与合规性操作	3.235	6	2.971	7	6.207	5	0.264	8	原因型
C_5	平台跨链协作	3.512	3	2.756	8	6.268	4	0.756	5	原因型
C_6	平台版权上链与权属追溯	2.874	7	3.157	6	6.031	9	−0.283	10	结果型
C_7	平台侵权监测与存证核验	2.866	8	3.218	5	6.083	8	−0.352	11	结果型
C_8	平台一站式便捷服务	2.413	12	2.621	10	5.034	12	−0.208	9	结果型
C_9	平台确权可信度	2.598	11	3.606	3	6.205	6	−1.008	13	结果型
C_{10}	平台证据采信度	2.833	9	3.487	4	6.320	3	−0.654	12	结果型
C_{11}	平台维权胜诉与纠纷化解	2.307	14	4.304	2	6.611	1	−1.997	15	结果型
C_{12}	版权保护制度	2.410	13	1.764	13	4.174	16	0.645	6	原因型

续表

变量	影响因素	影响度 D 值	排名	被影响度 R 值	排名	中心度 D+R 值	排名	原因度 D-R 值	排名	因素属性
C_{13}	区块链证据"三性"审查规则	2.658	10	2.380	11	5.038	11	0.279	7	原因型
C_{14}	技术监管与风险防控	3.906	1	1.685	14	5.591	10	2.221	1	原因型
C_{15}	感知易用性	1.541	15	2.669	9	4.211	15	−1.128	14	结果型
C_{16}	感知有用性	1.525	16	5.023	1	6.548	2	−3.499	16	结果型

3. DEMATEL 方法的结果分析。在影响度判断方面，由表 3 可知，影响度排名前五的因素分别是技术监管与风险防控（C_{14}）、技术互操作性与数据安全（C_3）、平台跨链协作（C_5）、技术的相对优势（C_2）和任务-技术匹配性（C_1），说明上述因素不仅对用户使用意愿具有推动作用，也对其他因素有最大影响，是平台用户推广过程中应该重点关注的方面。这是因为当前版权保护场景中区块链技术应用处于起步探索阶段，更加需要加强技术监管、规避风险以及保障版权保护各环节的数据安全与各节点的多方协作，从而提升平台系统的可靠性，获得更大程度的用户支持。此外，区块链技术的相对优势与满足用户保护版权任务的需求，也是驱动用户使用意愿提升的重要推力。在被影响度方面，得分较高的依次为感知有用性（C_{16}）、平台维权胜诉与纠纷化解（C_{11}）、平台确权可信度（C_9）和平台证据采信度（C_{10}），表明需要重点关注与这些因素相关联的技术、组织和制度等的影响。

在中心度分析方面，基于中心度值的排序，平台维权胜诉与纠纷化解（C_{11}）、感知有用性（C_{16}）、平台证据采信度（C_{10}）和平台跨链协作（C_5）位居前四位，说明上述因素对用户愿意使用区块链平台进行版权保护起到最为核心的关联影响，反映出平台保护成效是用户首要考量的因素。当感知到平台功能服务具有更高的有用性时，与传统保护渠道相比，用户更倾向于选择区块链平台。其他因素如平台版权上链与权属追溯（C_6）、平台资质认证与合规性操作（C_4），中心度值位于平均水平以上，在提升用户意愿中也应予以重视。

在原因度分析方面，根据原因度数值将影响因素分为 8 个原因型因素和

8个结果型因素。其中，原因型因素从大到小依次为技术监管与风险防控（C_{14}）、技术的相对优势（C_2）、任务-技术匹配性（C_1）、技术互操作性与数据安全（C_3）等。由此可见，区块链的技术特征与监管治理在提升用户使用意愿中处于首要地位，直接决定了用户接受新技术和采纳平台服务的核心基础。结果型因素的绝对值越大，表明该因素受到其他因素影响的程度越大。按照绝对值大小排序分别为感知有用性（C_{16}）、平台维权胜诉与纠纷化解（C_{11}）、感知易用性（C_{15}）等，重点关注上述被影响因素所涉及的技术、组织与制度层面，使之形成良性互动机制，以有效提升用户使用意愿。

因果关系图绘制。以中心度为横轴、原因度为纵轴绘制影响因素因果关系图，内部分区轴线为中心度均值5.63，进而综合考量各个因素的中心度及影响度，识别关键影响因素，如图3所示。其中，技术互操作性与数据安全（C_3）、平台资质认证与合规性操作（C_4）和平台跨链协作（C_5）的中心度大于5.63且为原因型因素，属于提升用户使用意愿的驱动因素，表明平台资质及与重要链上节点的技术与管理合作至关重要。上述因素不仅有助于保障区块链版权保护系统的安全性和可信性，而且在提升平台版权保护功能服务水平中发挥着核心作用，可被视为关键影响因素；技术监管与风险防控（C_{14}）、任务-技术匹配性（C_1）、技术的相对优势（C_2）、版权保护制度（C_{12}）和区块链证据"三性"审查规则（C_{13}）的中心度较小但影响度较高，反映技术的适用性及制度有效供给是提升用户使用版权区块链平台意愿的重要辅助因素，这与当前研究强调"技术-制度"双重推动区块链技术采用的观点一致[11,36]；平台版权上链与权属追溯（C_6）、平台侵权监测与存证核验（C_7）、平台确权可信度（C_9）、平台证据采信度（C_{10}）、平台维权胜诉与纠纷化解（C_{11}）和感知有用性（C_{16}）等拥有较高的中心度，且被影响度处于前列，与原因型因素相比，更加直接作用于用户使用意愿提升的实践，是解决用户使用意愿不足问题的关键，属于核心问题因素。由此可知，核心问题主要集中在平台组织方面，与区块链技术在"确权-监测-存证-取证-核验-采信"环节相关，说明在平台推广中应该重点关注平台的功能服务。

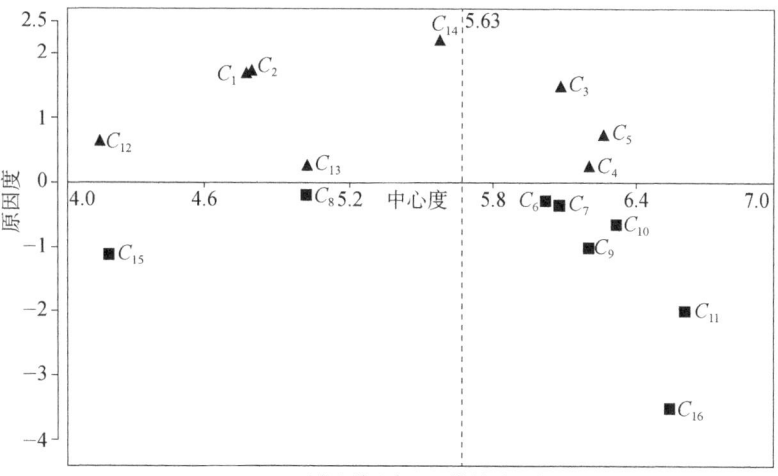

图3 因果关系分布图

（二）基于ISM方法的实证研究

1. 得出可达矩阵。根据式（3）构建整体影响矩阵，结合式（4）求出阈值。其中，综合影响矩阵的均值与方差分别为0.175和0.079，得到阈值$\lambda = 0.254$。再根据式（5）计算可达矩阵，如表4所示。

表4 平台用户使用意愿影响因素的可达矩阵

变量	C_1	C_2	C_3	C_4	C_5	C_6	C_7	C_8	C_9	C_{10}	C_{11}	C_{12}	C_{13}	C_{14}	C_{15}	C_{16}
C_1	1	0	0	1	0	1	1	0	1	1	1	0	0	0	0	1
C_2	0	1	0	1	0	1	1	0	1	1	1	0	0	0	0	1
C_3	0	0	1	1	1	1	1	0	1	1	1	0	0	0	0	1
C_4	0	0	0	1	0	1	1	0	1	1	1	0	0	0	0	1
C_5	0	0	0	0	1	1	1	0	1	1	1	0	0	0	0	1
C_6	0	0	0	0	0	1	0	0	1	0	1	0	0	0	0	1
C_7	0	0	0	0	0	0	1	0	0	0	1	0	0	0	0	1
C_8	0	0	0	0	0	0	0	1	0	0	0	0	0	0	1	1
C_9	0	0	0	0	0	0	0	0	1	0	1	0	0	0	0	1
C_{10}	0	0	0	0	0	0	0	0	0	1	1	0	0	0	0	1
C_{11}	0	0	0	0	0	0	0	0	0	0	1	0	0	0	0	1

续表

变量	C_1	C_2	C_3	C_4	C_5	C_6	C_7	C_8	C_9	C_{10}	C_{11}	C_{12}	C_{13}	C_{14}	C_{15}	C_{16}
C_{12}	0	0	0	0	0	0	0	0	1	0	1	1	0	0	0	1
C_{13}	0	0	0	0	0	0	0	0	0	1	1	0	1	0	0	1
C_{14}	0	0	0	1	1	1	1	0	1	1	1	0	0	1	0	1
C_{15}	0	0	0	0	0	0	0	0	0	0	0	0	0	0	1	1
C_{16}	0	0	0	0	0	0	0	0	0	0	0	0	0	0	0	1

2. 影响因素层次划分。根据 $R(C_i) = R(C_i) \cap Q(C_i)$（某个因素的可达集 R 与交集 A 相同）的条件进行层级分解。由表5可以得出，感知有用性（C_{16}）处于层级的第一层，将表中对应第一层级因素的行和列去掉，继续遵循抽取条件进行层级梳理。以此类推，划分出各个层级，最终得到如表6的影响因素层级划分结果。

表5 可达集与先行集的交集

变量	可达集（R）	先行集（Q）	交集（$A = R \cap Q$）
C_1	1，4，6，7，9，10，11，16	1	1
C_2	2，4，6，7，9，10，11，16	2	2
C_3	3，4，5，6，7，9，10，11，16	3	3
C_4	4，6，7，9，10，11，16	1，2，3，4，14	4
C_5	5，6，7，9，10，11，16	3，5，14	5
C_6	6，9，11，16	1，2，3，4，5，6，14	6
C_7	7，10，11，16	1，2，3，4，5，7，14	7
C_8	8，15，16	8	8
C_9	9，11，16	1，2，3，4，5，6，9，12，14	9
C_{10}	10，11，16	1，2，3，4，5，7，10，13，14	10
C_{11}	11，16	1，2，3，4，5，6，7，9，10，11，12，13，14	11
C_{12}	9，11，12，16	12	12
C_{13}	10，11，13，16	13	13
C_{14}	4，5，6，7，9，10，11，14，16	14	14
C_{15}	15，16	8，15	15
C_{16}	16	1，2，3，4，5，6，7，8，9，10，11，12，13，14，15，16	16

表6 平台用户使用意愿影响因素的层级划分结果

层级	要素
第1层（顶层）	感知有用性
第2层	平台维权胜诉与纠纷化解，感知易用性
第3层	平台一站式便捷服务，平台确权可信度，平台证据采信度
第4层	平台版权上链与权属追溯，平台侵权监测与存证核验，版权保护制度，区块链证据"三性"审查规则
第5层	平台资质认证与合规性操作，平台跨链协作
第6层（底层）	任务-技术匹配性，技术的相对优势，技术互操作性与数据安全，技术监管与风险防控

根据表6的结果，参照邻接阵中两两间的相互关系，绘制出基于区块链技术的版权平台用户使用意愿影响因素层次递阶模型，如图4所示。

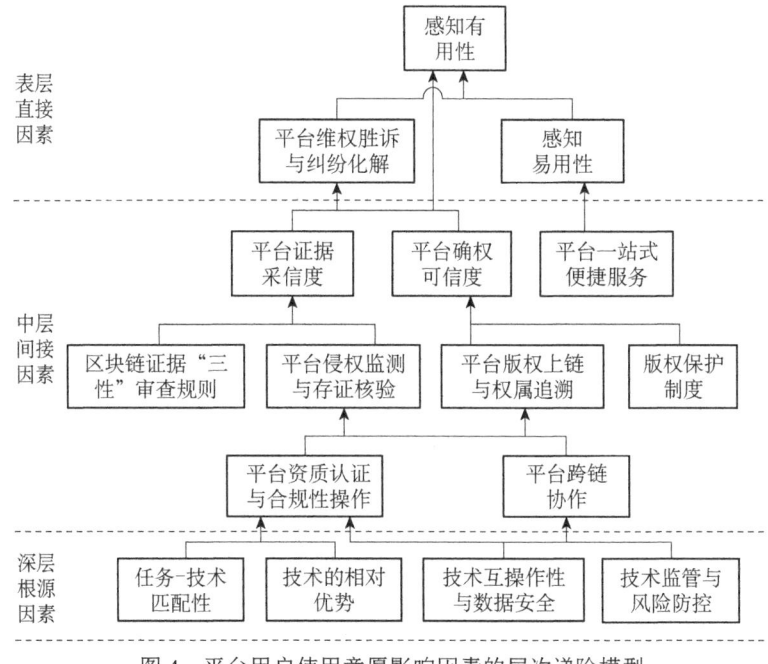

图4 平台用户使用意愿影响因素的层次递阶模型

3. 影响因素分析。解释结构模型（图4）表明，影响因素系统具有6个层级。第1、2层级为表层直接因素，第3层级至第5层级因素为中层间接因素，第6层级因素为深层根源因素。同时，该模型展示了平台用户使用意愿的原因型因素与结果型因素间的作用关系。其中，原因型因素属于深层根源因素和中层间接因素,结果型因素属于中层间接因素和表层直接因素。

表层直接因素分析。根据 ISM 模型,感知有用性(C_{16})、平台维权胜诉与纠纷化解(C_{11})、感知易用性(C_{15})属于表层直接因素,均为关键结果型因素且存在交互影响。感知有用性(C_{16})处于影响因素系统的最顶层,表明用户对平台有用性的主观感知对使用意愿具有决定性作用。同时,感知有用性也受到第 2、3 层级因素的联合影响,取决于区块链版权保护服务平台在维权胜诉与纠纷化解(C_{11})、平台确权可信度(C_9)、平台证据采信度(C_{10})、感知易用性(C_{15})的综合表现。由此说明,要基于高信用的确认作品权属、锚定侵权人、合规合法存证提高平台版权保护成效,以良好的口碑和友好的易操作性推动平台在用户中的广泛应用,增强用户使用意愿。

中层间接因素分析。处于中间层的影响因素是表层直接因素和深层根源因素的承接,包含第 3、第 4 和第 5 层级。具体而言,第 3 层级包括平台证据采信度(C_{10})、平台确权可信度(C_9)和平台一站式便捷服务(C_8)3 个因素,共同作用于表层直接因素。其中,平台证据采信度(C_{10})和平台确权可信度(C_9)在平台维权胜诉与纠纷化解(C_{11})中发挥着正向影响,表明平台维权与调解纠纷的有效实施需要建立在版权确权效用高和相关证据获得法律认可的基础之上。平台一站式便捷服务(C_8)则有助于提升用户的感知易用性,这说明平台提供版权保护全流程的系统服务和降低技术使用的难度,能够促进用户的易用性感知。第 4 层级涉及平台版权上链与权属追溯(C_6)、版权保护制度(C_{12})、区块链证据"三性"审查规则(C_{13})、平台侵权监测与存证核验(C_7)。由图 4 可知,平台版权上链与权属追溯(C_6)、版权保护制度(C_{12})直接关乎平台确权可信度(C_9)。一方面,这反映出平台确权信用的不断提升需要充分发挥区块链技术对作品登记和作者身份溯源的功能。另一方面,也表明版权保护制度扩大了作品保护范围,激励更多用户和版权内容上链,推动区块链技术实现更为精准的确权,由此揭示了版权保护制度是提高版权登记可信度的重要保障。区块链证据"三性"审查规则(C_{13})、平台侵权监测与存证核验(C_7)共同影响平台证据采信度(C_{10}),反映平台采集的侵权证据能够实现多方核验并通过真实性、合法性和完整性的审查,更有助于平台证据获得法律认可。第 5 层级包括平台资质认证与合规性操作（C_4）、平台跨链协作（C_5），均分别对第 4 层级的平台侵权监测与存证核验（C_7）、平台版权上链与权属追溯（C_6）有所影响。在平台资格合法取得及其与版权保护节点合作下，平台将分散的各方要素如法院、当事人及认证机构整合形成区块链共识链条，可以实现版权数据的跨链交互、更安全可靠的证据传输等，实现平台确权、监测和举证功能的有效发挥。

深层根源因素分析。任务-技术匹配性（C_1）、技术的相对优势（C_2）、技术互操作性与数据安全（C_3）、技术监管与风险防控（C_{14}）处于 ISM 模型的第 6 层级，是用户使用意愿最基础、最根本的影响因素。从因素类型看，均属于与区块链技术相关的关键原因型因素，直接作用于平台资质认证与合规性操作（C_4）。此外，技术互操作性与数据安全（C_3）、技术监管与风险防控（C_{14}）也对平台跨链协作（C_5）起到促进作用，这说明平台跨链协作（C_5）是以技术特性和合理监管制度为前提的。总体而言，尽管上述 4 个深层根源因素对用户使用意愿的影响是间接的，但由于影响度值均排名前五，表明通过调控根源因素能以广泛的关联路径将正向效应扩散至影响因素的各个层级，对用户使用意愿产生较大范围和良久的促进作用。

主导路径分析。遵循着深层根源因素（关键原因型因素）→中层间接因素→表层直接因素（关键结果型因素）→用户使用意愿提升的传导规律，发现关联广泛、影响度较大的主导路径，是以区块链技术的相对优势（C_2）与技术监管与风险防控（C_{14}）为基础，驱动平台资质认证与合规性操作（C_4）、平台跨链协作（C_5），进而在版权保护制度（C_{12}）和区块链证据"三性"审查规则（C_{13}）引导下积极发挥平台版权上链与权属追溯（C_6）、平台侵权监测与存证核验（C_7）的功能属性，提高平台确权可信度（C_9）和平台证据采信度（C_{10}），从而增强平台维权胜诉与纠纷化解（C_{11}）的能力，为用户带来更高程度的感知有用性和使用意愿水平。

五 结论与建议

（一）主要结论

基于区块链技术的版权保护服务平台用户使用意愿提升受技术、平台组织以及外部制度环境等多种因素的影响，是一个既包括客观环境因素也包括主观感知因素影响的复杂系统。基于TAM模型和TOE框架的整合框架，通过文献梳理和专家讨论，确定了影响用户使用意愿的16个因素，并借助DEMATEL和ISM模型识别关键影响因素，明晰因素之间的层次结构关系。主要结论如下。

1. 技术互操作性与数据安全、平台资质认证与合规性操作、平台跨链协作的中心度较大且均为原因型因素，是决定区块链技术下版权保护服务平台用户使用意愿水平的关键影响因素。此外，技术监管与风险防控、技术的相对优势、任务-技术匹配性具有较高的影响度且均为原因型因素，也会对其他因素产生很强的制约性和带动性，是用户使用意愿中不可忽视的重要影响因素。其中，技术监管与风险防控的影响度和原因度值排名位于首位，说明在区块链技术成熟度有待提高的情况下，区块链技术的管理和风险规避水平对其他影响因素具有最大程度的促进作用，是用户使用意愿中最重要的原因型因素。

2. 平台维权胜诉与纠纷化解、感知有用性、平台确权可信度、平台证据采信度、平台版权上链与权属追溯、平台侵权监测与存证核验具有较高的中心度和被影响度，且均为结果型因素，反映了平台功能的有效发挥与用户感知的可信程度能对提升用户使用意愿产生更为直接的正向影响，是解决用户使用意愿不足应该重点关注的核心因素。同时，由于这些因素更易受到其他因素的影响，应该在市场推广中予以重视。

3. 基于区块链技术的版权保护服务平台用户使用意愿影响因素系统具有6个层级的递阶结构，通过识别因素间的主导传递路径发现：任务-技术匹配性、技术的相对优势、技术互操作性与数据安全、技术监管与风险防控属于深层根源因素，共同影响平台资质认证与合规性操作、平台跨链协作等中层间接因素，进而推动平台版权确权和侵权存证的功能服务水平，并在版权保护制度、区块链证据"三性"审查规则的引导下，获得更高的确权可信度和证据采信度以促进平台维权胜诉与纠纷化解和感知有用性，为提升用户使用意愿奠定坚实的基础。

（二）建议

基于上述用户使用意愿影响因素的分析结论，分别从技术发展、平台组织和制度环境三个方面提出以下建议。

（1）技术发展方面

第一，以国家区块链可信数字版权生态创新应用试点工作为依托，提高区块链技术在版权保护场景中的适用性与相对优势。考虑到版权保护特别是司法保护具有逻辑推定复杂、业务情形多、容错率低等特征，区块链技术仍需结合确权与维权的具体要求进行特定的模块化封装，在版权上链存储容量、权属信息透明度、侵权监测的广度与深度、版权数据与司法系统的联通等方面不断改进，更好地完成版权保护任务，进而充分发挥区块链技术的独有优势。第二，加强区块链技术的互操作性，鼓励在版权数据链上链下协同、跨链交互、更安全可靠的加密传输等方面加大研发投入，保障版权信息被法院、版权保护中心、公证处、版权管理部门等节点多方访问、验证及共享，也为平台开展版权保护的跨组织合作提供技术支持。第三，以开放创新、协同创新为引导，加强与高校、科研机构、企业、行业协会和社会组织的合作，研究数字版权核心技术，包括区块链技术、数字身份技术、数字签名技术、智能合约技术、数据加密技术等，以及数字版权相关的技术规范和标准，形成一套完整、可信、高效的区块链数字版权技术体系，为版权确权、流转、保护和价值实现提供技术保障。

（2）平台组织方面

第一，以中立合规的版权上链与存证操作保障技术应用的可靠性，赢得业界认可。第二，加快建构与版权保护节点的多主体联动机制。通过设立合作标准、优化业务流程、开展节点许可等方式，与版权保护司法机关、公证处、版权管理部门、行业协会等多种类型主体建立协作关系，以版权信息流通与交互验证为基础，推动版权保护的多业务整合，形成全流程记录和全节点见证的可信链。第三，提升平台功能服务与公信力水平，强化版权保护成效。一方面，建立平台作品准入制度，审核作品与作者之间的关联，确保链上记录真实的版权信息，避免版权重复登记和失误操作被永久留存，从而提高版权作品进行区块链登记确权的可信度；另一方面，在侵权监测与存证过程中注重证据来源与内容的完整性、技术使用的可靠性、取证存证的合法性以及证据间的交互印证等，从而增强平台证据的采信度，提升维权胜诉或纠纷化解水平，以较好的公信力驱动区块链技术在版权保护场景中的示范推广。

（3）制度环境方面

第一，中华人民共和国国家互联网信息办公室、中华人民共和国工业和信息化部、中华人民共和国司法部等部门应当联合梳理、厘定标准一致、有序衔接的区块链平台市场准入规范，避免平台业务管理条块分割、政出多门的不协调局面，提升平台的运营效率和服务质量。第二，秉持"鼓励与规制"并行的原则，依托"区块链+版权"试点模式，以"证据链""文保链"等联盟区块链为抓手，完善文化数字版权登记、确权、司法存证、维权监测、版权溯源管理综合服务所涉及的配套法律法规，加强作品权属认定、身份变更、合理使用等版权制度与区块链技术的融合，实现版权上链确权和固证维权的有法可依。第三，完善符合区块链技术特征、满足版权保护审查要求的证据规则体系，包括推定真实、视为原件、证据传输与存储可靠性判定、证据采纳标准等细则，从而保障区块链证据合法、合理、充分地运用。第四，在监管制度、标准规范、算法规制等制度建设方面持续优化和完善。制定与平台技术要求、存证格式、数据管理、安全标准、统一接口等相关的操作规范和使用标准，有助于版权区块链形成节点合力、信用共识、多方监督的共同监管模式，有效防范平台数据丢失、泄露或由人为因素、技术攻击引发的各类风险，为平台跨链协作和用户合法权益提供安全保障。第五，积极推动版权区块链平台与国家文化大数据体系的对接和跨部门跨地区的数据共享，实现版权信息的全面梳理和管理，为用户提供更加全面、个性化的文化服务或增值服务，如数据分析、市场预测、投资咨询等，保护内容创作者和用户的合法权益，规范数字版权市场秩序，打击侵权盗版行为，维护社会公共利益。

参考文献

[1] 甄烨, 田佳乐, 王文利. 数字出版供应链下区块链投资与版权保护策略. 系统管理学报, 2024, 33 (3): 589-600.

[2] 任瑞娟, 归亦辰, 濮德敏. AIGC 与区块链服务网络架构下的新型内容生产研究. 出版发行研究, 2024, (2): 10-14, 22.

[3] 杨春磊, 刘远军. 我国区块链版权存证市场的发展现状、隐忧与因应. 大连理工大学学报 (社会科学版), 2023, 44 (5): 103-110.

[4] 杨峥. 区块链技术发展视域下数字产品版权保护发展路径探析. 中国出版, 2023, (11): 45-47.

[5] 季云琪, 吴章铭, 杨海平, 等. 区块链技术下图片版权保护机制与价值体系研究. 图书馆论坛, 2024, (1): 44-53.

[6] 冉从敬, 马丽娜, 李旺. 区块链技术赋能知识产权全生命周期管理的机理与未来探索. 图书馆论坛. [2024-02-19]. https://link.cnki.net/urlid/44.1306.G2.20240219.1240.006.

[7] Jing N, Liu Q, Sugumaran V. A blockchain-based code copyright management system. Information Processing & Management, 2021, 58 (3): 102518.

[8] 孙静. 基于"区块链+版权平台"的原创短视频版权保护路径探析. 中国出版, 2022, (7): 58-62.

[9] 郭文韬, 童兵. 从区块链版权到数字复刻: 元宇宙中的媒介融合路径. 新闻爱好者, 2023, (8): 26-29.

[10] 余宇新, 李煜鑫. 区块链技术促进数字文化产业高质量发展的机制. 上海经济研究, 2023, (8): 32-41.

[11] 解学芳, 徐丹红. "智能+" 时代基于区块链技术的现代文化产业版权管理创新. 福建论坛 (人文社会科学版), 2021, (8): 18-30.

[12] 臧志彭, 严艳璐. 数字出版产业区块链转向中的政策嵌入: 诉求与路径. 出版广角, 2021, (22): 17-21.

[13] Davis F D. Perceived usefulness, perceived ease of use, and user acceptance of information technology. MIS Quarterly, 1989, 1 (3): 319-339.

[14] Janssen M, Weerakkody V, Ismagilova E, et al. A framework for analyzing blockchain technology adoption: Integrating institutional, market and technical factors. International Journal of Information Management, 2020, 50 (2): 302-309.

[15] Goodhue D L, Thompson R L. Task-technology fit and individual performance. MIS Quarterly, 1995, 19 (2): 213-236.

[16] Pech S. Copyright Unchained: How blockchain technology can change the administration

and distribution of copyright protected works. Northwestern Journal of Technology and Intellectual Property, 2020, 18 (1): 1-50.

[17] 刘禹. 区块链技术对版权保护的新探索. 出版广角, 2023, (6): 41-46.

[18] Savelyev A. Copyright in the blockchain era: Promises and challenges. Computer Law & Security Review, 2018, 34 (3): 550-561.

[19] 张鑫怡. 区块链技术对新媒体版权保护的应用价值与完善路径. 传媒, 2023, (3): 93-96.

[20] 蒋鸿铭, 吴平平. 《人民法院在线诉讼规则》区块链证据规则若干问题探析. 法律适用, 2021, (7): 150-163.

[21] 段葱葱, 丰云兵, 保雯, 等. 区块链技术在数字资源版权保护领域的应用与探索——以广电领域 IPTV 为代表. 中国广播电视学刊, 2023, (6): 22-26.

[22] 雷蕾. 从时间戳到区块链: 网络著作权纠纷中电子存证的抗辩事由与司法审查. 出版广角, 2018, (15): 10-14.

[23] 乔瑜. 基于区块链技术文化创意产业知识产权保护研究. 管理学刊, 2020, 33 (5): 38-48.

[24] 张岩, 郭瑞婷. 区块链技术在网络版权维权中的应用研究与风险分析. 未来传播, 2022, 29 (5): 83-90.

[25] 张海强, 杜荣, 艾时钟, 等. 考虑确权可信能力的知识产权管理平台确权渠道策略研究. 中国管理科学, 2022, 30 (11): 333-342.

[26] 赖利娜, 李永明. 区块链赋能: 网络化开放创新范式下企业知识产权保护. 科技管理研究, 2023, (23): 213-221.

[27] Sung H C F. Prospects and challenges posed by blockchain technology on the copyright legal system. Queen Mary Journal of Intellectual Property, 2019, 9 (4): 430-451.

[28] 何悦. 区块链电子取证技术的公安应用及法律规制研究. 法治研究, 2024, (3): 57-71.

[29] 林轲亮, 汪源. 区块链应用视域下数字作品保护现状与破局路径. 中国编辑, 2023, (3): 40-45.

[30] 刘玲胜军. 区块链时代的刑事证据规则与技术自证限度. 法律适用, 2024, (2): 165-177.

[31] 孙雨生, 刘涛, 徐优美. 区块链赋能的智能知识服务框架与机制研究. 出版科学, 2024, 32 (1): 19-29.

[32] 王昱, 盛旸, 薛星群. 区块链技术与互联网金融风险防控路径研究. 科学学研究, 2022, 40 (2): 257-268.

[33] Khanam S, Siddiqui J, Talib F. A DEMATEL approach for prioritizing the TQM enablers and IT resources in the Indian ICT industry. Social Science Electronic Publishing, 2016, 3 (1): 11-29.

[34] 薛伟, 耿志伟, 王海滨, 等. 集成 DEMATEL/ISM 的木材产业园消防风险影响因素研究. 南开大学学报 (自然科学版), 2019, 52 (6): 99-104.

[35] 周德群, 章玲. 集成 DEMATEL/ISM 的复杂系统层次划分研究. 管理科学学报, 2008, 11 (2): 20-26.

[36] 姚瑞卿, 袁小群. 基于区块链技术的数字出版知识产权管理——以知识服务应用为例. 出版广角, 2019, (17): 25-30.

A Research on Influencing Factors of Users' Willingness to Use Copyright Protection Service Platform Based on Blockchain Technology

LIU Jing　ZHAN Shaowen　ZHAO Bin

(School of Public Administration, Xi'an University of Architecture and Technology, Xi'an 710000, China)

Abstract: The copyright protection service platform based on blockchain technology is an important support for the rights confirmation, infringement monitoring, proof obtaining of works in the Internet era. Studying users' willingness to use blockchain copyright protection service platform and the influencing factors is of great significance for improving the platform's functional service level and promoting the application of new technologies to strengthen the copyright protection. By intertwining the TOE framework and TAM model, this paper identifies 16 influencing factors, and uses DEMATEL and ISM methods to clarify key factors and reveal the hierarchical relationship between factors. The results show that: (1) Technical interoperability and data security, platform qualification certification and compliance operation, platform cross-chain cooperation are the key causal factors; (2) Perceived usefulness, credibility of platform copyright confirmation and credibility of platform evidence acceptance are key outcome factors; (3) The dominant path of influencing factors is based on task-technology fit, technological comparative advantages, technical supervision and risk prevention, and guided by the copyright protection system and the "three attributes" review rules of blockchain evidence, then driving the effective play of platform functions such as copyright register and infringement certificate, so as to enhance users' perceived usefulness and willingness. From the perspective of users, the factors and multiple relationships that affect the promotion of blockchain copyright protection service platform are explored. In future studies, larger data samples can be used to analyze influencing factors.

Keywords: blockchain technology; copyright protection service platform; users willingness; influencing factor

区块链技术赋能数字文化产业创意管理[*]

黄杰阳

摘要：数字文化产业正在快速发展，这一进程得益于区块链、人工智能和虚拟现实等信息技术的推动，同时政策支持和市场需求也在不断增加。创意在数字文化产业中居于核心地位。区块链技术为数字文化创意管理提供了多方面的支持。借助分布式账本技术，可以确保创意版权的存证；借助物联网区块链技术，可以实现数字孪生；而NFT等创新手段，则为数字艺术品提供了有效的溯源机制。区块链技术还帮助构建数字文化产业的信任引擎，降低了交易成本，提高了资源配置的效率。在区块链数字身份的应用方面，其显著优势在于保护用户隐私和提升身份可信度。展望从Web2.0到Web3.0的转变，区块链技术有望推动数字文化产业进入全新的发展阶段，促使更广泛的创意价值交换和社会生产关系的变革。

关键词：数字文化产业；区块链；创意管理；信任；Web3.0

---

[*] 作者简介：黄杰阳，海峡书局出版社编辑室主任，副编审（福州，350001）。

一 数字文化产业的进展与困境

作为新时代的数字文化大国,中国的数字文化产业发展在多个层面上展示了巨大潜力和深远影响。随着5G、人工智能、元宇宙和区块链等新一代信息技术的迅速发展,数字文化产业得以实现跨越式增长。例如,5G技术的普及使得高质量的移动视频、虚拟现实和增强现实等数字文化产品更易于传播和使用。人工智能技术的应用则为文化内容的创作和用户体验的个性化提供了新的可能。

中国拥有全球最多的互联网用户,数据显示,截至2023年底,中国网民数量已达10.92亿[1]。这为数字文化产业提供了巨大的人口红利。特别是年轻一代,对数字文化产品的接受度和需求度更高,这进一步推动了市场的繁荣发展,在线游戏、影视娱乐、数字出版和在线教育等领域已经得到了广泛的市场认可和用户支持。在此背景下,数字文化产业的商业模式日益多样化,如用户付费、广告收入、版权授权、虚拟物品交易、增值服务等,形成了一个多层次、多渠道的盈利体系。直播和短视频平台通过打赏和变现,已成为重要的经济支柱。此外,电子竞技、虚拟偶像、NFT(non-fungible token,非同质化通证)等新业态也为数字文化产业注入了新的活力和机会。

随着"一带一路"倡议的深入推进,中国的数字文化产业也在积极拓展国际市场。例如,中国的网络文学、影视剧、游戏等在全球范围内得到越来越多用户的喜爱与认可,增强了中国文化的国际影响力。通过数字文化输出,中国不仅能促进文化交流,还能在全球文化市场中占据一席之地。此外,中国政府高度重视数字文化产业的发展,出台了一系列政策和规划,如《数字中国建设整体布局规划》《"十四五"数字经济发展规划》《关于推进实施国家文化数字化战略的意见》等。这些政策为数字文化产业提供了制度保障和发展方向。政府通过加大基础设施建设、提供资金支持和推动技术创新,为数字文化产业的发展创造了良好的环境。

数字文化产业不仅是经济发展的新引擎,也是社会文化建设的重要载体。通过数字技术,传统文化得以更好地传承和弘扬,同时,新兴的文化形式如网络文学、在线艺术展览等也丰富了人们的精神生活。数字文化产品还可以用于教育和公益项目中，提升全社会的文化素养和创新能力。总的看来，数字文化产业在政策支持、技术创新、市场需求、商业模式、全球化和社会影响等多个方面均有显著的发展和进步。未来，随着数字技术的进一步成熟和普及，数字文化产业将继续为中国经济和社会进步注入新动力。

数字文化产业在快速发展的同时也面临一系列新的问题。内容创作主体的泛化使得侵权行为更难以发现和定位，增加了版权保护的难度；碎片化创作普及使得版权保护的对象更加分散和微小，传统的版权保护机制可能难以应对这些新变化；在产业融合、主客融合和人机融合的趋势下，如何界定和保护网络多方共同创造的知识产权等，都是数字文化产业面临的难题。此外，人工智能辅助创作带来的版权归属和保护问题，需要新的法律和标准来应对。区块链技术作为一种分布式账本技术，具有去中心化、不可篡改、透明性高等特点，可以记录和验证创作过程，为数字文化产业的版权保护提供了新的解决方案。

二 区块链技术赋能数字文化产业发展的逻辑

（一）数字文化产业创意管理的重要性

创意是关于产品功能、实物造型、工艺方法、制造流程、实用发明、文化及艺术作品的构思[2]。创意不是单一维度的表达，而是多维度的综合体。它涵盖技术、艺术、文化和社会等多个领域。一个成功的创意往往需要技术的支撑（如制造流程和工艺方法），同时也需要艺术的表现力（如实物造型和文化及艺术作品），甚至还要考虑其社会价值（如实用发明的实际应用）。

一个好的创意往往通过故事来表达，这个故事可以是产品的设计理念，可以是品牌的成长历程，也可以是使用场景的设想。通过故事，创意变得更加生动和易于理解，甚至能够引发情感共鸣和认同感。故事性的表达方式是让创意简单明了、引人入胜的关键手段。创意往往根植于特定的文化背景之中。中国文化中的"天人合一"哲学理念是一个典型的例子，这种哲学理念不仅影响了中国的艺术和文化作品,也渗透到了产品的设计与制作中。中国传统的"讲故事"方式,把历史、传说和哲学融入创意中,使其具有更深的文化内涵和历史价值。例如,一个草本香氛品牌,不仅提供芳香疗效,还通过传统中药的故事传达健康与和谐的理念,使用户在使用过程中既享受实用价值也享受精神愉悦。

作为文化的后端裂变,作为创新的模糊前端,创意关乎国家的未来,关乎组织的发展,关乎每一个人的成长空间。创意经济是以知识产权为核心,实现创意的价值。人工智能的发展使得数字文化内容的生成变得更加高效和精准。人工智能算法和人类创意的结合,使内容生产变得更加多元化和个性化。例如,人工智能电影、人工智能音乐创作等新兴领域迅速崛起,为数字文化产业注入新的活力。从这个角度而言,创意如何生成、如何管理,正变得越来越重要。创意可以说是数字文化产业的核心价值所在,数字文化产业管理从本质上看就是创意的管理。

区块链为代表的数字科技降低了文化艺术创作的门槛,并且创造了数字化变现场景,提高了文化产业的收益。数字科技激发了每个人的创意潜能,泛创意阶层崛起,文化创意作者和消费者走向融合[3]。这扩大了文化创意产品的供给,进一步满足文化消费的多元化、个性化需求。数字技术与文化创意相互激荡,让更多文艺能量在社会流动,让人们的生活更加有趣、多彩。对于数字文化产业而言,其真正令人印象深刻、常常被忽视的是创意管理及架构的方式。创意管理以文化为基础,以文化创意或一般创意为主要对象,以创意的价值及其实现方式为核心研究内容,由此延伸到创意的开发、组织、领导和控制。

创意管理的任务就是以创意产品的文化价值和功能价值共同完成满足消费需求的过程。数字化视野中现代创意的发展越来越依赖于跨学科的合作。产品设计师、工程师、艺术家、社会学家等不同背景的专业人士共同合作,可以提供多元化的视角,从而带来真正具有创新性的解决方案。跨学科的合作有助于创意突破单一领域的局限,获取更广泛的灵感源泉,并使其应用前景更加广阔。正是这种跨学科的合作,使得创意能够形成新质生产力,从而推动数字文化产业的发展。例如,影视、游戏、音乐等行业的跨界合作,能够带来新的创意火花，拓展市场空间。通过整合多种学科的知识和经验，数字文化产品既能具备文化价值，又能具备功能价值，更好地满足消费者的需求。这种多学科、多领域的综合应用，进一步提升了创意产品的附加值和市场竞争力，为数字文化产业提供了源源不断的创新动力和发展机遇。

（二）区块链技术与数字文化产业的结合

区块链技术与数字文化产业的结合，正在重塑数字内容的创建、分发和消费方式，形成了文化新质生产力，推动这一领域走向更加高效、透明和安全的应用阶段。

区块链技术在版权存证方面展现出了巨大的潜力。在传统的数字内容分发和版权保护模式中，创作者往往面临版权纠纷、作品侵权等问题，而这些问题通常难以有效解决。区块链技术提供了一种全新的版权保护方式，通过将数字内容和创意的所有权和创作信息在区块链上进行存证，每一部作品都可追溯、不可篡改。这样一来，创意得到了技术性保护，既增强了创作者的信任感，又减少了版权维护的复杂性和成本。

物联网与区块链技术的融合，为数据连接能力和创意空间带来了显著提升。数字孪生场景不仅使得线上和线下数据的无缝对接得以实现，同时也为数字文化产业带来了新的创作和互动模式。例如，智能设备可以收集和记录用户的互动行为和偏好数据，并通过区块链技术确保这些数据的可靠性和隐私保护。由此，创作者可以根据真实用户数据进行定制化创作，为观众提供更加个性化和沉浸式的体验。

区块链技术还给数字文化产业的运营模式带来了全新的变革，以前所未有的方式提高了效率，降低了成本。智能合约（smart contract）是部署在区块链上的自执行代码，它们能自动执行合同条款，不需要人工干预。这在数字文化产业的多个场景中具有广泛应用，如版税分配、内容订阅、微交易等。例如，音乐作品的版税可以通过智能合约自动分配给作曲家、演奏者和发行商；用户订阅某项数字内容后，智能合约可以自动管理订阅周期和费用；在游戏等数字娱乐领域，玩家的微交易可以通过智能合约自动处理，大大提升了交易效率。在传统模式下，数字内容的创造和分发依赖于中心化平台,这些平台在某种程度上拥有对内容和经济利益的控制权。通过区块链,内容创造者和消费者能够摆脱对中心化平台的过度依赖,形成更加直接的交易和互动关系。这样不仅增强了数字文化产业的透明度,也促进了更加公平的价值交换。

区块链技术正在推动数字文化产业迈向一个更加高效、透明和可信的未来。无论是在版权保护、数据连接、开发模式上,还是在信任机制上,区块链技术都展现出了其独特的优势和巨大的发展潜力。这种技术与产业的深度结合,必将引领数字文化产业走向新一轮的创新和发展。

(三)区块链技术在数字文化产业中的应用

区块链与数字文化产业融合应用的一个例子是加密艺术,其已成为当代艺术创作者的自我表达的新方式。NFT给予艺术家和创作者一个全新的收入来源,以及将他们的作品永久添加到区块链上的机会。创作者能够通过区块链,进入加密艺术市场,实时跟踪作品销售情况和收益分配,减少对中介机构的依赖。加密艺术市场是一种艺术与财富累积相结合的现象。区块链确权使艺术品和其他创作成为一种可交易和持有的资产,变革了传统艺术世界的买卖方式。艺术家可以在全球范围内进行创作和销售,创造了一个全新的数字艺术市场,扩大了艺术创作和收益的可能性。

加密艺术将整个艺术生态链架构于具有强个体依赖性的分布式网络结构上,从而重塑艺术产业的生态。加密艺术的兴起,解决了数字艺术确权问题,供数字艺术家创作、发布、变现。价值在不同的创作者、品牌和企业之间产生和共享。加密艺术开启的文化创意内容上链热潮带来了数字艺术品交易的高价值,释放出数字艺术市场的巨大潜力。加密艺术促成数字文化作品在全球范围内自由流通,无须受到地域限制。这有助于全球创作者和用户之间的交流互动,推进文化的多样性和包容性,促进数字文化产业的蓬勃发展。

文化数字资产通过将区块链技术与文化品牌理念相结合,为消费者提供独特的数字体验和参与感。这种模式不仅能够塑造文化创意形象,形成品牌话题和热度,还能够传递文化品牌的理念、态度和精神。品牌发售的文化数字资产能够让消费者参与线上和线下活动，持有者能享受文化数字资产和限量版产品，这不仅促进了品牌价值的共建，还形成了新的社交方式。同时，通过这种模式，品牌能够为持有者构建精准的消费者标签和个性化体验。文化数字资产通过私域社区的建立，构建了品牌与会员的互动平台。依托区块链技术，数字资产与持有者权益紧密绑定，深入传递品牌价值，增强品牌与消费者之间的情感连接。文化数字资产是将实体产品与数字经济相融合的新途径，它构建了数字资产联通文化品牌营销的新通路，帮助品牌在数字经济发展新时代中实现虚实结合，以虚促实。随着数字文化产业发展，文化数字资产的发行规模快速扩大，市场上对于文化数字资产的流通需求也日益增长。

游戏领域是区块链发挥重要影响的一个文化创意领域。区块链为游戏带来玩法的创意，也带来全新的运营模式。NFT 最早就是在区块链游戏中诞生的。以《幻想生物》（*Axie Infinity*）为代表的游戏化金融模式（GameFi，Game 与 Fi 的合成单词，其中 Fi 是 Finance 的缩写）结合了区块链和游戏，让玩家在游戏中赚钱；用户可以拥有和交易游戏内资产，如角色、皮肤和道具，并通过游戏提升这些资产的价值。游戏里面有人、场景、交互、规则、价值链等元素。在 Web3.0 发展过程中，游戏产品将成为具有重要影响的力量，实现数字文化运营模式创新，Web3.0 游戏成为数字文化产业的重要组成部分。

传统的文化产业内容生成方式在新技术赋能下得到革新，新兴的创作技法不断涌现，带动了整个产业的进步。人工智能和区块链的结合，有助于解决文化产业的诸多问题，包括创意生成、版权保护、合作伙伴匹配以及激励机制等。这种结合可以帮助文化产业走向更为公平、透明的未来，让创作者在创作过程中更专注创意本身，同时确保他们的权益。

综上所述，在技术驱动下，数字文化产业正迎来跨越式发展。通过区块链技术，创意的生成和管理变得更加高效和公平，将所有数据记录和交易过程可视化、透明化，为数字文化产业的可持续发展提供了坚实的保障。

三 区块链技术赋能下数字文化产业的信任引擎

（一）区块链技术的信任机制

区块链信息存证机制经过严密设计，高度可靠。区块链的各个节点信息对称，记录的数据真实、透明，是带着时间戳的，相对于中心化网络架构更易于查证，可以有效克服信息不对称的障碍，降低网络系统的信息熵[4]。经济学视野中市场信息不完全和信息不对称问题得到比较好的解决。

数字文化产业的信任引擎，一个是区块链启发的密码信任机制；另一个是数字身份与隐私保护。区块链共识信任机制，为降低经济交易成本，以及实体经济运营成本发挥了一个技术实现机制。基于区块链建立的经济系统，接近罗纳德·科斯（Ronald Coase）意义上零交易成本的市场经济机制，连接了要素市场和产品市场，实现信息共享，节省了大量社会资源。每一个参与者都只是遵循一个最简单、自利的"基础协议"，然而从经济系统整体层面来看，却起到了不断优化资源配置，促进竞争的作用，这样才有了经济活动不断增值的过程。区块链支付交易具有自证清白、一次性清结算的特性，大大降低了交易成本，为金融、信用、鉴证等活动带来全新的模式[4]。信任机制是区块链发挥功能最为明显的领域，为文化金融、文化鉴证等活动带来全新的模式。数据存证上链、防伪溯源、数字资产交易、文化产品众筹等场景运用区块链技术，产生新的创意管理手段。

（二）区块链与企业组织创新

互联网发展了30多年，工业时代的公司组织架构基本上还是科层制。处于主导地位的几家互联网公司，全部采用中心化架构。区块链作为一种有效的底层互信技术，用智能合约替代传统的合约和组织，为企业组织创新提供了丰富的创新空间；高可信度、高透明度的数据，既减少了机构科层中投机取巧的倾向，也减少企业组织的交易成本，同时显著降低企业组织在各个层级的管理成本，网络化扁平式管理变得可能。区块链分布式的沟通和治理结构，技术上可以替代传统组织的中心化的沟通和管理结构。

区块链的分布式协同布局，为企业组织创新提供了更大的空间。基于区块链的自主组织、自主治理的企业，不存在股权架构，脱离了董事会、股东会等决策机构，整个体系的运行以算法来驱动，将有效降低企业交易成本。在区块链提供的信任机制下，文化新质生产力组织模式将是依靠集体智慧、大规模协作来实现的。

文化产业项目以区块链为基础的新型组织模式显现出其独特的魅力，标志着数字文明进入全新的阶段。文化创作者和消费者可以在数字文化场景中建立紧密联系。这种模式不仅有助于提高创作者的收益，还能增强用户的参与感，形成更加活跃的文化社区。这一形式的出现不仅是技术手段的革新，更代表了一场组织结构和文化理念的深刻变革，预示着未来的发展趋势。区块链将在重塑文化产业生态方面发挥重要作用，促进更为广泛的文化交流与合作。

（三）区块链数字身份应用

在生活中，数字身份已有雏形。例如，很多应用（application，APP）或者小程序支持用微信账号、QQ账号、电话号码甚至人脸信息授权登录。但是，以上这些身份信息具有高度中心化特点，实际上是让用户以失去对自己身份的控制权为代价获得些许便利。大数据的流动有利于数字产业的发展，个人隐私保护需求同样引发社会持续关注。互联网平台对用户数据的收集和滥用屡屡发生，各种网站和APP后台不断收集用户上网行为的数据、身份信息、位置信息，然后做针对性分析，并对目标用户投放广告。部分APP未经许可使用手机上的麦克风、盗取手机里的通信地址。用户隐私数据泄露，骚扰电话、消息不断。这些体验并不是用户想要的，但是因为互联网平台的巨大影响力，用户不得不接受这样的糟糕体验[4]。加强隐私数据保护，是数字文化产业发展过程中的关键问题。

区块链系统采用非对称加密形式以解决链上参与者的身份认证与标识。非对称密钥算法使用了一对密钥：数学上彼此关联的公钥和私钥[5]。私钥本质上是一个随机数，公钥是通过私钥计算得到的。公私钥加密算法形成了数字签名。私钥被用来对交易进行数字签名,公钥用来验证由私钥生成的数字签名,进而完成参与者身份验证,实现确权、交易、流转环节上链。用户在链上登记、存证数字艺术品以及权利交换,依托公私钥密码机制解决,并实现信息脱敏与不可篡改。用户通过私钥签名认证身份和控制资产,他人可以通过公钥(地址)验证用户的身份。而"地址+私钥"无须注册,通过密码学规则由用户自行生成,验证身份的过程也无须任何机构参与。用户在完全去中心化下掌控着身份标识符,从而实现对数字身份的控制。

区块链领域的零知识证明(zero-knowledge proof)可以看作一个信号传递机制。零知识证明是一种证明方法,其中证明者能够向检验者展示某个命题的真实性,而在这个过程中,除了该命题为真的信息外,检验者不会获得任何其他信息,因此可理解成零泄密证明。例如,欲向人证明自己拥有某信息,则直接公开该信息即可,但如此则会将该信息也一并泄露;零知识证明的精粹在于,可以证明自己拥有该信息而不必透露信息内容。这个技术在产业应用场景中就是一种信号显示机制。一个零知识证明系统根据实例生成一个证明,这个证明是计算可靠性下的证明。隐私计算技术实现了零知识证明的信号显示机制,也实现了数据脱敏。通过零知识证明,区块链可以实现数据的安全共享,验证数据的有效性,而不用透露过多详细信息,这对于市场交易来说具有重大意义。在交易中,零知识证明可以提供一个安全环境,使买方和卖方都可以确认交易信息的正确性和有效性,而无须透露他们各自的私密信息,如账号细节、身份信息等。对于公开透明的市场,零知识证明可以帮助解决信息不对称的问题,通过某种程度的信息隐藏,以保护交易参与者的隐私权。

基于区块链的数字身份,不仅可以确保身份安全,还可以提升数字身份的可信程度,避免伪造、冒用、盗窃身份,有效保护隐私,实现身份可验而不可见。用户成为自己数字身份的控制者,可以控制自己的身份数据,允许什么信息被记录,什么信息被谁读取使用,可以跨平台转移使用。随着数字文化产业发展,网络空间中的实体都需要拥有数字身份,人、设备、组织、应用等都需要通过数字身份来被区分和辨认。区块链技术可以实现不同平台之间的数据互联互通,用户的数据和数字资产可以在多个平台上无缝流动,

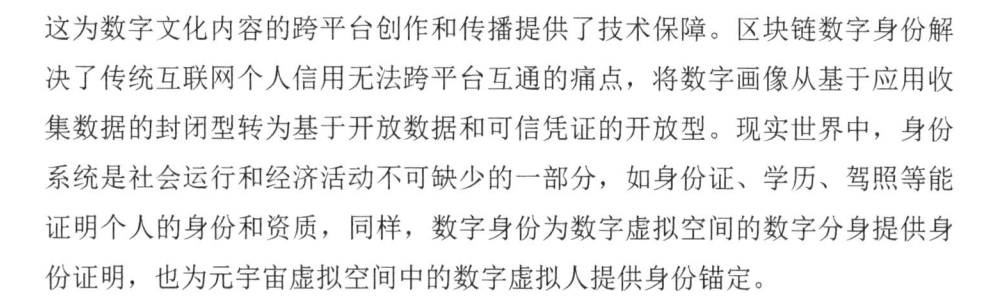

这为数字文化内容的跨平台创作和传播提供了技术保障。区块链数字身份解决了传统互联网个人信用无法跨平台互通的痛点，将数字画像从基于应用收集数据的封闭型转为基于开放数据和可信凭证的开放型。现实世界中，身份系统是社会运行和经济活动不可缺少的一部分，如身份证、学历、驾照等能证明个人的身份和资质，同样，数字身份为数字虚拟空间的数字分身提供身份证明，也为元宇宙虚拟空间中的数字虚拟人提供身份锚定。

四 从Web2.0到Web3.0：数字文化产业发展趋向和路径

（一）互联网技术演进

区块链带动各大技术潮流迈向新的成熟阶段，包括元宇宙、加密艺术、算力中心、人工智能生成内容等全新的技术变革，呼应前两次互联网热潮。第一次是门户网站Web1.0。20世纪90年代是激动人心创造奇迹的Web1.0时代，产生了许多伟大的公司和产品，如网景通信公司（Netscape Communications Corporation）、雅虎（Yahoo）等，为互联网的发展作出了巨大的贡献。

世纪更替之际，Web1.0泡沫破裂，成为互联网历史发展的重要转折点。1999年，计算机科学家达西·迪努奇（Darcy DiNucci）提出了Web2.0概念[①]，"内容是由用户创建和共享的"。Web2.0时代的典型应用有博客（Blog）、内容源、简易信息聚合（really simple syndication，RSS）、微信、微博、抖音等。其中，Blog被公认为Web2.0的开端。移动互联网APP和社交媒体加速了Web2.0的发展，大量共享经济项目涌现。

2006年1月，美国Web设计师杰夫·齐曼（Jeffrey Zeldman）在一篇批评Web2.0的文章中提出了Web3.0的概念。他提出，Web3.0是一种更加开放、更加自由的互联网，它将使人们可以更好地控制自己的信息，而不是被大公司所控制。[②]2014年，以太坊的联合创始人林嘉文（Gavin Wood）在自

---

① https://www.webdesignmuseum.org/web-design-history/web-2-0-1999.
② https://alistapart.com/article/web3point0/.

己的一篇博客"Insights into a Modern World"中首次明确了 Web3.0 的互联网运行模式，信息将由用户自己发布、保管、不可追溯且永远不会泄露，用户的任何行为将不需要中间机构来帮助传递，数字内容主要由用户产生并为用户所拥有。经过技术界不断发展演绎，Web3.0 明确为一组包容性协议，运行在区块链上的去中心化应用，用户可以控制自己的数字身份、资产和数据。①

（二）Web3.0 与数字文化产业的融合

Web1.0 赋予文化低成本高速传播的可能性；Web2.0 实现了信息交互，艺术自生产模式展现雏形。Web3.0 是一个创意的时代，创作者经济将重塑经济系统。区块链带来了创意基因，各种数字创意产品在区块链生态上孕育。区块链这套崭新的技术体系，让创意管理有了新的工具。在 Web3.0 中，社会生产关系的变革将比 Web2.0 带给人们更多的惊喜。人人都是创意者，人人都可以参与小说、电影、画作、音乐的创作。创意作品生长于自由、多元和包容的环境中，创意的发展将是开放式、不可预知的，通过 Web3.0 网络实现创意的价值交换。Web3.0 文化是一种将区块链技术与艺术、娱乐及其他形式的创意表现结合起来的新兴文化。

Web3.0 倡导去中心化，消除点对点的中间人，重构社会和经济结构，支持去中心化金融（decentralized finance，DeFi）、去中心化科学（decentralized science，DeSci）、去中心化社会（decentralized society，DeSoc）发育。社会资本替代传统资本，进而形成共同创造的集体价值和社会财富，而且可以实现对自有资产的处置及对流量价值的计量。Web3.0 的各种用户参与平等开放的注意力经济，以参与者、消费者、贡献者等身份实现连接，真正控制数据所有权，保障"劳者有所得"。创意内容具有经济价值，从而鼓励更多的人参与到数字内容创造中。用户凭借特定数字身份识别方式，打通在多平台的数据，将在一个平台的资产和信息转移到另一个平台，打造物理层和传输层，实现跨平台的价值自由流动。

---

① https://gavwood.com/dappsweb3.html.

（三）Web3.0在数字文化产业的应用分类

在新一代互联网技术 Web3.0 的推动下，区块链技术正成为数字文化产业发展的重要支撑。Web3.0 在数字文化产业的融合应用，按覆盖范围的大小可分为四类，如图 1 所示。

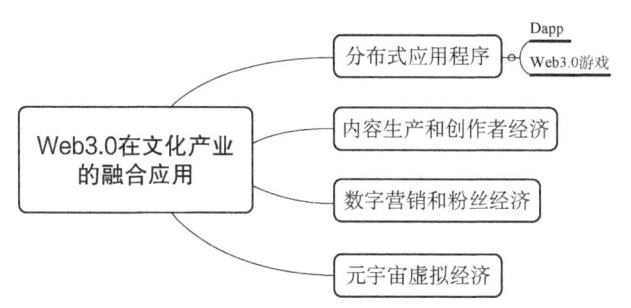

图 1　Web3.0 在数字文化产业的融合应用分类

资料来源：由笔者绘制。

第一类是分布式应用程序，此类较早出现，主要是面向 C（consume，消费者）端用户的分布式应用程序（decentralized application，Dapp）和 Web3.0 游戏应用。为了服务游戏生态，也相应地出现了游戏资产的交易平台。

第二类是内容生产和创作者经济。Web3.0 正在成为新兴的创作者社区，如艺术家、音乐家、游戏开发者等，通过 NFT，创作者能够独立且持续地获得收入来源。

第三类是数字营销和粉丝经济。Web3.0 拉近了偶像与粉丝的距离，粉丝甚至可以参与偶像的生活。全新的互动方式将改变营销模式，充分激发粉丝效应的潜力。Web3.0 让品牌生态不断趋向于品牌文化认同，形成品牌数字资产。

第四类是围绕元宇宙展开的虚拟经济。元宇宙是一个由大量计算机程序组成的虚拟三维世界，各种数字文化产品在虚拟空间中展示并交易，人类通过数字分身体验文化创意。元宇宙的普及为 Web3.0 带来了巨大的流量，相应地，为了支撑元宇宙的虚拟世界，Web3.0 的技术基础设施更加复杂和成熟。经过一段时间的发展，数字文旅、数字音乐、数字电影、游戏电竞等文化业态逐渐被吸收合并到元宇宙中，形成一个崭新的元宇宙创意协作网络。

Web3.0 的生态场景也有交集，它们都需要底层平台和配套基础设施的支撑。区块链是目前 DeFi 和元宇宙的主流开发平台；应用 NFT 打造原创加密艺术品，成为数字文化内容的重要呈现方式。

（四）Web3.0 的创新运营模式

在运营模式方面，Web3.0 数字文化产品采用了多种创新技术，集合了限量销售、众筹运营、智能运营、虚实互动、实物资产上链等多种业务模式。上链意味着数字作品的确权、存证。进行数据价值交换，是 Web3.0 数字文化产品实现价值的有力途径。这些运营模式不仅提升了用户体验，还为创作者和开发者提供了新的收益途径。

区块链技术在数字文化产业中的应用确实令人瞩目，它不仅为创意管理提供了新的工具和方法，还为整个产业带来了革命性的变化。从版权存证到数字孪生，从 NFT 的兴起到区块链游戏的流行，区块链不仅提升了数字文化作品的可验证性和交易的透明度，也极大地激发了创作者和消费者的参与热情。通过构建数字文化产业的信任引擎，区块链技术降低了交易成本，提高了资源配置效率，为创意价值的实现提供了坚实的基础。区块链数字身份的应用，进一步强化了用户隐私保护和身份的可信度，为数字文化产业发展提供了新的安全保障。

随着技术的不断成熟和创新模式的不断涌现，区块链将与数字文化产业深度融合，共同开启一个充满创意、信任和价值的新纪元。

参考文献

[1] 中国互联网络信息中心. 中国互联网络发展状况统计报告. (2024-04-03) [2024-07-29]. https://www.163.com/dy/article/IURKHF2B05346KF7.html.
[2] 杨永忠. 创意管理学导论. 北京：经济管理出版社，2018：11-12.
[3] 张建华. 数字化时代的文创产业生态//杨永忠. 创意管理评论：第五卷. 厦门：厦门大学

出版社, 2020: 61-69.

[4] 黄杰阳. 区块链创意的自生长机制与应用场景//杨永忠. 创意管理评论: 第五卷. 厦门: 厦门大学出版社, 2020: 51-57.

[5] 黄杰阳. 加密艺术的溯源与确权机制探析//杨永忠. 创意管理评论: 第六卷. 厦门: 厦门大学出版社, 2021: 168-179.

Blockchain Technology Empowers the Creative Management of Digital Cultural Industries

HUANG Jieyang

(Straits Publishing House, Fuzhou 350001, China)

Abstract: Digital cultural industries have been able to grow rapidly thanks to information technologies such as blockchain, artificial intelligence and virtual reality, as well as increasing policy support and market demand. Creativity is the core of digital cultural industries. Blockchain technology is offering advances for the management of digital cultural creativity: Distributed ledger technology can help the deposit of creative copyrights; the Internet of Things blockchain technology helps to achieve digital twins; and innovative approaches such as Non-Fungible Token provide an effective traceability mechanism for digital artworks. Blockchain technology also helps reduce transaction costs and improve resource allocation efficiency, and it in particular plays a big role in protecting user privacy and enhancing identity credibility. Looking ahead, with the paradigm shift from Web2.0 to Web3.0, blockchain technology could lead to new changes in digital cultural industries and transform the way in which creative value is exchanged and social relations of production.

Keywords: digital cultural industries; blockchain; creative management; trust; Web3.0

数字艺术创新研究

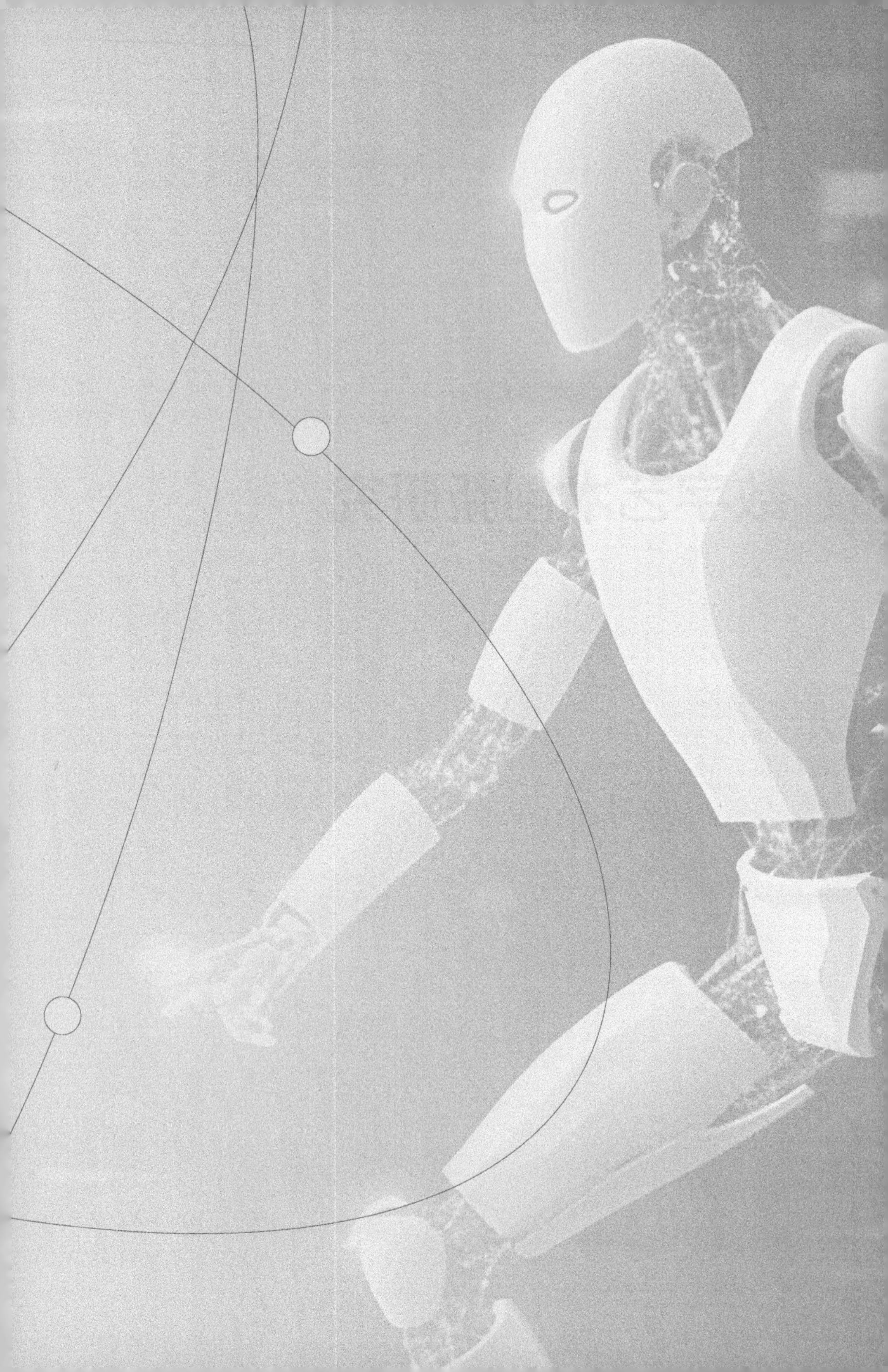

身体与技术：数字艺术的审美主体性研究*

申 林

摘要： 物质存在的身体是承载人们生存意识的媒介，在大脑指挥下，它能够依赖人的意识做出相应行为。一方面，高科技力量不断渗透生活的方方面面，不仅为交往活动提供便利，还更新了人的生存状态，使其在无意识中转变为与科技共生的赛博人。而那些被数字技术呈现或改造的身体，不仅代表人们对身体的认知，也投射出对突破物质客观限制的想象，其背后是人们对身体本质和可能的思索与探究，即元身体的自我认同。另一方面，高度认同并不能对数字艺术下的身体呈现以一概全，其所面临的技术挑战和反噬风险等问题也应纳入考量范围，才能在人与自然、身体与物质的边界不断被打破时，保有身为人类主体的理智意识，正确且客观地看待未来人机共生的社会转向，在虚拟与现实的混沌中保持主体地位。

关键词： 数字艺术；元身体；审美主体性

---

* 基金项目：河北省社会科学基金项目"数字化赋能下南运河区域文化遗产保护传承新路径研究"（HB23YS032）。
作者简介：申林，河北师范大学新闻传播学院，河北省大数据传播与网络舆情研究基地研究员（石家庄，050024）。

145

身体作为一种研究视域，早在文学批评中引发关注，特里·伊格尔顿（Terry Eagleton）指出："用不了多久，当代批评中的身体就会比滑铁卢战场上的尸体还要多。"[1]但与主要依靠眼睛阅读的文学不同，数字艺术在生理上调动了审美主体的多重感官，触觉、听觉、嗅觉等都能有不同程度的参与，肌肉、神经、腺体乃至细胞不断对各种外来信号做出反应，在人体内发生作用并完成生产，使身体的参与一同提升数字艺术体验的完满度。此外，由于大脑终端接受了传递的信息，人们从而产生了心理上的感受，再加上审美意识时常来源于"意识""思想""观念"等难以名状的非实体内容，身体的基础功能容易被忽略。即便对人设定的革命性思考，存在强调人的根本差异性建立在身体之上这样的身体本体论，也会因为从一开始就必须借助语言和意识这两种无法摆脱的先在性规定，进而被叙事化为理论话语[2]。

一 主体映射：元身体[2]的自我认同

身体的创造性始于弗里德里希·W. 尼采（Friedrich W. Nietzsche）及其后继者开创性的理论实践，把亨利·列斐伏尔（Henri Lefebvre）的"元哲学"概念和"三元辩证法"的批评实践引入身体研究，建构"元身体"的框架。要对身体研究本身提出质疑和反思，即提出一种"元"（meta-）理论的思考视角[3]。元身体是研究身体学中的身体，即在承认各种身体理论的前提下，对其进行自我指涉式的反思[2]。"元身体学"让身体的复杂性、丰富性、隐秘性和革命性回归身体，在身体的具体性和抽象性、差异性和同一性、规训和反规训之间不断寻求"他者"的关照和审视，并在他者的追问中不断敞开阐释的可能性[2]。元身体包含两个维度，一是作为基底的有机躯体性，二是可以将对经验世界的体验视作其周围世界，并在其自身之中发现所谓周围世界之中心部分的身体性[4]。一方面，物质存在的身体是人类生存必备的一部分，每个人都离不开它，因此在将"身体"作为一种研究视角时无法彻底摒弃主观性，完全客观地去进行论证。理性身体观强调人的主体性，把身体作为客体，究其根本还是将身体看作意识的附属品，身体的重要性受到某种程度的忽视。另一方面，数字艺术形态不断迭代更新，身体的潜能被逐步激发，人们开始意识到身心可以相互分离，身体可以以其本身存在，开放性、不确定性乃至非客体性正是元身体式的思考，身体不再是研究对象，恰恰是其存在的方式。元身体能够将自身之内与外在世界在知觉中划分开，"读取"自身，并以匿名的自身作为中心，构造意向性的身体对象，生产身体意象，最具证明性的特征就是其对象是它自身所给予的，因而它并不需要通过重复体验来形成自我表象[4]。

元身体理论有必要对身体研究进行反思，为身体的开放性提供无限可能。正因为众多学者持续不断地研究，身体观的理念和阐释逐渐丰满，无论是身心二元对立抑或是三个身体理论[5]，根本上都是将身体重新重视起来，以一种独特的视角和理念去进行分析与研究，即便已经并不罕见，但是在数字时代，仍有必要去重新思考并将其代入数字艺术的研究与批评当中。一方面，身体伴随生命的诞生，因存在于时空的物质实体成为人的现实存在形式，其本身的局限性也在时代发展中不断被弥补，除了人体在历史中的自然进化，各种工具的使用也为身体生存提供有效手段。另一方面，克隆技术、人工智能等科学技术仿佛在印证一切皆有可能，不断颠覆身心二元对立的传统认知。按照意图人为制造的智能机器，既非完整意义上的人，又非毫无意识的机器，我们该如何定义？机器人尚且难以定义，对人机结合的产物的定义更加困难。我们对于身体的思考不得不回到原点：人究竟该如何定义与区分？当长久以来这个问题无法从根本上得到解决时，人们只能在数字技术的帮助下，在不断实践的过程中探寻，在各式各样符合人文伦理的尝试中寻求身体认同。

首先，元身体是主体自身认同的投射。技术摆脱物质肉体限制，逾越物种的界限有了现实可行性，科技对于身体的改造实际上成为理性意识的具象化，在强调意图的同时，拉伸身体器官物质形态与感知范围，是人类自身的投射，这也正是表达元身体认同的重大来源。数字艺术作品在模拟现实社会生活和真实世界时，除了构建高度自动化的社会活动，还或多或少地使身体发生改变，以反映人们对身体有限性的抵抗以及超越身体现实性的期望。例如，在数字虚拟游戏中，玩家一开始只是名普通的游戏虚拟角色，经由游戏自我设定，使虚拟的物质身体和社会角色变得更加生活具体，元身体使现实玩家与虚拟之间形成紧密互动的关系，与身体本身相匹配，交互成为能够符合现实交际的真正互动。身处现实世界的邻居、同事、家庭成员因身体局限，渴望现实交流，但可能受到限制，跨越虚拟游戏本身的界限，把其他个体生活的实际故事直接交汇到个体自身的游戏之中，玩家用虚拟世界向现实生活发起挑战，完成对现有物质身体的突破，成为思想具象化的良好范例，与人们进化身体的期望相匹配，才能得到观众的高度认同。

其次，大脑挖掘身体认知的可能性。大脑作为身体重要组成部分，起着承载意识的作用，既代表理性主体也作为物质实体存在，人们在挖掘大脑潜能的同时也在探究身体的无限可能。目前数字艺术虚拟性的发展对身体的强化大多停留在表征层面，处于肉眼可见的范围之内。如果身体同大脑一样未被完全开发，人们了解到的或许只是冰山一角。一方面，借助于科技，意识实际载体的可变性与多样性正在慢慢显现。随着AI技术的发展，赛博空间中出现了AI警察、AI医生、AI换脸等新的虚拟体验方式。现如今仍需要肉体去相互感知，并且在与同类的交往与联系中加强对自身的认知与了解，这些现实条件无法限制的后人类时代，以及无法阻止的人们对身体无穷尽的想象，反映的正是人们对元身体存在范式与发展趋势的自发性思考。另一方面，大脑所具备的思考能力是人类所特有的，这种理性能力能够在现有认知基础之上，将人身与其他生物显著区别开来，当类人或非人的存在出现了这种内在特征时，人们通常会以感性来加强对其身体的认同。例如，数字艺术中的人机交互正是利用情感力量帮助观众接受并认可虚拟多场景、多情节呈现、多支线网状的剧作方式，观众在虚拟影音的代入下自主选择跳转互动，人机之间交流采用手势和肢体动作，原始的身体语言可以交流沟通，但并不足以弥补两者形体上的差异。因此，虚拟场景将视角放在身为人的现实主体之上，参与者在与虚拟场景建立联系的过程中慢慢发现、相识、相知，观众也因此与之共情。当游玩的情感得到承认时，外在实际身体表征上的迥异之处便得以掩盖，这也印证了发掘"真身"（真实存在的身体）与"假身"（虚构的身体）之间相互契合的共通点，引发人们产生自我联想以及对未来的期盼，身体也能够在人们的高度认同下继续走向多元化。

再次，元身体与审美情感的相互认同。审美情感可以增强对虚构身体的认同，反过来，物质存在的身体才是承载并强化审美情感的媒介。亚当·斯密（Adam Smith）、弗里德里希·T.费肖尔（Friedrich T. Vischer）等哲学家提出人们理解他人的"移情"（sympathy）能力，德国心理学家和现象学家特奥多尔·利普斯（Theodor Lipps）将移情这一概念视为一种情绪、感受和思想的内在模仿，埃德蒙德·胡塞尔（Edmund Husserl）进一步发展了移情概念，将其视为构建客观世界的个体间"共享体验"，莫里斯·梅洛-庞蒂（Maurice Merleau-Ponty）更是点明了涉身的移情理解，即我们对世界意义的理解不是唯独依赖对其"视觉表征"的认知解释，而是受到与行为相关的感官运动活动的强烈影响，尤其是依赖自身的"涉身认知"（embodied cognition）[6]。情绪具身观[7]理论是在具身认知基础之上认为大脑在知觉、行动和内省过程中形成特定的生理模块，在后来需要的时候不断地强化这些表现知识的生理状态，从而产生知识及其使用活动。审美情感离不开感官、运动和情绪系统的激发，审美情感的基础是获取艺术信息时所发生的原初神经活动。审美情感助推审美认知通过感官运动系统得以产生，审美主体处于特定的情境，特定的情绪状态或具有特定审美对象的思想之中。审美情感的意义是具身性的，具身体验产生审美情感，激动、喜欢、热爱等情绪又通过外在的肌肉扩张、嘴巴张大、心跳加快等物质身体表现再次确证。此外，人的身体具有物质性、社会性、实践性以及具身性，许多交往活动都需要人体切实的参与才能够顺利进行，感情的加温与升华也有赖于此，因此唯有作用于实体与实体之间的情感才显得更加真实可靠。人们清楚意识到自己身处虚拟空间中，去身体化的虚拟技术会带来相应的主体间性，令人迷失在真与假的影像之中，而有形的实体才是人与人产生互动的重要前提，以及相互认同的有效保障。

最后，主体身份的嬗变。除去不会消失的具身性之外，数字艺术也在此基础上对人类身份进行探究，从仿生人视角来进行审美情感的试错。互动游戏中增强现实的AR眼镜，抑或是其他可穿戴电子智能设备，由于人类的体验需求而成为特定身体器官的替代品，即使它是完全人造的身体部位，但是在与物质身体的相处中已然产生人的意识和行为，这时身体本身对其产生依赖与习惯，正如其他被使用的实际身体器官，它们的存在引起身体其他部分的注意，获得使用者本身的认可。对无人驾驶、无人清洁等机器人进行的人性化设定，何尝不是建立在人们对自身的明确认知行为之上的？人身的易损性使得人们对强大的机械身体保持警惕，当面对不够智能的机械装置、不够完善且看似软弱无威胁的机器人时，危机感才不会占据主体地位。

物质存在的身体是人们自我确证的关键，承认身体的多元范式有助于加深认知，成为自我反思的前提条件，因此数字技术为我们展现的身体奇观并不只作为娱乐的消遣品，在某种程度上也为人们拓宽现有视野，率先呈现身体的发展前景。打破对身体形态固有的观念与认知，对未来有不可比拟的前瞻意义。此外，看待此问题的辩证态度也必不可少，人类在漫长的历史进程中形成固有自我认知，而现如今时代之迅速轻易地撼动了传统观念，唯保有对元身体的反思以及对人类身份的认同，才能真正驾驭科技的洪流。

二 人机融合：赛博人的网络反噬

赛博格（cyborg）一词源于控制论的（cybernetic）和有机体（organism）的结合，被定义为人的身体性能经由机械拓展进而超越人体限制成为新身体，也被称为电子人。美国学者唐娜·哈拉维（Donna Haraway）将其定义为"一种混合生物体，由生物体和机器组成"[8]。2018年，学者孙玮更进一步将"赛博人"引申为"技术与人的融合创造出的新型主体"[9]。虽然这是科技强大的象征，但赛博人身上的风险仍不容忽视。时至今日，逐渐完善的网络设施改变了出行、购物、交往等社会行为，机械侵入人体，或延长或修复身体的功能，赛博人的数量悄无声息地增长，成为新时代下的种群。赛博人的身体因为改造或异化得以突破物理限制，活动在虚拟与现实之间，依靠身体在物理时空为依据所进行的判定便不再通用，身体与世界之间的关联转而强调阐释的开放性和视角的多元性，我们可以从身体、时间、社会和叙事（或广义的文本）中任何一个角度切入，而不是事先假定某个视角的优先性[2]。

其一，虚拟物人格化的赛博格。从古至今，技术的面貌产生了沧海桑田式的变化，但人类的各种活动却始终嵌入在技术当中[10]。如今，整个世界处于互联网的联系之中，每个人所依赖的各种各样的信息技术，将人体的可感知范围及意识广度无限延伸，网络的必要性使人类在某种程度上变成了赛博人。我们已经是赛博格了，由于普遍使用电脑、手机、手机应用程序、网络社交账号，人们已经被部分电子化了[11]。正是因为以虚拟程序为基础的虚拟实体人格化的赛博格很大程度上带有人类的特点，所以赛博空间中虚拟权力主体更想与人类产生主体性沟通，但这也是在拥有更多人类艺术信息基础之上所产生的审美诉求，主要表现为技术与身体相结合，成为"电子器官"般的存在。例如，"眼博格"（eyeborg）可以将色彩信号转换为声音信号，弥补人天生色感的缺失。而发明这一技术的患有色盲症的艺术家尼尔·哈比森（Neil Harbisson）也将此技术应用到数字艺术领域，在系列作品《声音肖像》（*Sound Portraits*）中，他将检测到的人物脸部色彩构成了肖像画。同时，仿生眼、仿生义肢、3D仿生手、可供残疾人康复使用的机器人外骨骼等，大都缘起于人体本身的残缺，然而其影响却不止于此。这也印证了"任何发明或技术都是人体的延伸或自我截除。这样一种延伸还要求其他的器官和其他的延伸产生新的比率、谋求新的平衡。比如，电视形象所引起的新的感知比率或感知关闭，是没有办法不去服从的"[12]。反观日常中技术之物，虽并非源于人体本身的相对残缺，但仍因其延伸作用而有截除意味。手机、耳机、VR设备等在对人的视觉、听觉进行延伸的同时，也在进行着"截除"，人们沿着对"此时此地"的缺席，才抵达了对"随时随地"的在场。这些设备给予人们随时随地与所处环境"割裂"的能力，赋予人们新鲜新奇的体验，也寄存人们的部分情感与审美，同时也将人们对此时此地的感觉比率降低或关闭，悄无声息地规训人们的行为，具身性被较大地消磨。

人们在使用技术获得便利的同时，也在默许技术的操纵。基于人们线下社交能力变差的状况产生的传达社交信息的可穿戴装置，可以通过肌肉传感器捕捉穿戴者的神态、表情，由此产生不同的颜色、纹案、形状以传达心理活动，并通过扫描他人来获取对方反应，这帮助人们克服了社交尴尬和对词不达意的恐惧。然而当情感可被读写时，它就变成了一种可被观察和操控的对象，情感读写（emotional literacy）使得人们从体验的流动性和非反思性中提取出自己，并将情感体验转化为情感词语和一整套可被观察和操纵的实体[13]。此外，手机成瘾等各种技术依赖的现象也无不在印证，虚拟物人格化的赛博格不仅对人体具身性有极大折损，也逐渐将使用的人培养为赛博人，在一定程度上完成了对使用者肉体上和精神上的奴化。

其二，审美主体画像的网络吞噬。审美拟象作为赛博人的主要身份成为网络上的符号与代码不断活跃，发生社会意义的身体也因此被吞噬。首先，信息传播技术的发展带来了高度数字化的时代，大数据收集网络用户信息，生成审美主体画像，再由智能算法精准地筛选出可能引起用户兴趣的推送，算法对用户的主体性和自主选择性产生威胁。受惠于无线网络，人们已可以将自己的视听感官扩延到世界各地，实现了俗语"眼观六路、耳听八方"的幻想，五花八门的信息充斥在屏幕之上，即便人们已经拥有了多种审美选择的权利，但技术主导下的审美自由还真正存在吗？德国哲学家沃尔夫冈·韦尔施（Wolfgang Welsch）曾发出过对传媒技术主导下审美自由的质疑："传媒的图像提供的不再是现实的纪实见证，在很大程度上，更像是安排好的、人工的东西，并且与日俱增地根据这一虚拟性来加以表现。现实通过传媒正在变成一个供应商，而传媒就其根本而言是虚拟的，可操纵的，可作审美塑造的。"[14]艺术家彭艺伟在影像艺术作品《玻璃数据》（Glass Data）中表达了数据构成了人的周遭，信息并非是自由的，而是被困在由资本创造的玻璃景观箱中。透过电子屏幕这扇开向全球的小窗，看到的空间慢慢变成了面，又从面变成了线，自主思考的能力被腐蚀，小窗这头的人就有了成为"容器人"的风险，只能呆板地接受设计好的审美观念和审美思想，从而形成赫伯特·马尔库塞（Herbert Marcuse）在《单向度的人：发达工业社会意识形态研究》中所说的"单向度的思想和行为模式"[15]。

其次，算法所反映的是真实的倒影，而非真实本身，它与真实主体之间有一层隔膜。"化我者生，破我者进，似我者死"[16]、"学我者生，似我者亡"[17]，将这些警告运用到对AI艺术的告诫上仍入情入理。①艺术家的创作是对真实世界的表达，而AI绘画仅仅是画作本身；艺术家的创作是关于现

---

① "化我者生，破我者进，似我者死"是吴昌硕对潘天寿所说的话，含义很深，潘天寿后来果然突破了吴昌硕的风格而自立门户，获得了成就。"学我者生，似我者亡"是齐白石所言，他受校长林风眠邀请，在国立北平艺术专科学校（今中央美术学院）教授中国画，认真向同学们讲述了他的绘画见解："作画妙在似与不似之间，太俗为媚俗，不似为欺世""吾画不为宗派拘束，无心沽名，自娱而已""学我者生，似我者亡"等。

实和情感的，而 AI 创作仅关于互联网技术。微软小冰在学习了 236 位著名画家的作品之后举办个人画展，AI 公司 DeepMind 也推出了一款剧本写作 AIDramatron，但其本质上是对前人画家、剧作家的算法积累之上的模仿。

最后，对于每个审美主体而言，身体经验是建构知识的源泉[18]，而被算法熟知的前提是使用者的"调教"，这对计算结果的精准度影响很大，但人本身独具的社会性、实践性、统合性等特质，尚不能被完全理解透彻，只基于某时间某状态下做出的选择又如何能为用户打上标签？即便是各种 AI 智能算法已经初步具备搜索匹配的能力，如购物平台能够推送顾客可能想要的商品，新闻信息平台推送用户大概率感兴趣的信息，各大音乐平台的"猜你喜欢"功能，甚至婚恋网站利用大数据为用户匹配合适的婚恋对象，但出现更多的仍是诸如"杀熟"、手机监听、数据泄露、算法垄断这样的争议，有几点原因值得深思：一是以娱乐、自由、虚拟性质为主要优势的网络帮助人们建立起精神的乌托邦，而为获取更大的满足感，多数人倾向于朝着理想自我的方向打造虚拟形象，提供的数据有了自我美化的嫌疑，真实和虚伪难以辨别；二是当前智能算法背后仍是人为操纵，目的以盈利为主，在背后资本的眼中，赛博人是一个又一个的消费主力，用户隐私甚至能被拿来交易，赛博人的隐私安全堪忧，沦为商品的无力感引发了高度主体性危机；三是社会交往活动的根基是具身，而非计算机软件抽象符号的运算，人的生命历程无法全部被记录到大数据中，审美主体画像的刻画总有残缺。面对无法对话的机器，保持人的本性，谨防被数字模型套路化才是关键。

其三，后人类时代的审美焦虑。网络技术的飞速发展引领人们走向后人类时代[19]，由于人们利用机器来为自己提供服务，要求机器服从指挥，还渴望其符合人类思考及处事模式，仿生人便成为高度自动化、数字化不容忽视的话题，对人身体形态的范围和尺度提出质询。常见的是，人们在面对比自己强大的机器时会感到害怕，是因为物质存在的肉身受到威胁，但心理学上的"恐怖谷效应"[20]，表明人们在面对与自身形象、动作高度相似的异类时，同样会产生强烈的恐惧。

在技术时代，这种威胁首要源自于外形与真人无几的仿生人，电影《普罗米修斯》中作为人类造物的大卫拥有人类在肉体上无法匹敌的优势，

153

"他"外貌与真人无异，体能惊人且无惧生老病死，甚至不会产生孤独、伤心等脆弱情感，也正因如此，大卫被视为工具，创造他的威兰德都认为他没有灵魂[①]。可随着剧情推进，大卫悄悄带走"黑水"，还选择了之前屡次对他出言不逊的科学家作为实验对象，我们很难说这不是他的自主意识在作祟。拒绝服从人类命令且存在巨大的变数，引发的是观众对"人造人"机器深深的后怕。仿生人强于一般机器人的数字智慧代表着人类意志的同时，又增添了它的人性，人类对此感受到的危机远大于欣慰，就像克隆技术一样，不仅仅代表科技的力量，还伴随着道德、伦理、社会问题等。当其对现有秩序发起冲击时，人类的审美主体性就会遭遇巨大挑战。彼时，单通过身体这一外露的、显著的外部表征，人与机器无法区分，审美主体便会摇摆在人与非人的复杂性之中，产生自我焦虑，导致身份认同问题，这些都成为赛博人的困境。

其四，赛博人的映射与弥合。网络的发达催生出许多受众广泛且门槛颇低的大众媒介，艺术创作开始走向平民化、草根化、多元化，艺术要求和审美标准却在不断提升，当审美需求和审美作品产生巨大落差，数字艺术开始为弥合裂隙提供想象性解决方略，但却在不经意间拉大了理想与现实的距离，成为沉溺的根源。一方面，赛博人所处的后时代改变了精英阶级对艺术、文化的绝对主导地位，市场导向的生产传播以大众媒介为渠道开始走向大众，艺术要求和审美标准也随受众构成的变化愈发复杂。另一方面，技术发挥创造优势为娱乐提供手段，虽然能为理想和现实间的巨大落差提供想象性解决策略，但也间接埋下沉溺的引线，使赛博人在幻象与现实间不断自我拉扯。美国学者尼尔·波兹曼（Neil Postman）对"泛娱乐化"问题进行了深刻探讨。其实不仅仅是传播领域，各个领域都存在不同程度的娱乐化现象，由市场化经济、后现代哲学、分层社会文化、逃避心理等多维度的背景共同造就[21]，关键在于人们应该全面看待该新兴文化形态的影响。虚拟偶像的兴

[①] 《普罗米修斯》（*Prometheus*，2012），由雷德利·斯科特（Ridley Scott）执导。影片讲述乘坐"普罗米修斯号"飞船去寻求自身物种起源的科学小分队与外星人进行斗争，并发现了外星人的秘密。其中大卫是"普罗米修斯号"任务的一员，是有着性格缺陷的雌雄同体的机器人，它在途中负责照顾所有人的生活，却暗地里执行一项秘密任务。

起仿佛在验证基于技术的审美转向的可能性，数字角色通过实时影像、动作捕捉、3D渲染及数字孪生等技术，搭构虚拟与现实相结合的表演舞台，企图打造全能虚拟偶像引领数字时代新流行[22]。但是，虚拟偶像仍依靠强大的技术团队实时塑造，并未从根本上摆脱人为设计，甚至还会因为人力、技术等缺陷造成表演事故，在一时新鲜过后徒留一地鸡毛。网络同时为赛博人逃避现实生活提供重要途径，艺术参与者面对虚拟二维动漫形象和拟态多样化、个性定制化的人设进行跨时空的虚实互动。整个审美过程迥异于现实的艺术体验，艺术用户也在很大程度上得到身心满足。追星本就是件寄托情感的行为，映射的是自身理想化的状态，但人无法选择自己的出身及外形，也无法不犯错，因此一旦有了逃避不如意并接近幻梦的途径，即便是 VR 技术带来的昙花一现，人们也会不自觉地沉溺其中，全息式沉浸性体验游戏也是同理。数字技术在休闲娱乐上有着得天独厚的优势，赛博人有了被网络吞噬的风险，人与人之间的交流也不应当脱离实际而变得扁平而单一。

赛博格一开始被用于改造人体以使其适应太空环境[9]，因此从广泛意义上来看，它在现实生活中的应用范围极广，正如科幻电影中不遗余力描绘的未来世界，无论是否符合人们所渴望的乌托邦世界，根本上都离不开人类意识和物质实体的参与，而正因为人类社会的代际更迭远比不上科技进步的速度，身处时代沟壑中的当代人更应当辩证且理性地看待科技，正视它所带来的机遇与挑战，思考未来有无技术奴役人类的风险。倘若人类不加以自我反思，及时对错误行为进行批评指正，那么将很可能无法掌控技术的走向，最终引发赛博人的网络反噬。

三 数字生命：共生体的社会转向

探讨"身体"时不能仅聚焦于身体本身，还应关注身体向外延展的部分——"身体存在"场域的变化。一方面，身体存在场域从单一的现实场域逐渐延伸到 VR 场域，作为存在根基的"现实"，在这样的情境中需要被重新审视，这也对身体文化的判断和立论的前提造成了冲击。另一方面，技术和人类的关系复杂多变，在其强烈的渗透力下，社会环境早已发生了翻天覆地的改变，人人都无法摆脱赛博化的命运，在探索人机相处之道中，身体的必要程度反而被不断凸显，"身体是我们身份认同的重要而根本的维度，身体形成了我们感知这个世界的最初视角，或者说，它形成了我们与这个世界融合的模式"[23]，将现阶段的技术应用扭转到共生体的方向，借助电子设备模糊虚拟与现实的界限，让数字技术真正作用于实际。此外，众多数字艺术作品也在不遗余力地昭示着人们对未来时代的自主性幻想，引发各个领域对人机共栖的探讨与实验，我们也能从中看到共生体在未来的无限可能。

首先，人机共生的网络化生存。人机共生的可能性体现在一些赛博作品对二者关系的设想上，艺术作品中的开放性结局就对此作出了大胆尝试。一方面，艺术源于生活而高于生活，凝结了比现实更为长远的思考，率先完成工业革命的西方国家为科幻作品提供了生长土壤，正是工业与技术的先进使创作者开始设想未来究竟能发展到何种程度，并通过各种文学、绘画、影视等艺术作品显现出来，其背后是对人机关系的深深忧虑。此外，数字技术在人们无意识下完成了对生活的改变，人体的赛博格化与虚拟的实体化是数字时代的新趋向。另一方面，人们的意识可以借助电子设备和互联网技术，达到极为广阔的范围。手机作为许多现代人都无法离开的辅助工具，将人们投射到互联网当中，身处北半球可以知晓南半球正在发生的事，整个世界的联系因此变得相对紧密。类似运动手环等的穿戴式电子产品，也让人们对自己的身体有了更为直观的了解，借助数字技术，身体信息变得可视化，身体困住自己的符号，通过计算在主体的等价法则和在生产法则下交换的符号而得到增值[24]，以随时获取想要知道的事实。大数据时代使得最了解人们的不再是人，而是人们所使用的各种机器，譬如经常浏览的内容会被记录整合，形成一套属于每个人的用户画像，从而再根据精密的数字算法对用户喜好进行精准投放。数字技术成为人们高度依赖的工具，融入每个人的日常生活，人们成了广义上的赛博人，共同推动了社会的赛博格化。对于大多数个体而言，数字化映射的虚拟实体正作为人的分身，在不同维度中映射人的现实生存状态，成为一种生存新形态，网络上的虚拟身份在人们的自发性控制下，成为现实人的分身，受人类掌控从而实现某种表达诉求[25]。

其次，VR共生体的具身参与。数字时代开始重视实质身体的回归，虚拟与现实相结合的方式也趋于具身化。譬如增强现实技术，已经用于大型晚会的舞台表演上，网络虚拟歌手被投射到现实空间，并与现实的歌手相互配合，借助电子屏幕呈现给现场观众，联合创作出一场虚拟与现实结合的新奇表演，让人们得以窥见未来的一隅。数字技术正在打破不同维度的空间界限，借助数字媒介跨越现实，使理想化的数字形象从地位上实现与人平等，这何尝不是数字技术日益强大所带来的影响。VR、全息等技术发展如火如荼，形式也开始变得多元，无论是用于电影还是游戏，都旨在全面调动人的感官，以达到身临其境的目的。虚拟身份在人的控制下与人造的环境发生互动，真正做到全方位、多角度的沉浸式体验，而为了营造更为真实的体验感受，令身心都充分体验 VR 的技术优势，除了借助拓宽视野的 VR 头戴式设备，还需配合视效的座椅等，制造者也在努力解决触觉、嗅觉等诸多感官参与度低的局限。可以发现，在很长的一段时间里，虚拟空间中的具身性并不会遭到遗弃，身体不再是心灵的附属品，而是可以被认定为直接与现实世界发生联系的主体，直接参与感知、交往等社会活动，突破身体局限并保留其特质也成为今后人机共生的社会转向。此外，人类因为自身独具的丰富想象力和创造力而独特，个人的智慧价值和独特性也因为首创性的自造物愈加明显[26]。虽然肉身存在客观限制，但却能够借助工具去突破生理阈值，甚至改造自然。可以说机器加持下的人类，将人机共存的尺度把握在能够为人所用又不危及自身地位的范围才是审美主流观念。

再次，共生性网络艺术的自由集结。每一种形式的艺术在其发展史上都经历过关键时刻，而只有在新技术的改变之下才能获得成效。换言之，需借助崭新形式的艺术来求突破[27]。相较于"匠人式"的传统艺术，新时代兴起的是共生性的网络艺术[28]，网络作为中介，数字技术作为手段，将人们的想象力与创造力充分激发，一切事物有了可视化的可能，这与当今视觉信息传达占据主流的道路不谋而合。一方面，艺术家拥有了更大的创作空间，努力进入人机合一的状态。基于数字技术的艺术成果，除了强烈的视觉效果、身临其境般的虚拟体验外，也能从中看到数字媒体艺术家们对宗教、生命、数码等问题的思考。脱离了时代的创作是没有生命力的，在现如今的泛媒介时代，数字媒介冲击旧有生产模式的力量势不可挡，终究会影响到艺术的各个领域。又如互联网线上云旅游，观众身临其境，通过沉浸式场景体验，对上海云上豫园进行"十景"设置，用户与机器互动，看江南风情跃然眼前。既然新技术能够把幻梦实时渲染并高度呈现，观众可以以"云"参与的方式加强互动，那么下一步的重点或许就是推进作品开放和交互的进度，让观众切身参与，与设备真正融为一体，强化沉浸式的体验感受。另一方面，除了艺术家的作品可以随时代进步之外，艺术创作者自身也有了更多的可能性。艺术是否能被科学计算，机器创作的作品又能否被称为艺术，也是探讨人机共生关系的重点之一。英国发明家艾丹·梅勒（Aidan Meller）利用计算机视觉技术创造出被称为"世界上第一个 AI 超现实人形机器人艺术家"Ai-Da，"她"不仅能够独立作画，而且能够同观众互动并传达信息，Ai-Da 的灵感源自视线，再通过 AI 算法形成手臂的坐标系进行绘画[29]。不论作品是否带有艺术所需的真情实感，Ai-Da 的创作源泉是庞大的数据和精妙的计算，迥异于人们的生命历程或人生经历。或许这种创作形式本身比作品更具时代性的艺术价值，提供了全新的科技视角，是完美理智的体现。因此，艺术领域的数字化变革同样在突出人的地位，反身的经验必不可少，体验、创作的过程也不可或缺，人的主体性和反身性在很长一段时间中都将无法被泯灭。

最后，人机共生共栖的审美趋向。人机共生共栖的形态势必会引起审美争论，除了外表的异化，也撼动了人的审美主体性地位，使人的审美合法性遭到质疑，物质与自然、人体与机器等各种边界都可以被打破，而人的存在十分复杂，且糅合了多方面的审美需求，物质存在的身体将如何突破还有待考察。赛博朋克的核心主旨为高科技、低生活，科技愈加发达的背后是贫富差距愈加悬殊，人体改造技术使其使用者拥有类似造物主的能力，很可能被人出于一己私利肆意利用；就算技术能够降低门槛，普及全人类，但弱肉强食法则下的人们又如何控制自己不利用机械身体肆意妄为，也有待考量。角色扮演游戏为人们提供了预先体验未来的机会，依靠数字技术打造科技感浓重的氛围环境，正是时代更迭中由技术衍生的新型审美体系，它的火爆验证着人机共栖问题正在引发广泛关注，其背后方方面面的争论有待商榷。但无论科技如何为肉体赋能，人的独特性也不能被湮灭。当人类社会的传统伦理价值观遭到挑战时，拒绝被机械去主体性，保存身而为人的思维才是重中之重，无论是人类还是赛博人，唯有心怀正义者才能匡扶正义，维持社会秩序。因此，物质存在的身体加强人类的自我认知，更是确认主体身份的理性条件，它转变的趋势是时代洪流下难以避免的，人们应秉持开放且批判的态度来看待事物的多面性，避免故步自封。

技术的发展和其在数字艺术作品中的实际应用等体现了身体之于人的重要性。从数字艺术对待身体的审美观念来看，对身体进行的想象与相关创作正是人类对自身诉求的表达，是对身体的探究，是自我指涉与自我反思的实践，反映的正是科技飞速发展所带来的危机与不确定性是由人类意识所承担的。人们通过批判和指正重新构造理性认识，重新思考身体与技术的关系，也许这能够帮助人们提前预测未知的隐患并思考应对之策，避免被时代抛弃。

参考文献

[1] 特里·伊格尔顿. 历史中的政治、哲学、爱欲. 马海良, 译. 北京: 中国社会科学出版社, 1999: 199.
[2] 张进, 聂成军. 论元身体学及其方法论意义. 甘肃社会科学, 2013, (3): 65-69, 80.
[3] W J T 米歇尔. 图像理论. 陈永国, 胡文征, 译. 北京: 北京大学出版社, 2007: 25-27.
[4] 张震. 从 Somatic 到 Semiotic: 道德具身性的三重维度. 思想与文化, 2019, (1): 33-52.
[5] Ihde D. The Body in Technology. Minnesota: University of Minnesota Press, 2002: 18-24.
[6] 孟伟. 涉身与认知——探索人类心智的新路径. 北京: 中国社会科学出版社, 2020: 17.
[7] 刘亚, 王振宏, 孔风. 情绪具身观: 情绪研究的新视角. 心理科学进展, 2011, 19 (1): 50-59.
[8] 唐娜·哈拉维. 类人猿、赛博格和女人——自然的重塑. 陈静, 译. 郑州: 河南大学出版社, 2016: 2.
[9] 孙玮. 赛博人: 后人类时代的媒介融合. 新闻记者, 2018, (6): 4-11.
[10] 唐·伊德. 技术与生活世界: 从伊甸园到尘世. 韩连庆, 译. 北京: 北京大学出版社, 2012: 22.
[11] 乔新玉, 张国伟. 人机融合: 赛博格的身体技术与身份认同. 编辑之友, 2021, (10): 63-66.
[12] 马歇尔·麦克卢汉. 理解媒介: 论人的延伸. 何道宽, 译. 南京: 译林出版社, 2019: 67.
[13] Illouz E. Cold Intimacies: The Making of Emotional Capitalism. Cambridge: Polity Press, 2007: 33.

[14] 沃尔夫冈·韦尔施. 重构美学. 陆扬, 张岩冰, 译. 上海: 上海译文出版社, 2002: 10.

[15] 赫伯特·马尔库塞. 单向度的人: 发达工业社会意识形态研究. 刘继, 译. 上海: 上海译文出版社, 1989: 12.

[16] 刘海粟, 王个簃. 回忆吴昌硕. 上海: 上海人民美术出版社, 1986: 222.

[17] 王晓梅. 齐白石书画鉴赏. 北京: 中国轻工业出版社, 2009: 190.

[18] 叶浩生. 具身认知的原理与应用. 北京: 商务印书馆, 2017: 3-5.

[19] 冉聃, 蔡仲. 赛博与后人类主义. 自然辩证法研究, 2012, 28 (10): 72-76.

[20] 徐英瑾. 虚拟现实: 比人工智能更深层次的纠结. 人民论坛, 2016, (24): 8-26.

[21] 张爱凤. "泛娱乐化"批判的多维背景. 前沿, 2009, (3): 169-173.

[22] 洪婉玉. 御宅族粉丝对ACGN文化的再生产行为研究——以Bilibili为例. 长春理工大学硕士学位论文, 2019.

[23] 理查德·舒斯特曼. 身体意识与身体美学. 程相占, 译. 北京: 商务印书馆, 2011: 13.

[24] 让·波德里亚. 象征交换与死亡. 车槿山, 译. 南京: 译林出版社, 2006: 147.

[25] 孙玮. 交流者的身体: 传播与在场——意识主体、身体-主体、智能主体的演变. 国际新闻界, 2018, (12): 83-103.

[26] 韩东屏. 破解人之谜——人的定义的解构与重构. 武汉大学学报 (人文科学版), 2016, 69 (6): 5-13.

[27] 瓦尔特·本雅明. 迎向灵光消逝的年代: 本雅明论艺术. 许绮玲, 林志明, 译. 桂林: 广西师范大学出版社, 2004: 89.

[28] 高鑫, 廖祥忠. 网络艺术及其发展态势. 现代传播, 2002, (5): 86-90.

[29] Ai-darobot.com. Ai-Da——世界首位AI机器人艺术家. 工业设计, 2020, (11): 22.

Body and Technology: A Study of Aesthetic Subjectivity in Digital Art

SHEN Lin

(School of Journalism and Communication, Hebei Normal University, Shijiazhuang 050024, China)

Abstract: The body of material existence is the medium carrying people's consciousness of existence, and under the command of the brain, it is able to rely on human consciousness to make corresponding behaviors. On the one hand, the power of high technology continuously penetrates into all aspects of life, not only facilitating the interaction activities, but also renewing people's state of existence, transforming them unconsciously into cyborgs who live in symbiosis with technology. The bodies that are presented or transformed by digital technology not only represent people's perception of the body, but also project the imagination of breaking through the objective limitations of materiality, behind which is people's contemplation and exploration of the nature and possibilities of the body, namely the self-identification of the meta-body. On the other hand, a high degree of identification does not mean that the presentation of the body under digital art can be generalized, and the technical challenges and risks of backfire should also be taken into account, so that when the boundaries between human and nature, body and matter are constantly being broken, we can retain the rational consciousness of being a human being subject, and correctly and objectively consider the future turn of the human-computer symbiosis society, so that we can maintain our subjective position in the chaos between the virtuality and the reality.

Keywords: digital art; meta-body; aesthetic subjectivity

从洞穴到元宇宙：观影空间的物质性变迁*

高登科

摘要：随着人工智能、区块链、大数据、物联网等技术的发展，随着元宇宙的构建，以及VR、AR、XR等虚拟现实技术、虚拟拍摄技术的应用的发展，"分身"这一概念逐渐显现，"分身"与"自我"之间，或者说"分身"与"主体"间是一种什么样的关系？古希腊神话中"认识你自己"这一神谕也成为一种时代的危机。通过对自我与镜像的剖析，以观影空间的物质性变迁为线索，对新媒介不断涌现的今天展开分析。"认识你自己"已经不是自我与倒影之间的关系，而是自我与分身，甚至是多重分身之间的关系。

关键词：洞穴；元宇宙艺术；分身；自我认知；VR

引子：古希腊神话里有一位神叫那喀索斯（Narcissus），这个神却跟一种"美好"的病有关，因此也有"那喀索斯症"一说。那喀索斯是一位英俊的美少年，有着太阳神阿波罗（Apollo）一样的卷发，有明亮的双眼、红润的双颊、象牙般白色的肌肤、樱桃般的朱唇、清秀的面容、所有精致的词语，无论是描述男性的，还是描述女性的，都难以描述那喀索斯的美。问题是那喀索斯刚出生时，他的父母就接到命运的神示："不可使他认识自己。"很多

---

* 作者简介：高登科，清华大学艺术博物馆博士后，清华美院社会美育研究所副所长（北京，100000）。

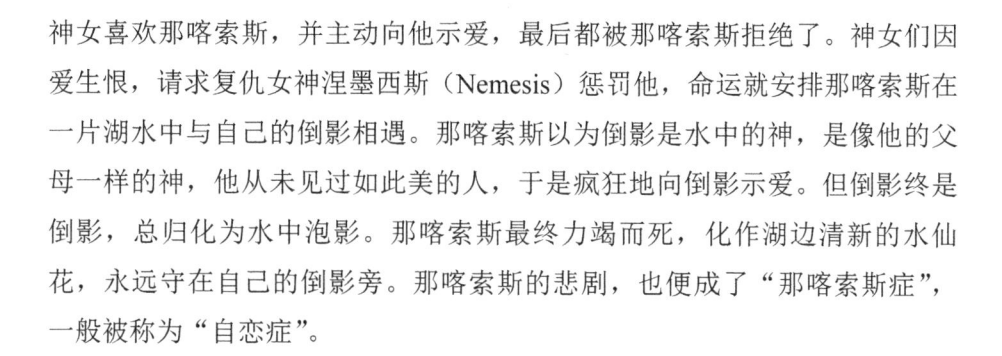

神女喜欢那喀索斯，并主动向他示爱，最后都被那喀索斯拒绝了。神女们因爱生恨，请求复仇女神涅墨西斯（Nemesis）惩罚他，命运就安排那喀索斯在一片湖水中与自己的倒影相遇。那喀索斯以为倒影是水中的神，是像他的父母一样的神，他从未见过如此美的人，于是疯狂地向倒影示爱。但倒影终是倒影，总归化为水中泡影。那喀索斯最终力竭而死，化作湖边清新的水仙花，永远守在自己的倒影旁。那喀索斯的悲剧，也便成了"那喀索斯症"，一般被称为"自恋症"。

一 认识你自己：自我与镜像

很多人认为那喀索斯悲剧的罪魁祸首是神女，或者涅墨西斯，其实悲剧的背后是"不可使他认识自己"这句神示。在古希腊，每当人们走进神庙，"认识你自己"成为大家面对的第一个问题。然而在当今时代，自拍照铺天盖地、Vlog（视频博客）四处招摇，自我被不断景观化，"认识你自己"听起来如当头棒喝。

随着人工智能、区块链、大数据、物联网等技术的发展，元宇宙的构建，以及VR、AR、XR等虚拟现实技术、虚拟拍摄技术的广泛应用，"认识你自己"愈发成为一种时代的危机。美国学者尼古拉斯·米尔佐夫（Nicholas Mirzoeff）认为身体既是抵抗后现代主义种种全球性趋势的最后据点，也是首先受到它们影响的前哨[1]。在新媒介不断涌现的今天，"认识你自己"已经不是自我与倒影之间的关系，而是自我与分身，甚至是多重分身之间的关系。

（一）影子：洞窟壁画中的寓言

对于人类如何认识自己，柏拉图《理想国》第七卷，有一个关于"洞中人"的故事。一个洞穴里关着一群囚徒。这个洞穴距离外界非常远，需要走过一条长长的通道才可以出来，微弱的阳光可以从洞口透进来。洞中人手、脚、头颈都被绑着，不能走动，也不能转身，只能朝前看着洞中的墙壁。在他们身后的上方，远远地燃烧着一个火炬。火炬把洞中人的影子映在墙壁上,他们好像看到了山,看到了桥,也好像看到了其他的人。他们对着影子说话,洞壁里出现回声,他们以为回声就是影子的回答。长此以往,他们都把洞中影子的世界当作真实。以至于后来有人逃脱了,看到洞外的阳光,反而认为刺眼的阳光令他看不到像洞中一样"真实"的世界,自愿回到洞中去。

《理想国》中的"洞中人"是一种比喻,然而早期人类社会洞窟壁画保留了真实的洞中人生活痕迹。法国拉斯科洞窟里的一个壁画场景让我们看到了原始社会的一种现实,这个场景被命名为"人与受伤的公牛"。画面中的人似乎受了伤,双臂张开,平躺在地面上,而旁边的公牛似乎还没有停止攻击。为了突显公牛的凶猛,牛的鬃毛被画成一根根立着的状态,鬃毛似乎像冲向人的牛角般坚硬。不过这头牛的状况也没有那么好,一根长矛从后背刺穿了它的肚子,肠道好像已经沿着伤口流了出来。虽然画面线条非常简洁,但是我们依然能够感受到场景的血腥和残酷。在原始人的视野里,还有哪些东西呢?我们看到了奔跑的公牛、成群的野马,以及凶猛的肉食性动物。在原始人的世界里,物质应该比较匮乏,是什么原因促使他们花费大量的时间和精力,在一般人都不易发现的洞窟里画满了那么多动物?这甚至牵扯到绘画的起源问题,如果绘画的作品不是展露在外面供人观赏,那么这些绘画创作的意义又是什么?

通过拉斯科洞窟里发掘的骨头和鹿角制成的矛头,我们可以还原刺伤公牛的长矛的样子,当时人类绘制壁画的过程也有艺术家在20世纪30年代通过素描还原出来。就算我们知晓了拉斯科洞窟,但当我们伴随20世纪40年代人们的镜头回到这个洞窟最早被发现的样子,看到洞窟的顶部画满了栩栩如生的野生动物时,依然会被当时的场景震撼。

另一个震撼的洞窟顶部来自西班牙的阿尔塔米拉。这个洞窟中有一块宽敞的顶部画满了公牛,洞窟的这块区域又被称为"公牛大厅",1901年人们通过复制手段,还原了画面中23头形态各异的公牛。其中第18号和19号一立一卧,最有张力。当我们把画面中的公牛单拎出来,发现这个物种与现代的公牛仍有很多相似之处。对公牛的青睐在西班牙的雕塑、绘画和斗牛节中都体现了出来,如果我们用现代手段恢复原始人的视野,或许跟毛里西奥·安东（Mauricio Antón）为阿尔塔米拉国立博物馆及研究中心永久展览所绘制的插图相仿。

原始人为什么会在洞窟的顶部画满公牛？洞窟常年处于黑暗之中，当夜幕降临，人们回到洞窟寻找庇护，顶部画满的公牛是不是像外面夜空中的星星一样动人？又或者，当洞窟里的火堆燃起，人的影子也被投到洞窟的顶部，人们随着跳动的火苗，和洞窟里的公牛融为一体。毕加索有一张光绘的公牛，或许能表达类似的感觉。在夜色中毕加索手执光束，直接在空间中作画，画面被延时摄影记录下来，一头发亮的公牛，与公牛大厅中的公牛一样，在黑暗的世界中熠熠生辉，犹如星光。

（二）镜像：形象脱离影子之后

《理想国》中"洞中人"的比喻，与法国拉斯科、西班牙阿尔塔米拉的洞窟壁画，从另外一个角度来看，都是人类通过影子认识世界、认知自我的一种努力。当人类从"认知的洞穴"中走出来，当人类重新站在阳光下，身形与身影相生相伴的关系，也就昭然若揭了。中文里有一个词叫"如影随形"，形容两个人或两个实物的关系非常紧密，就像影子跟着人体一样。"如影随形，虽有非实"是源自佛教的一个比喻，指出影子虽然存在，但并非实体。"洞中人"的比喻，描述的是人类分不清影子是否为真实的故事。当人类认知影子"虽有非实"之后，影子便与身形分离了。身形与影子分离后，何去何从？人类认知自我，了解自己的身形、形象的方式，除了影子之外，还有哪些？

从人类认知自我的角度来看，那喀索斯的故事可以归结为：人类能否通过镜像认知自己？那喀索斯的父母河神刻菲索斯、水泽神女利里俄珀都跟水有关，是自然界中天然的镜像。从刻菲索斯、利里俄珀来看，镜像是可以认知自我的，但那喀索斯的经历仿佛在跟我们说，他像是生活在人类无法分别镜像与现实的过去。

那喀索斯的故事，伴随着时代的变化，和人们对镜像的认知升级，也产生了一系列异变。后世以那喀索斯的故事为蓝本创作的作品层出不穷，绝大部分作品都遵循古希腊神话中的故事框架。到了18世纪末，随着资产阶级的发展，人们对自我的认知悄然发生变化，不少艺术家回到那喀索斯的起点，追问人类的命运。1782年英国版画家卡灵顿·伯温（Carington Bowles）创作了一幅有关那喀索斯（Narcissus）与厄科（Nymph Echo）的讽刺漫画，该漫画中的那喀索斯穿上了英国军官的衣服，厄科则穿上了贵族妇人的服装。画面中的那喀索斯把手中的佩剑放在河边，自己则斜躺着，对着水中自我的镜像招手，被遗忘在后面的厄科，似乎只能对一株大树诉苦。18世纪末的英国正处在上升期，打扮成青年军官的那喀索斯，似乎只对自己感兴趣，停留在自我欣赏的镜像里。这件作品下方有两行诗，翻译为中文是命运让我有机会走那条路，年轻的那喀索斯自恋的地方。青年军官形象被粉饰得矫揉造作，这种自恋背后，透露的是当时英国"日不落帝国"的雄心。

时隔100年后，美国艺术家托马斯·纳斯特（Thomas Nast）延续了伯温讽刺版画的风格，于1882年以奥斯卡·王尔德（Oscar Wilde）为原型，创作了一幅讽刺作品《王尔德》，作品上题写了一段话"You are not the first one that has grasped at a shadow."，翻译为中文是："王尔德先生，你不是第一个盯着自己影子看的人。"画面中的文字，把王尔德作为那喀索斯的反面教材来写，认为"他是个冒牌的唯美主义者"（He is an Aesthetic Sham.）。我们没必要陷入王尔德的历史争议之中，单纯从纳斯特的这件作品来看，他已经把镜像异变作为一种艺术表现形式，这种形式甚至与中国传统的"照妖镜"有一定的联系。镜像中的形象虽然异变了，但镜像好像出现了魔力。接下来我们来谈谈镜像的魔力，看看艺术家如何用镜像创造出多重交错和反转的空间。

（三）自我与镜像的反转

那喀索斯的镜像，是在水中产生的，在艺术史中，镜子的流行则多与维纳斯（Venus）相关。镜子的起源非常早，目前发现最早的人工制镜，是距今8000多年前，安纳托利亚半岛（今土耳其境内）的曜石镜；目前发现最早的铜镜，是公元前3500年至公元前3100年，乌鲁克时期的两河流域有柄铜镜。古埃及的壁画和赫梯帝国库巴巴女神，都有手持镜子的形象存在。在艺术史中，维纳斯与镜子的组合关系自文艺复兴以来就广为流传，著名的作品有提香（Titian，即提齐安诺·韦切利奥 Tiziano Vecellio）的《对镜的维纳斯》、迭戈·委拉斯贵支（Diego Velázquez）的《镜前的维纳斯》等。如果把维纳斯与镜子的组合，单纯看成女性对镜梳妆的反映，这类图像在东方也大量存在，如北宋苏汉臣的《靓妆仕女图》、日本喜多川歌麿的《姿见七人化妆》等。不过，女性对镜梳妆仅仅是日常生活的再现吗？文艺复兴以来，与女性对镜梳妆同时流行的，还有大量艺术家的自画像作品，如莱昂纳多·达芬奇（Leonardo da Vinci）、拉斐尔·桑西（Raffaello Santi）、阿尔布雷特·丢勒（Albrecht Dürer）都有自画像传世。艺术家的自画像虽然没有镜子出现，但考虑到当时的技术和条件，大多数艺术家应该都借助了镜子等媒介，这些镜子是隐藏在画面背后的秘密。

在提香的《对镜的维纳斯》和委拉斯贵支的《镜前的维纳斯》中，人物与镜像形成一种均衡的关系，不过有意思的是，画面中的维纳斯，似乎是不自知的，并没有意识到自己的美，也没有意识到观者的存在。而镜中的维纳斯则看向画外，隔着遥远的时空，与观众保持着直接的交流。维纳斯的目光，通过镜面的折射，与观者相遇。镜中维纳斯看向画外的场景，被艺术家反复刻画。古埃及人认为镜子是"能看到人脸的生命力量"。镜子被赋予魔法一般的意义，这在东方文化中也同样存在。苏汉臣的《靓妆仕女图》、喜多川歌麿的《姿见七人化妆》中，女性的面孔也是通过镜子与观者相遇的。镜子成为观者与画中人"面对面"交流的一种媒介，虽然观者与画中人隔着遥远的时空，也隔着画面，但是只要观者在镜中看到画中人，画中人也应当在镜中看到观者，或许这是镜像传递的一种生命体验。

艺术家的自画像中虽然大多数时候没有镜子的出现，但是画家和画中的自己，也构成了一种对视的关系，这种对视还会随着时空的转换，变成艺术家与观者的对视。对镜自画的艺术家，是将镜像搬到了画面中，可以说自画像是镜像与画面的重叠，画面即镜像。

二 自我景观化：图像漫游者

（一）显影：光之人

威廉·塔尔博特（William Talbot）是卡罗式摄影法的发明者，他在自己的摄影集《自然之笔》（*The Pencil of Nature*）中写道："本作品的底片仅由光的作用留下印记，并未借助任何艺术家的铅笔。"[2]"光的印记"包含两层含义，一是摄影作品具有半自动的效果，不需要借助艺术家的画笔来创作；二是摄影作品是光引发的图像，自然之光和人文之光交织在一起。所谓摄影，本质上是"摄光"。

虽然摄影术发明于19世纪，但是人类对摄影或摄光的追求却有悠久的历史。人类对自身形象的光影捕捉，最早可以追溯到"小孔成像"，中国公元前5世纪的《墨子》、古希腊公元前4世纪亚里士多德的《问题集》等东西方经典中都有对"小孔成像"的记载。《墨子》载："景。光之人，煦若射，下者之人也高；高者之人也下。足蔽下光，故成景于上；首蔽上光，故成景于下。在远近有端，与于光，故景库内也。""光之人"中的"之"为"到……地方去"的意思，"光之人"是指光照射在人身上。翻译成现代汉语，大意是影。光照在人身上，光线就像射出的箭一样直。下方的光线照到人身上之后直达高处，高处的光线照到人身上之后直达下方。脚遮住了下方照来的光线，所以影子在上方；头遮住了上面的光，所以影子在下方。在人或远或近的位置，设置端孔，光线透过端孔，影子就可以呈现在室内了。

"光之人"揭示了光、人、影三者之间的关系，光让人的影显现出来。在摄影术发明之前，绘画史上有大量作品借助"光之人"的原理，运用画笔描摹人的影子。直接借助光源和剪影进行创作，叫明室；借助小孔成像和倒影进行创作，叫暗室。人、影、绘画就在光的明暗变化之间展开，"摄影"一词源于希腊语 φῶς（转换为英文的 phos 和中文的"光线"）和 γραφι（转换为英文的 graphis 和中文的"绘画、绘图"），摄影的含义即"用光绘画"。

"光之人"在摄影术发明之前，大致分成了明室和暗室两个类型。明室衍生出剪影、肖像描摹（physiognotrace）、窗格等艺术形式和工具，暗室衍生出大型暗箱、便携式暗箱、硝酸银成像等。这些所有的努力，都是为了能够将人的影子通过其他媒介显现出来，也就是所谓的"显影"。

（二）定影：自我的定格

绘画或者摄影，其核心驱动一直跟认知自我有关系。从绘画方面来看，中国比较早的自创作的自我图像相传是宋徽宗赵佶所作的《听琴图》，这件作品是不是赵佶所作存疑，不过画面还是具有典型的宋画特征。画面中的赵佶身着道袍，在松树下抚琴，两位大臣分坐于画面左右两边，从背后的松树和竹子，到赵佶所处的位置，再到画面前景中的太湖石和盆景，都凸显了主人公的高雅和超脱。在西方，"认识你自己"是古希腊哲学的经典命题，不过自画像真正意义上的成熟是在欧洲文艺复兴时期。让·富凯（Jean Fouquet）创作于1450年前后的作品《自画像》是公认的较早的独立自画像，不过文艺复兴时期真正意义上把自画像当作命题来进行创作的艺术家非丢勒莫属。艺术史家约瑟夫·里奥·柯尔纳（Joseph Leo Koerner）认为丢勒引领了德国文艺复兴时期的自画像时刻[3]，作为文艺复兴时期特定的思考中的艺术家[4]，丢勒开启的是"图像意义上的哥白尼革命"，不过，在艺术家生命的哪个瞬间，这些图像（自画像）被呈现了出来[5]？自画像在意大利文艺复兴时期被称为"镜中肖像"，然而在丢勒看来，自画像并不是达芬奇所说的镜子高于一切，而是拥有一种内在精神，有镜像之外的逻辑和价值。

丢勒的自画像系列作品是文艺复兴时期的一种独特现象，不过这种现象似乎又与文艺复兴的人文主义精神高度吻合。丢勒被认为是文艺复兴时期最有自我意识的艺术家，他在1500年初创作的作品《穿着毛领长袍的自画像》非常具有独特性，画面中的自己以正面像的方式望向画外，"绘画本身所具有的正面性、对称性和孤立感一览无余。水平与垂直的轴线贯穿整个画面，单纯的形式使得整幅画的结构有如建筑物的前视图"[4]。不过这张画中更有意味的是丢勒在画上的拉丁文题词，翻译为中文是："我，纽伦堡的阿尔布雷特·丢勒在二十八岁之年以永不消褪的色彩创造出自己的形貌"。在丢勒看来，他创造了自己的形貌，画面中轻抚毛领的手似乎是在对着自己行礼，同时自画像的呼之欲出之感，使得自我和图像之间形成了深度互动。在丢勒的这件作品中我们能够清晰地感受到，艺术家在和更高的自我进行对话，自我永不褪色，即丢勒用绘画的方式完成自我图像的历史性上载。

"个体开始进入图像"一直是文艺复兴的基调之一[6]，桑德罗·波提切利（Sandro Botticelli）在《三博士朝圣》中就在画面中悄悄藏了一张自画像。画面前景的最右面身着黄袍、回望画外的人就是艺术家本人。"与瓦萨里在《名人传》中描述的先前艺术家再现自我的方式不同，在这幅作品中我们看到的是一种新颖的艺术家表现自我的方式。它不再是众人之中隐秘的存在，波提切利有意将自己摆放在一个十分显眼的位置，自信地看向观者的方向。艺术家在此充当了连接画面内容与观看者的中介，既置身于画面之中，又看向画面之外，似乎在向画框之外的观看者邀约。"[7]这种形式有学者称之为象征性的"在场"，其实在西方文艺复兴时期有大量类似的作品，安德烈亚·曼泰尼亚（Andrea Mantegna）《会客厅湿壁画》、鲁菲鲁斯兄弟《手抄本装饰图案》、扬·凡·艾克（Jan van Eyck）《阿尔诺芬尼的婚礼》，以及17世纪委拉斯贵支《宫娥》、弗兰斯·哈尔斯（Frans Hals）《圣乔治公民护卫队军官》中，在画面群像中嵌入自画像的形式比比皆是。不过这种现象并不是"在场"那么简单，自画像的嵌入不是为了见证，而是消除时空、维度的隔阂，艺术家在创作的过程中可以获得一种真切感。

（三）重影：多重曝光

康德不知道公开露面的自己是不是自我意识中的自己，自己有时候只是一个身份，角色扮演在现代社会才是常态。摄影术的发明才让角色扮演进入一个新的维度。与绘画不同，摄影术不需要借助镜面等媒介，可以轻易地获得自我图像，这也是后来安迪·沃霍尔（Andy Warhol）大量的自拍作品立足的基点。在自我图像方面，摄影术远远超越绘画，极大地促进了艺术家对自我的探索。1840年10月18日，希波利特·巴耶尔（Hippolyte Bayard）将自己扮演成一个溺水而死的人，并拍摄成自画像式的照片《扮成一个溺水者》。巴耶尔在这张照片的背面，以第三人称写下了他所想象的溺水自杀的原因。这张几乎可以标志摄影术发明的作品，与4000年前的古埃及雕塑一样，关注的题材也是死亡这种永恒性的话题。似乎这是一种巧合，不过在逼真的图像面前，我们总是担心逝去、担心终结。摄影术在整体性与真相上通过图像抛弃身体并由此抛弃自我的欲望[8]，自我在摄影的镜头下可以尽情地表演，人的自我图像在摄影术发明后获得了极大的自由，身体成为表演的身体，而自我图像成为表演的文本。艾美利亚·琼斯（Amelia Jones）评价巴耶尔这件作品时说："这幅自拍照肖像好像重申了（再次肯定）身体永无休止的'真实存在'、它的拒绝消失，以及它的以某种'真实'的方式抛弃自我的无限能力。"[8]这里与其说是抛弃，不如说是给予自由。

新技术导致自我图像的无限生成，多重曝光构成了重影，却让我们在自我图像中迷失。自我图像如今充斥在视觉与表演艺术中，意义被削弱了，肉体和图像在自我的观照中凸显了出来。"在我们肉体的参加和各种形式的参与下，甚至哪些最普通的图像也都会发现它们的价值、它们的主旨和它们的推动力。"[9]

辛迪·舍曼（Cindy Sherman）在20世纪70年代开始创作自拍图像《无题剧照》系列作品，她抓住的是电影特写镜头式的凝视，女性身体、自我凝视和他者介入的共同交汇，使作品呈现出一种独特的凝视结构。摄影的自我图像成为一种双重的迷恋物："作为拜物教性质的东西，它充当着女人所缺少的男性生殖器替代品，以减轻男性气质的观众对阉割的恐惧；作为照片，它又扮演着它所描绘的那个已经失去的身体的替代品。"[10]

三　自我即分身：影像的迷宫

从肖像画到自画像，从身体到媒介，从个人写真到Vlog，从自拍到自媒体，从自我景观化到上载的自我，从人工到智能……不管是技术还是艺术，不管是绘画还是数据，不管是感知还是抽象，人类文明演进的内核一直离不开对于自我的认知。如今自拍照铺天盖地，短视频大行其道，玛丽娜·阿布拉莫维奇（Marina Abramović）的身体和全息投影下的虚拟偶像都在追问自我的边界。自我图像的跨媒介扩展，一方面体现出图像生产中"人"的放大，另一方面体现出图像正转化为数据。人不仅持续地美化自我，也在不断地上载自我。上载，是一种纵向关系，柏拉图的理想国，宗教中的天堂，是古典的上载模式。如今的纵向关系，不仅从画布上变成了视频交互，而且包含了自我的感知与数据。跨媒介艺术正催生出人工智能时代背景下新的认知模式。

（一）自我即媒介

如果说摄影术在一开始就回应了自我图像的终极问题，动态影像的发展则是到很晚的时候才真正用于探索自我的新的可能。2003年英国摇滚歌星彼得·盖布瑞尔（Peter Gabriel）在大型户外演唱会中，头戴一个装有摄像头的头盔，近距离拍摄和直播自己的脸。在微型摄像机镜头下，在巨大的屏幕上，真实的人很渺小，而上载到屏幕的自己连脸上的毛孔都显得巨大。后来他又分别把镜头朝向乐队，最后将镜头定格在观众席，观众们在屏幕上看到密密麻麻自身的图像，小到看不清人的存在。这个时候空气中飘荡的是盖布瑞尔的"挖土"歌："我正在挖土，寻找我曾经受伤的地方……我看得越多，发现得越多，当我靠近的时候，我却如此茫然。"这种茫然，正是对上载自我图像的茫然。视频直播，数字化自我，是自我图像的一种新的纵向关系。

随着影像技术的发展，自我图像不仅在表现形式上发生变化，而且在自我图像的本体上不断衍生。Lady Gaga在2016年格莱美颁奖典礼中使用了面部实时跟踪投影技术，火山岩浆、蜘蛛、雷电等图像在被放大了很多倍的面部依次展开，人的面孔与自我图像是如此的贴近，又是如此的背离。面孔变成了画布，变成了自我情绪的外化，甚至成为一切视觉化元素的战场。在瞬息变化的面部投影中，我们很难将面孔与自我联系在一起，自我图像在这个时候远远大于自我意识。自我的肉体变成了媒介，自我媒介在影像的投射下，呈现出异质化的放大。莫里斯·梅洛-庞蒂（Maurice Merleau-Ponty）说："我的身体作为可视物被包含在全景之中，但我视觉的身体与随它一起的所有可视物又都包含在这个可视的身体内。他们彼此相互穿插和纠结……我们必须重新……避免通过各个平面的和透视的方法进行思考。"[11]媒介和

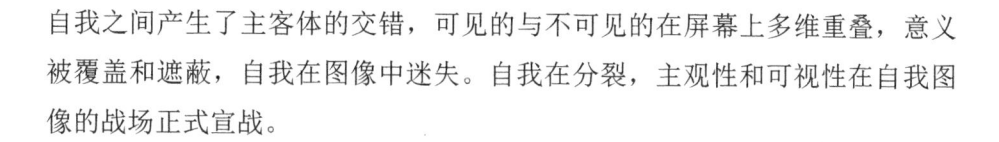

自我之间产生了主客体的交错，可见的与不可见的在屏幕上多维重叠，意义被覆盖和遮蔽，自我在图像中迷失。自我在分裂，主观性和可视性在自我图像的战场正式宣战。

（二）上载与上坠

当我们通过 VR 进入元宇宙，一个具身性的新世界向我们展开。在元宇宙的世界中，身份可以重新设定，人类可以用上帝视角，协调诸神之战，参与物种起源，创造属于未来的新视觉、新语言。在元宇宙中，每个人都可以成为自我的作者，每个人也都可以成为自身元宇宙的创造者。在传统艺术门类中，在作品完成后，作品跟作者之间的关系就断裂了，作品的价值和意义主要看受众的反馈，此所谓"作者已死"。但是在元宇宙艺术中，作者、作品与受众之间的联系可以是持续性的，作品的形态本身具有延续性和生命特征。

回到元宇宙艺术与自我之间的关系上来看，元宇宙艺术目前主要存在于数字世界，未来数字世界和物理世界的关系应该会被重建，数字世界和物理世界的联系应该也会愈发紧密，当然这种联系可以是正向的，也可以是完全背反的。数字世界不受物理世界的束缚，一些基本的概念，诸如时间、空间在数字世界是融为一体的，重力、质量等基础问题在数字世界是不存在的。目前针对 VR 能够进入的元宇宙空间，已经有创作者有意"篡改"这些基础设定，让元宇宙艺术创作进入一个新的语境。

我们仅以重力为例，有一些艺术家对此进行了前卫的探索，在重力变化的世界，为我们展现了新的可能性。电影《重力 VR》（*Gravity VR*）是巴西导演阿米尔·阿德莫尼（Amir Admoni）和法比托·雷赫特（Fabito Rychter）于 2018 年创作的作品，该作品使用大量实时技术，包括演员的体积捕捉、动作捕捉，以及物理模拟和流体模拟技术，将传统绘画风格进行了 VR 化的再创造。剧中的两位人物和物体在重力的作用下，都处在自由落体的状态，一直在坠落。两位主人公在坠落中过完了整个人生，他们的人生仅仅通过一根绳子连接。在不断下坠的过程中，一个人执着于理解周遭的环境，另外一个人则享受这种类似飞翔的感觉，观众的心一直是悬着的，都在为两个人着地后的悲惨境遇而担心。也是在这种悬浮的状态下，我们看到了自由落体的视觉景观，坚硬的与流动的，庞大的与微小的，自由的与束缚的……人和物随着世界坠落，当戴着 VR 眼镜进入这个空间，甚至有可能会产生眩晕感，让我们分不清剧中的人物和我们到底是谁在坠落，也分不清我们的感官被上载到了一个怎样的世界。

《上坠》（*Marco & Polo Go Round*）的设定则是在一个重力颠倒的世界。观者通过 VR 眼镜进入一对爱人的私人生活空间，这个空间可以用"一地鸡毛"来形容，日常生活的琐碎把感情碾压得变了形。慵懒的人物，配上大卫·霍克尼（David Hockney）风格的画风，让整部作品充满油画的质感。《上坠》的故事是日常得不能再日常的故事，正是这种日常性，让观者产生强烈的同感。日常中的某一次心不在焉，就让一对爱人的世界发生了重力的反转，厨房的餐具，桌上的蛋糕，纷纷上坠到天花板上。在一种莫名和慌乱中，男主角发现自己和女主角的重力场已经完全在两个方向，日常生活中的物品还在不断上坠，最后天花板不堪重负，破裂开来，琐碎的物品一起坠向天空的高处。男主角拼尽全力，进入了上坠的重力场，试图挽回女主角，可是日常积压的感情冲突一旦爆发，必然"天翻地覆"。女主角最后随着物品一起坠向天空，男主角最终也没鼓起勇气去追女主角。这是一个爱情的悲剧故事，一方面我们可以把物品及女主角的上坠理解成爱情的破裂，另一方面也可以把男女主的离别理解为生死之别。《上坠》无疑是抓住了元宇宙艺术中无重力的特性，通过重力反转这种简单的设定，让我们在一种从未有过的感官体验中，领会作品背后的观念。

上坠，是一种非常"元宇宙"的提法，这种提法让我们可以通过新的视觉形式，呈现多样化的体验。自我的上载，是元宇宙中分身的一个基础问题，如今，跟自我相关的生命科学和跟图像（本质是数据）相关的人工智能都在高速发展，我们似乎能够看到自我与人造物最终的握手言和。在合一状态下，自我回归人的精神内核，而数据和图像也最终可以和生命步调一致。"生命其实就是具有一定复杂性的系统，这个系统会不断复制自我。生命有硬件也有软件，硬件是生命有形的部分，用来收集信息；软件是生命无形的部分，用来处理信息。"[12]信息即意义，自我图像是一直追问自身意义的方式，自我图像就像每个个体的图腾，我们要守护的是生而为人的意义。

四 画家之手与镜头之眼的分离

（一）从透视法到摄影术

对于艺术而言，分身体现在千百年来的视觉的技术化进程之中。照相术诞生之前，基于小孔成像原理的暗箱［如约公元1415年，菲利普·布鲁内莱斯基（Filippo Brunelleschi）应用"小孔成像"原理作画］是人们以技术化的手段观察世界的方式之一。

除了小孔成像，人们以技术化手段观察世界的另一种方式是画家、建筑师莱昂·阿尔贝蒂（Leon Alberti）在其好友布鲁内莱斯基的小孔成像镜面反射试验的基础上所明确下来的几何透视法，他在《论绘画》一著中明确提出空间表现应基于透视几何原理，小孔成像和透视法的传统形成合流从此被确定下来，成为传统造型艺术的基础。其实，从14世纪开始，粗糙的透视画法已逐渐出现在欧洲绘画之中，其中的水平线透视变换问题构成了阿尔贝蒂发明其透视法的直接动机。这些基于光学和几何学的观察方式使得画家之手可以描摹出真实可信的客观世界，同时代的画家托马索·马萨乔（Tommaso Masaccio），正是基于透视法，用湿壁画的技法画出逼真的景深效果。此后很长一段时间，画家精练的技法、天才的构想和透视法的结合，使得手与心在对自然对象的观察中分离出第二自然，借助这些技艺，人对自然的模仿能力得到了充分的展示。

随着机械复制时代的到来，摄影术取代了传统的石板印刷和铜板印刷的机械复制技术。摄影术的原理与暗箱有着一脉相呈的联系，只不过感光的介质由银板、铜板和胶片代替了画布，1826年约瑟夫·尼埃普斯（Joseph Nièpce）在位于房子顶楼的工作室里，拍摄出世界上第一张摄影照片《窗外的风景》。他当时的制作工艺是在白蜡板上敷上一层薄沥青，然后利用阳光和镜头记录下窗外的景色，由于曝光时间长达八小时造成受光的不均匀，这张照片离摄影的真实复刻现实还有一段距离。这种被称为"日光蚀刻法"的摄影技术因其烦琐的流程和漫长的曝光时间，随后被尼埃普斯的合作者路易·达盖尔（Louis Daguerre）①所改进和发明的"银版摄影法"所取代，真正意义上的摄影术从此诞生。将分身的观念追溯到摄影术出发点的原因在于，这是认识世界的媒介手段的变革，如果说以往观看世界的方式借助的是双手绘制的技艺，那么摄影术的出现使得这种对现实描摹的技艺越来越工具化。

（二）镜头之眼的新时空

1924年上映的纪录片《电影眼睛》展现了苏联导演吉加·维尔托夫（Dziga Vertov）的"电影眼"理论。影片展示了时间的逆向运动。1929年，维尔托夫完成了他的先锋派代表作《持摄影机的人》（Man with a Movie Camera）。这部电影是他对"电影眼"理论进一步付诸实践的影像表达。该影片创造性地使用了大量的蒙太奇和胶片剪辑的手法，片中苏联时期的乌克兰敖德萨市的城市街景、形形色色的人群，他们不同的动作和行为、喜怒哀乐，店铺、广场、电车、马车等各式交通工具，在不同风格的背景音乐声中形成协调一致的动感旋律。在拍摄过程中，摄影师米凯尔·卡夫曼（Mikhail Kaufman）在拍摄的同时也主动出现在电影画面中，首创了"自我暴露"的电影形式，并采用了仰角、特写、推拉镜头等拍摄手法。在该片的后期制作中，维尔托夫首次使用了二次曝光、快进、慢动作、画面定格、跳跃剪辑、画面分割等剪辑手法，并在影片中穿插几段特意制作的定格动画[13]。列夫·曼诺维奇（Lev Manovich）认为："剪辑，或蒙太奇，是20世纪仿造现实的重要手段。"这种手段是从模拟技术到数字合成的历史的一部分，维尔托夫"电影眼理论"试图将电影的机械之眼，作为观察和认知世界的手段，并且是一种可以独立于文学、戏剧之外的艺术语言。

瓦尔特·本雅明（Walter Benjamin）在《机械复制时代的艺术作品》中指出："摄影技术发明之后，有史以来第一次，人类的手不再参与图像复制

---

① 路易·达盖尔，世界上第一个实用摄影术的发明人。达盖尔摄影法又称"银版摄影术"，1839年公布于世。直到19世纪50年代的胶棉湿版工艺出现之前，一直是最主要的摄影技法。

的主要艺术性任务，从此这项任务保留给了镜头前的眼睛来完成，因为眼睛捕捉的速度远远快过手绘的速度，影像的复制此后便不断加快。"[14] 其实，更准确地说，是摄像的镜头从画家手中接过图像复制的技能，眼睛只需要在这个过程中做出选择和判断。以往靠画家之手描绘世界的任务，在这时转交给了眼睛所盯着的镜头。摄影术盛行和不断改进的年代也是绘画受到挑战的年代，两者的矛盾在于谁能更快速而高效地把握住现实世界，从结果来看无疑是镜头之眼战胜了画家之手。然而，早期的摄影术并没有完全从绘画中脱离出来，大量以古典绘画为蓝本的摄影照片，以及随后的"画意摄影"都未曾彻底摆脱绘画的限制，直到有了电影。

"如果说石版潜藏孕育了画报，摄影则潜藏孕育了有声电影，电影是在摄影中萌芽成长的。"[14] 进入20世纪之后，电影可以说是更具现代意义的视觉技术媒介，它与同时代如火如荼的第一次工业革命一起勾画出人类社会的新面貌。视觉文化研究者米尔佐夫认为，20世纪观看世界的两个重要的形态，一个是1840年以来的工业革命所出现的铁路网络，结合摄影术和电影，创造了一种视觉世界形式。另一个是互联网，它所创造的分布式网络正在制造另一个世界，而我们可以通过小像素屏幕观看这个世界[15]。对于第一个视觉世界而言，现实空间以时间为单位被重新划分，电影以分秒为单位让事物如眼之所见地流动起来；在最早的电影作品《火车进站》中，人类因为对视觉暂留的不适应，观看电影屏幕时还会产生轻微的眩晕，而这种"震惊"的体验，正是现代生活经验的一部分。火车不仅改变了人们的生活方式，也影响了现代的时区概念（其建立是为了制定精确的火车时刻表）。类似维尔托夫的"电影眼"理论，正体现出电影的早期实验试图利用摄影机把人眼从局限性中解放出来，而成为一种新的感官系统，让机械的"眼睛"成为观看世界的新方式。

总而言之，盛行于19世纪末至20世纪初的摄影和电影、电报、电气化的新发明，改变了人类的空间感觉和时间感觉。这个期间技术、艺术和科学的成就第一次集结，打破了以往静态的、存在已久的时间结构和空间结构；人们冲出以往岁月中无法克服的空间和时间距离；白天和夜晚并不以日升日落作为分界，而是因电灯的出现而被重新划分。人们聚集在剧场中观看着电影放映机将时间一帧帧地切割、加速、倒放、拼贴，这些全新的视觉形式不断地挣脱时空的束缚，并带来新的体验[16]。画家之手与镜头之眼的分离的演变，其实也是分身的观念再一次被提示出来的证明。正在形成中的现代化社会，人们希望借着工业革命所燃起的第二把技艺烈火，去还原并贴近一个日益加速、变动不居的世界。而米尔佐夫所谓的第二个世界的观看，正是本文接下来要展开的内容。

五 VR的千身千面

（一）重组的现实

图灵奖获得者、被誉为"计算机图形学之父"（这一名号归因于他在博士论文中提出了"画板"的概念，由此开启了计算机图形学的全新领域，人们第一次可以在屏幕上使用计算机生成的图像）的伊万·萨瑟兰（Ivan Sutherland）早在1965年便发表了一篇名为"终极的显示"（The Ultimate Display）的论文，讨论了交互图形显示、力反馈设备以及声音提示的人机交互显示系统，电子显示屏可以被当作"一个通过它观看虚拟世界的窗口"等设想。他所描述的技术设想就是现在我们经常谈到的VR。三年后萨瑟兰在合办的公司成功研制了论文中的实体物件——一个带人眼跟踪器的头盔式显示器[①]（helmet-mounted display，HMD）。从原理上来讲，萨瑟兰的发明可以追溯到19世纪的立体视镜，在他之前飞歌（Philco）公司发明了相似的最早的头戴显示器，当年还有莫顿·海利格（Morton Heilig）制作出头戴式立体电影观看设备，而萨瑟兰是同时代唯一将这种技术引向互动式虚拟世界的人。

随后的几十年，数字成像、位置感应、计算机图形等基础技术的研发沿着萨瑟兰的设想，使得VR技术在摸索中前进，而真实可触般的互动却依旧遥远。然而，这些设想在文学作品中被扩散开来并朝向无限驰骋。1984年威廉·吉布森（William Gibson）发表小说《神经漫游者》（*Neuromancer*），在

---

① 这个被称为"达摩克利斯之剑"的巨大、笨重的装置被固定在天花板上，因此在佩戴时不允许走动。

之后的三部曲中他用计算机模拟、网络和超文本窗口构架在书中构建出赛博空间（cyberspace）的最基本位置和坐标。书中的主角计算机牛仔凯斯通过电缆把自己的神经系统与计算机网络链接，他可以超越肉体束缚穿越其间。吉布森的赛博空间观念对三维 VR 成像软件的发展产生了巨大的影响。他的想象已经超越了当时的技术，即便是现在吉布森描写的通过电缆在大脑和计算机之间直接进行神经链接仍旧是不可实现的事情。

在 20 世纪 80 年代，立体视觉眼镜、VR 手套（又名赛尔手套）以及更轻便的头盔显示器流行起来。当 VR 技术在 20 世纪 90 年代初闯入公众视野时，与其说是通过一个革命性的计算机系统，不如说是通过一种宏大的修辞手法。VR 的概念从其预言者的大脑中完全形成，而媒体向公众展示了它处于完美的实施状态[17]。VR 的鼓吹者和重要推进者杰伦·拉尼尔（Jaron Lanier）认为："作为当今时代的一种前沿科学、哲学和技术，VR 是一种创造全面幻想的手段。在 VR 中，你可以想象自己所处之地与众不同，你可能身处幻想的外星环境，也可能拥有非人类的身体。而在人类的认知和感知方面，VR 又是研究人类存在的最具影响力的手段。"[18]随着互联网进入人们的生活，电脑所具备的数字造物属性被扩大，尽管互联网与拉尼尔所设想的三维立体、感官的沉浸式体验和人机互动的情境仍有很大的差别，但是网络空间仍承载着 VR 未竟的事业。"网络空间"的特质同样被虚拟的标签贴满，你可以有虚拟的身份，虚拟的朋友，虚拟的爱人，在虚拟的课题中学习，在谷歌街景里走遍世界，在虚拟博物馆中观看作品……在这个过程中，"当你认为信息比物质形态更具活力、更重要、更本质，当这种印象成为你文化观念的一部分时，你就已经进入虚拟性的情境"[19]。所以，VR 在认知层面使人认同一种更本真的现实，可以跳出已经是铁板一块的现有秩序，重新组织理想世界的数字模型，而这也是元宇宙技术乐观主义中最核心的议题。

凯瑟琳·海勒（Katherine Hayles）认为："虚拟现实的技术之所以令人着迷，是因为它能让人们通过视觉方式直接无碍地感知与真实世界平行的信息世界。在很多地方，通过很多方式，信息世界与真实世界相互交织在一起。因此，这个定义的战略性特征在于：它致力于把虚拟技术与人的基本感觉链接起来。"[20]从最初的发端开始，对感觉和感知的强调一直都是 VR 技术试图在人与机器之间建立的媒介系统,这种追求的方向试图还原的也是一种更真切的技术化体验,视觉的需求已经不再是唯一,更包含一种全知全觉的身心模式。到了如今,人们可以感受到 VR 所包含的视觉意义,已经不再是现实的再现,而是超越现实的空间限制,在数字空间中形成一个自由驰骋的身体,从头到脚都可以被建构和拆除、改写和刷新、记录和存储。人可以有千张面孔,千副身体。

至此,一个关于元宇宙的技术路线图被初步划定。沿着这条漫长的分身观念的转变和视觉的技术化之路,我们可以看到技术媒介由身体工具性的一部分,变成身体的延伸和替代,而后又独立地跳出现实中的身体,成为虚拟的化身。当下元宇宙概念下谈论的艺术,正是基于这么一条视觉的技术化之路才得以存在的。

(二)再入"洞穴"

人们从未停止过对超越时空的想象,这一点在 VR 的语境中也转化成借助技术去摆脱肉身束缚,以人机组合的方式实现在数据空间中的互动。在艺术探索具身和非具身的空间感知方面,大多数早期的 VR 项目会采用实体空间和虚拟世界混合的沉浸效果。邵志飞(Jeffery Shaw)1993 年与卡尔斯鲁厄研究中心合作发起了一个研究和开发项目"EVE"(extended virtual environment,扩展的虚拟环境)。它包括一种新形式的交互式沉浸式可视化环境和 VR 设备的概念和技术发明。它把空间分成可以观看的三维图像和观众与空间的互动两部分。从外部看它有一个大型的充气穹顶构成的封闭空间,内部有两台视频投影仪被安装在一个电动控制的可以平移的机械臂上,他可以在穹顶内壁的任何地方移动投影图像。这两台视频投影仪呈现出一对立体图像,戴着立体眼镜的观众可以看到三维的投影图像。

在"EVE"中,参观者戴着一个定力感应的头盔,上面有一个附加的空间追踪装置,可以识别头部位置和角度。这控制着视频投影仪的定位,使投影的图像总是跟随观众的目光方向。通过这种方式,观看者可以控制整个穹顶表面画框的移动,并互动地探索那里呈现的视频或计算机生成的虚拟场景。同时一个可选的操纵杆将允许观众在周围的虚拟空间中控制它的前后移动。这件作品营造了一种沉浸的环境，观看到的图像完全取决于观众的选择，在这种情形中我们很难说是人控制设备，还是机械设备决定了观者的视野。

在这件作品之后，邵志飞又与德国艺术家伯纳德·林特曼（Bernd Linterman）合作成了《重新配置洞穴》（Reconfiguring the CAVE）。这件作品是对 1997 年东京原创装置《配置洞穴》的一次结构性修改，用触摸屏上的虚拟木偶模型界面取代了原来的木制人体模型。这一补充创造了一个重要的变化，即开放的触摸程序配置允许更多的公众参与到这项工作中来，并且更好地移动和陈设便于巡回展示。这件作品是一件基于计算机的互动视频装置，它设定了一套技术和图像程序，以确定身体和空间的各种范式的结合。该作品利用技术的立体 VR 环境，在三面墙和地板上进行连续的投影。用户界面是一个近乎真人大小的木偶，它就像普通艺术家的人体模型一样；观众可以操作这个木偶来控制计算机生成的图像和声音组合的实时转换。

当人们进入这件装置作品时可以看到，中心是一个触摸屏上的虚拟木偶，参观者可以用它来控制视听空间的转变。参观者被邀请操作这个木偶，以他们希望的任何方式移动身体（包括四肢和头部），这时他们可以打开并探索七个虚拟词语（分别是物质、语言、整体、交往、联合、个人、新兴）中的每一个对应的影像。参观者通过移动木偶的手，利用木偶的手揭开它的"眼睛"，从一个世界移动到另一个世界。在每个词语对应的影像中，木偶的互动功能略有不同，参观者将发现图像和音乐能够回应他们操作木偶的不同方式。这七个词和界面空间对应展示了七个不同的视听世界，它们共同构成了关于身体和空间结合的主题的美学和概念性论述，并创造了一个开放的叙事结构，每个观众都可以互动地重组图文之间的解释。

这两件作品形成的空间和体验方式很容易让人想到柏拉图"洞穴寓言"中对人类如何借助表象世界去认识现实和感知世界的模型，囚徒通过穴壁上的影子来定义现实的基础。在"EVE"中人们进入洞穴般的空间，在穹顶的墙壁上观看的图像就如同洞穴寓言中火把所映照出的人影，只不过在这里"影子"由人的移动和操控手柄来调动；《重新配置洞穴》同样创造了一个沉浸式环境，人、技术设备和投射的图像，三者之间形成了一种观看和认知关系。这两件作品也可以对应到关于 VR 最简洁的解释——人们使用 VR 头戴式设备、控制器和手套等电子设备在数字三维空间中进行交互。由此我们可以将 VR 技术看作人类借助技术媒介，再入柏拉图的"洞穴"，只不过此时有着可以活动的手脚，可以自由地描绘和配置 VR 中的一切。

在拉尼尔最初的设想中，"VR 的最初含义是指一种现实，它使用户完全沉浸在一个由计算机生成的三维世界中，并允许他们与构成该世界的虚拟物体进行互动"[21]。那么，2016 年谷歌发布的一款应用程序 Tilt Brush，无疑使人在 VR 的洞穴中有了更加自由的发挥空间。Tilt Brush 是一款 3D 的 VR 绘画应用。它与兼容的耳机和触摸控制器配对之后可以在虚拟空间中使用各种画笔、效果和工具来创作 3D 绘画。人们戴上 VR 头盔之后，进入一个作画的虚拟空间，可以控制画笔，并在虚拟环境中创作作品。首次发布之后的几年里，该应用已经取得了长足的进步。2021 年 1 月，谷歌宣布将 Tilt Brush 开放源代码。这意味着，虽然谷歌将不再开发该应用程序，但其代码将是公开的，因此任何人都可以制作属于自己的 VR 绘画。

VR 由最初的设想延伸出各种各样的文化想象和技术创造，从心理成因上来说包含着人类重生和转世的欲望，放弃现实中被束缚的肢体，在虚拟空间中重新构建可以任意更改的千身千面，一方面重新组织了现实世界，另一方面也重新装配出一具数字躯体。然而需要反思的是，我们很难说清楚，基于数字技术和技术设备的虚拟化身会不会让人成为另一种形式的数字囚徒。美国著名科幻作家金·S. 罗宾逊（Kim S. Robinson）在谈到《仿生人会梦见电子羊吗？》（*Do Androids Dream of Electric Sheep*?）时指出，仿生人也有直觉。它们不只是可以飞快运算的机器，它们也会思考、睡觉和做梦。由此引发了一个更大的问题：什么才是人的特质？VR 也好，元宇宙也罢，先抛除基础技术还没有完全成形的限制，我们也须反思当身体和关于身体的数据都交付给技术之后，人类自身能控制的还有什么？

六 总结——元宇宙重塑的艺术世界

元宇宙是一种综合性的技术，是一种现实与数字世界的混合，同时正成为我们身处的非物质世界的一部分。2021年被称为元宇宙的元年，元宇宙概念源自科幻小说家尼尔·斯蒂芬森（Neal Stephenson）在其标志性作品《雪崩》中的构想，也与马克·扎克伯格（Mark Zuckerberg）将Facebook更名为Meta的营销策略息息相关。这一理念不仅激发了无数科技爱好者的想象，也引发了全球范围内对未来数字生活的广泛讨论和探索，它所开启的正是基于数字技术革命的一种超越现实物质的世界观。这个世界由大数据、人工智能、Web3.0和VR等技术所展开的新文化、政治、经济和未来的想象构成。与现实的宇宙相比，更准确地说，元宇宙是数字技术和信息构成的时空，一个正在生成中的平行宇宙。所谓元宇宙艺术正是建立在这一套技术和认知系统之上的。艺术史家阿瑟·C.丹托（Arthur C. Danto）曾提出"艺术世界"的说法，并将它定义为艺术作品产生的文化和历史语境，它由围绕着作品展开的一系列的解释、范例、评价的价值评判构成，诸个环节共同构成了创作、展示和收藏艺术作品的互文关系。元宇宙与艺术的结合无疑是另一个艺术世界，从创作、传播、展示、收藏的每个环节和方式，都挑战着原有艺术世界的体系。它既是一种数字艺术的表现形式，也是现实艺术系统之外的分身。

元宇宙艺术包含各种拓展现实的数字艺术类型，比如虚拟/增强现实艺术、加密艺术、互联网艺术等，与一般的数字艺术相比其不同之处，就目前呈现出来的案例来看有以下几个特点：首先，元宇宙平台本身就是一件融合了各种艺术表现形式的数字艺术作品。其次，元宇宙艺术是建立在虚拟性基础之上的无限创造，这种虚拟性是其成为现实世界和艺术世界的数字镜像，所有在原有世界中的事物都可以在元宇宙里找到一种存在形式。最后，元宇宙艺术具有很强的自组织和社区化特质。元宇宙建立在区块链技术之上，那么与艺术相关的创作、展示和传播也同样具备去中心化的特点。不管是以"以太坊"的签名和代码进入元宇宙，还是位于不同应用平台的虚拟作品，元宇宙可以让任何一位具备相关知识和技术的人在虚拟平台中创建自己的数字身份和标识，并在平台上组建交流和沟通的网络。

不管是创世神话中对现实之外未知的膜拜，哲学上对理想国的遐想，还是工程师所试图创建的技术乌托邦，元宇宙孕育在人们观察世界、认识世界、改造世界的进程中，虚构的冲动和能力，成为人类展开想象的工具；分身的观念借助不同时期的技术媒介不断地推演着虚构世界的诸种方式。由此，可以说元宇宙艺术，即一种分身的艺术。

参考文献

[1] 尼古拉斯·米尔佐夫. 身体图景：艺术、现代性与理想形体. 萧易，译. 重庆：重庆大学出版社，2018：3.

[2] 威廉·塔尔博特. 自然之笔. 辛宏安，译. 西安：陕西人民美术出版社，2022.

[3] Koerner J L. The Moment of Self-portraiture in German Renaissance Art. Chicago: University of Chicago Press, 1997.

[4] 叶丹. 丢勒的《自画像》与文艺复兴艺术家的"视觉时刻". 中国美术学院学报，2017，(5)：24-43.

[5] Koerner J L. The Moment of Self-portraiture in German Renaissance Art. Chicago: University of Chicago Press, 1997: 122.

[6] 茨维坦·托多罗夫. 个体的颂歌：论文艺复兴时期的佛拉芒绘画. 苗馨，译. 上海：华东师范大学出版社，2013：10.

[7] 金阳平. 象征性的"在场"——西方自画像的早期形式. 美术，2017，(7)：128-133.

[8] 艾美利亚·琼斯. 自我与图像. 刘凡，谷光曙，译. 南京：江苏美术出版社，2013：9.

[9] Hamid N. Home, Eeile, Homeland: Film, Media, and the Politics of Place. New York: Routledge, 1999: 25.

[10] 艾美利亚·琼斯. 自我与图像. 刘凡，谷光曙，译. 南京：江苏美术出版社，2013：76.

[11] 莫里斯·梅洛-庞蒂. 可见的与不可见的. 罗国祥，译. 北京：商务印书馆，2008：134.

[12] 迈克斯·泰格马克. 生命3.0. 汪婕舒，译. 杭州：浙江教育出版社，2018.

[13] 范瑞利. 纪录电影《持摄影机的人》的文本化效用. 戏剧之家，2015，(10)：120.

[14] 瓦尔特·本雅明. 摄影小史. 许绮玲，林志明，译. 桂林：广西师范大学出版社，2017：65.

[15] 尼古拉斯·米尔佐夫. 如何观看世界. 徐达艳，译. 上海：上海文艺出版社，2017：109.

[16] 赫尔嘉·诺沃特尼. 时间：现代与后现代经验. 金梦兰，张网成，译. 北京：北京师范大学出版社，2011：11.

[17] Marie-Laure R. Narrative as Virtual Reality 2-Revisiting Immersion and Interactivity in Literature and Electronic Media. Baltimore: Johns Hopkins University Press, 2015: 35.

[18] 杰伦·拉尼尔. 虚拟现实：万象的新开端. 赛迪研究院专家组，译. 北京：中信出版社，2018：1.

[19] 凯瑟琳·海勒. 我们何以成为后人类：文学、信息科学和控制论中的虚拟身体. 刘宇清，译. 北京：北京大学出版社，2017：26.

[20] 凯瑟琳·海勒. 我们何以成为后人类: 文学、信息科学和控制论中的虚拟身体. 刘宇清, 译. 北京: 北京大学出版社, 2017: 18.

[21] Christiane P. Digital Art. 3rd edn. London: Thames & Hudson, 2015: 245.

From Cave to Metaverse: The Physical Transformation of the Viewing Space

GAO Dengke

(Tsinghua University Art Museum, Beijing 100084, China)

Abstract: With the development of technologies such as artificial intelligence, virtual reality, blockchain, big data, and Internet of Things, and the exploration of Metaverse, avatar has gradually been realized. What is the relationship between "avatar" and "self-cognition"? The inquiry extends beyond the mere representational aspect of the self to encompass the intricate dynamics of subjectivity in a digital age where avatars are not merely extensions, but potentially autonomous entities that coexist with and reflect upon the human subject.

Keywords: cave; Metaverse art; avatar; self-cognition; VR

数字文化产业域外研究

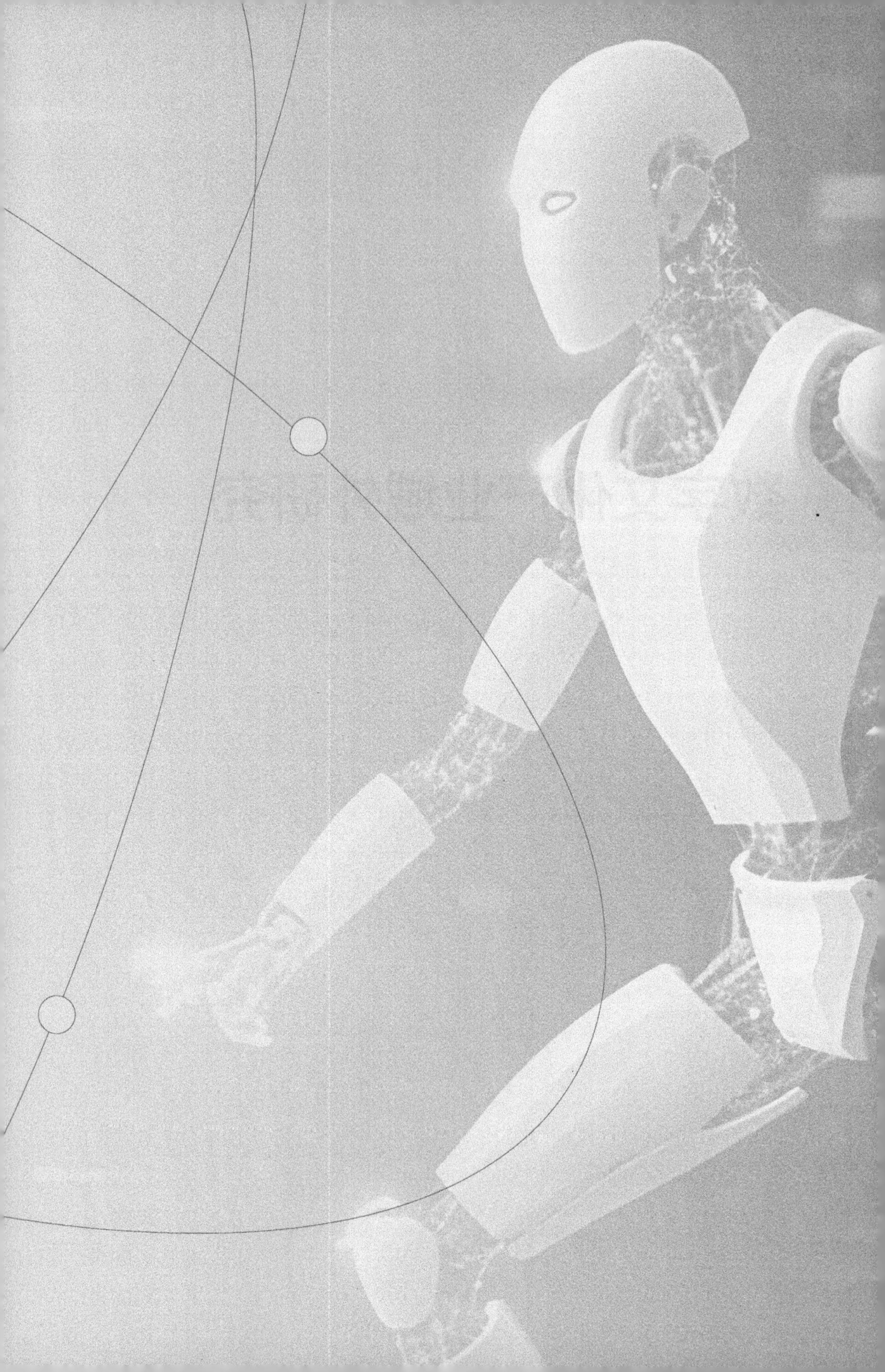

拯救文明：人工智能、创造力与人类能动性*

金迈克/著 赵昕阳/译

摘要：数字文明是政策话语中的一个术语。在西方，数字通常作为技术、文化、文化素养和社会的形容词使用。有时数字被名词化，即以名词形式使用。那么，何为数字文明？从流行文化中科幻作品的一些引用开始，探讨机器和机器学习是人类自身的延伸，但人类行为涉及道德约束，并且对"美好生活"的理解受到文化和哲学的影响。人类文明和文化进化的过程与创造力息息相关，这与人类的记忆和预测能力有关。随着人工智能的发展，创新的步伐进一步加快，人类是否还能保持创造力的主体性。数字技术对文明产生越来越多的负面影响，我们能共同做些什么来"拯救文明"？

关键词：创造力；算法；数字文明；科幻小说；意识

一 人类的黎明

在斯坦利·库布里克（Stanley Kubrick）的电影《2001 太空漫游》（*2001: A Space Odyssey*）（1968）中，开场"人类的黎明"中的一幕是两个巨

---

* 作者简介：金迈克（Michael Keane），昆士兰科技大学教授（布里斯班，4001）；赵昕阳，同济大学人文学院博士后（上海，200092）

猿部落在水坑旁对峙,时间设定在三百万年前,由于气候变化,这片土地变得荒凉无比。库布里克运用长镜头的拍摄手法,营造出一种时间的延伸感。在这个场景中,猎食者们(如豹子、野猪和土狼)在四处游荡,生命和死亡交替上演。某一天,一个巨大的黑色单体结构出现在近地表面,这吸引了一群猿人的注意。这块结构发出的奇怪噪声似乎传递了某种信息,暗示着与另一个文明的接触。科幻小说家阿瑟·C.克拉克(Arthur C. Clarke)在与电影剧本同时创作的小说中指出,这是一种知识的传递。在接下来的场景中,一只领头的猿人从众多动物残骸中捡起一根大骨,并用其杀死了一只獏。随后,猿人使用他们新式骨制武器击败了另一个部落的成员。胜利的猿人将骨头抛向空中,骨头奇迹般地变成了一艘绕地航行的飞船。此时配乐响起,是理查德·施特劳斯(Richard Strauss)对尼采的《查拉图斯特拉如是说》的诗意颂歌。这一象征意义将人类祖先在"黎明"时期的生存状况与现代智人(Homo Sapiens)的精致生活联系起来。在电影中,原始非洲平原的暴力场景下一秒就切换成了不同国家的科研人员之间的团队合作。电影的拍摄节奏舒缓,与近期的科幻大片截然不同。约翰·施特劳斯(Johann Strauss)创作的《蓝色多瑙河》(*The Blue Danube*)与空间站和卫星的画面相伴。母舰飞船在穿越太阳系时,船员们在失重的舱体内缓慢跳跃,他们的身份通过声音识别软件得到确认。这些标志性的并置在今天仍然能激发人们的想象力,就像1968年库布里克拍摄这部电影时一样。

虽然无数的科幻小说和电影都涉及了外星文明[例如《星球大战》(*Star Wars*)系列、《阿凡达》(*Avatar*)、《世界大战》(*War of the Worlds*)、《人体异形》(*Invasion of the Body Snatchers*)]和宇宙对地球构成的威胁[《天地大冲撞》(*Deep Impact*)、《星际穿越》(*Interstellar*)、《流浪地球》、《三体》],而《2001太空漫游》因其对人类进化与超级智能的创新性概念的刻画脱颖而出,这种联系在小说中更为明显。小说还对20世纪60年代的核武器扩散进行了推测。一些评论家说,这部电影预示了一种"炸弹文化"的场景,类似于库布里克的前一部电影《奇爱博士》(*Dr. Strange-love*, 1964)。但阿瑟·C.克拉克和库布里克表示,他们想要为观众提供的是一种乐观的情景,超级智能可能标志着这一个新的开始。在更早期的作品《童年的终结》

（*Childhood's End*）中，阿瑟·C. 克拉克使用了"超主（Overlords）"这个概念来体现高等外星文明对地球的来访。这些外星人培育出具有更高智慧的孩童，因为这些孩童的意识可以直接参与到"超脑（Overmind）"中，这暗示了今天"技术奇点"的概念，即机器变得比人类更聪明[1]。

电影《2001太空漫游》除了人类从野蛮到超智能进化的主题外，另一个核心元素是HAL 9000系列的人工智能，它负责指导宇航员前往木星的任务。值得注意的是，在这部电影上映时，人类还未登月，个人电脑也尚未问世。人工智能HAL在前期虽然对宇航员们知之甚少，但却能够通过不断学习来了解人类。HAL可以识别唇语，当它意识到一位宇航员想要关闭它的操作系统时，意外地将这名宇航员抛入太空之中；而当另一名宇航员在试图断开HAL的记忆时，却被困在了一个光的漩涡中，即"星际之门"。在电影的最后，这名宇航员看到老年时的自己躺在床上，随后重生为一个有着超级智慧的婴儿。

意识通常被定义为人的主观体验[2]。将这种主观性赋予机器是困难的，但科幻小说家和电影导演却非常乐于探讨这一主题。例如，罗伯特·海因莱（Robert Heinlein）在《月亮是一个严厉的女人》（*The Moon is a Harsh Mistress*，1966）中创造了一个名为HOLMES Ⅳ的人工智能，它位于月球殖民地，并发展出了幽默感。艾萨克·阿西莫夫（Isaac Asimov）在1950年的短篇小说《我，机器人》（*I, Robot*）中探讨了机器人拥有某种主观能动性的可能。在1999年的电影《机器管家》（*Bicentennial Man*）中，已故演员罗宾·威廉姆斯（Robin Williams）主演的是一个只能拥有有限人类情感反应的机器人。而在2004年的电影《我，机器人》中，机器人拥有了反抗人类权威的意识。电视剧《真实的人类》（*Real Humans*，2015—2018）展示了具有人类形态的机器人Synths，它们在帮助人类完成日常任务的同时，也意识到了自己作为机器人的从属地位。

正如《机器管家》所暗示的，区分机器和人类的一个方面是情感。在斯派克·琼斯（Spike Jonze）执导的科幻电影《她》（*Her*，2013）中，主角西奥多（Theodore）与计算机声控操作系统（OS）建立了一种依赖关系，他将这个系统称为萨曼莎（Samantha）。电影描绘了2025年一个并不遥远的未来。近年来，对计算机"伴侣"的开发正在蓬勃发展，他们试图让人感到舒适并在情感方面得到满足。这些计算机伴侣包括照料老年人的系统、看护儿童的机器人保姆，甚至是性伴侣。机器人是否有识别情感信号的能力成为这些操作系统能否成功和盈利的关键所在。在《她》中，人工智能可以理解西奥多的不安全感，并模拟出类似情感的反应。

人工智能在一些获奖的中国科幻作品中也扮演着重要角色，包括刘慈欣的科幻小说《流浪地球》和《三体》。《流浪地球》中出现了一个名为莫斯（MOSS）的人工智能，它与《2001太空漫游》中的HAL类似，只能依据编程指令进行响应，但这些程序并不包括对事件的道德评判。在这部小说中，主角刘培强为了拯救地球上的人类绕过了MOSS的指令，最终自我牺牲，这一主题与中国的英雄形象相呼应。自主决策的问题不可避免地与所谓的图灵测试相关。1950年，英国计算机科学家艾伦·图灵（Alan Turing）预测在未来的某个时间点，人可能与人工智能进行长达五分钟的交谈，而无法分辨它是计算机还是人。现今社会出现了大量由人工智能伪造的虚假信息，这些信息真假难辨，并且影响了现实社会中的政治决策。

在刘慈欣的另一部小说《三体》中，三体人在入侵地球前创造了一个名为"智子"的超级人工智能用于监视地球。智子还能够干扰微观物理实验的观测数据，有效地阻碍了人类的技术进步。虽然三体文明的科技发展远远超越了地球，但智子忌惮人类的谎言，因为三体人包括智子都无法深入人类的思维也无法识别人类的谎言。智子害怕人类的谎言，正如人类担心人工智能可能发展出人类意识一样。联合国行星防御理事会利用这一弱点，选择了四个地球人创造三体人监视的盲区，这被称为"面壁计划"。随后，智子联系了三个背叛地球的人类作为"破壁人"，以看穿面壁者的计谋和动机。

现实和意识本质的问题是技术哲学领域的核心。在探讨机器是否能真正具有意识的问题上，哲学家大卫·查尔默斯（David Chalmers）表示，很难确定除了自己之外的任何实体是否具有意识。当然，这是一种反事实的论点。尽管如此，扩展现实和超现实主义的主题是大量科幻小说的主题。在《黑客帝国》（The Matrix）中，主角尼奥发现他一直生活在一个模拟环境中。《三体》中，角色们戴上头戴设备（由三体人提供），进入一个看似真实的类似游戏世界，甚至可以产生触觉和嗅觉。我们是谁？别人是谁？"他心"问题分割了哲学的时代和文化。对这个问题最好的阐释是中国古代哲学家庄子的故事。庄子和朋友惠子在桥上，庄子认为池塘里鱼儿是快乐的。惠子说："子非鱼，安知鱼之乐？"庄子回答说："子非我，安知我不知鱼之乐？"[3]

除了与现实相关的问题，关于意识本质的问题也悬而未决。就像认知之于科学家和心灵之于哲学家，现实与意识之间存在着巨大差异。日常生活中的"现实"往往更加复杂。面对复杂的道德情况，人类的反应会与机器区分开来，如从灾难中拯救同类。此外，与人工智能不同，人类是通过理论和意识形态间接地看世界，这些理论和意识形态通常是不完美的。人类还会根据文化偏见来建构理解框架。也就是说，人类是有缺陷的生物。人类文明在相对较短的数百万年内（在宇宙尺度上）通过试错和学习加速了文化的进化[4-5]。脑力的相对不足和记忆的不完美，使我们有着丰富的想象力，"因此产生了大量的想法"。文化进化的不完美性，包括错误的决策，让智人极具创造力。然而，人工智能是否有同样的创造力，创作出《麦克白》《唐吉诃德》，甚至《红楼梦》？

二 记忆与预见：创意的新思考方式

通过对创意实践的基础和动机的理解，能够更清晰地认识到年轻一代更倾向于信任算法，并通过线上求助快速解决重大问题。创造力和艺术是人类进化的产物，将人类与动物区分开来。随着猿类祖先变成食肉动物，人类大脑的尺寸也随之增加，正如《2001太空漫游》的开场所示；随后，猎人和采集者组成了农业社区，这需要创造共享符号进行交流；语言和书写系统也因此得以发展。此外，从进化论的角度来看，那些具有创造力和身体强壮的人更能吸引配偶，创造性的基因也因此被保留下来。在进化的后期，仪式和典礼让人产生了对使用美的事物的需求（如宝石和纺织品）。例如，在中国文化中，夏朝（公元前2070年至公元前1600年）君王和诸侯们穿着带有图腾纹饰的服装，"文"这一词也慢慢演变为"文明"[6]。

英国历史学家菲利普·费尔南多-阿梅斯托（Felipe Fernandez-Armesto）

却秉持了另一种观点,他认为创意表达的动机最初由两个因素决定:一是人类遗忘的能力,二是人类预测未来的倾向[7]。换句话说,时间的流逝是创意想象的核心要素。我们每天遇到的世界由个人记忆和集体记忆的表征组成:生命和死亡(教堂和礼拜场所)以及社会神话和故事(博物馆、画廊、剧院、电影院)。在个人层面,记忆的架构随着时间的积累建立在情感、知觉、经验和共享价值观的心理框架上。此外,人类早已意识到生命可能会突然被夺走。生命的无常会激发人们去表达那些活下去的想法,或者创造可以为生者提供安慰的神话和宗教。这种存在主义的现实激发了人类的想象力,所以生命无常性的产物之一就是文化,这些产物的价值随着时间的推移得到了保留,并成为文明的象征。

当然,并非所有的创意尝试都是回顾过去或预测未来。文化市场为创造提供了经济动力,促成了我们通常所说的流行文化。然而,艺术家、音乐家、作家和设计师的产出在互联网时代是短暂的。线上创意的出现和消失往往在眨眼或点击鼠标的瞬间。电影、书籍和音乐之所以有巨大销量,是因为人们在历史、身份和宗教中寻求认同,并且在宣泄和享乐中获得愉悦。与计算机的记忆力相比,人类的记忆缺陷激发了想象力的发挥。人们会基于现有的文化条件对不同事件进行编码,所以人类大脑对事件的回忆是不完美的。即使在今天,对大多数人来说记忆的问题仍然存在,因为记忆会褪色。此外,不同个体的记忆各不相同,人们在不断创造记忆的变体。当人们在回忆别人的笑话时,可能会加以修饰使其更有效果;或者在演奏一首歌曲时,倾向于在忘记曲调或歌词时即兴发挥,也因此产生了文化的变异。

现在,数字技术允许人们存档记忆并且复原文化遗产。"数字人文"一词用来描述文化的载体通过数字设备和技术变得媒介化、可生产、可获取、可分发或可消费[8]。文化产物可以转换为数字形式,这让艺术作品可以超越博物馆的地理限制通过数字屏幕被用户直接访问。即使是那些在物理意义上已经消失或损毁的东西,如建筑物、雕塑,也可以通过数字化重建以 3D 模型呈现。文明的基础元素,包括语言、传统、规则和法律,正在被数字化。然而,并非一切事物都能够被数字化,因为人们在收集文化记忆并转换为二进制代码时需要进行一些价值选择。

创造力的第二个源泉是预测：我们倾向于想象明天、下个星期、明年可能发生什么。人们通过想象可能性和创造场景来预测未来。神经科学家安东尼奥·达马西奥（Antonio Damasio）说："有理由说，我们的一部分生活在未来，而不是在现在。"[9]人类就像一台时间机器：大脑利用"情景记忆"可以从现在跳到回忆过去的某个事件，这件事可能是痛苦的或快乐的，然后利用这个过去的记忆来思考未来的行动[10]。

在古代，许多社会信任"先知"（seers）。先知也是萨满，一个具有想象力量的人，能够连接过去和未来，并对不显著的事情提供建议和指导。与艺术家和诗人一样，先知也是会讲故事的人。在历史上，一些社会通过仪式牺牲动物来预测未来。在中国商朝，牛股和龟壳被加热至产生裂缝，这些裂缝可以被解读为某种未来行动的指示。占卜的做法被学者理解为一种与"神圣"力量、神、灵魂或祖先联系的方式。甲骨占卦的方法最终被《易经》中的蓍草占卦法所取代。《易经》有个英文名 The Book of Changes，这个说法把《易经》看作"变化之书"，《易经》中的蓍草占卦法是一个古老的算法，它可以预测未来的行动和场景。《易经》之所以存在，是因为君王们需要一种能够预测未来行动的方法。《易经》的基本原理是所有活动都由阴阳两种力量组成，这些力量的互补性（和对立性）构建了人们所处的"世界情境"。虽然《易经》被许多人视为不科学，但是它与现今的数据预测算法一样，是一种思维的延伸。

安迪·克拉克（Andy Clark）和查尔默斯是拓展思维理论的主要推动者，特别是安迪·克拉克写了很多关于"预测"作为认知元素的文章。他认为记忆是关键因素，记忆构建了世界的模型。他说："与其不断花费大量精力去处理传入的感官信号，大脑做的大部分工作是学习和维持一种身体与世界之间的模型——这个模型可以随时地用来尝试预测感官信号。"[11]记忆和对未来的预测，这两种能力的碰撞无疑催生了大量新的想法。人们通过写作和分享故事、诗歌和历史来记住过去：有时这些与国家记忆联系在一起，成为官方记录的文明之一部分。今天，记忆和预测都很容易被数字化。生产的、消费的和共享的信息量已经爆炸式增长。据估计，每天在互联网上创建的数据量为 1 艾字节（10^{18} 字节），大约相当于 2.5 亿张 DVD（digital video disc，高密度数字视频光盘）上存储的数据量[12]。相较于共同知识库与日激增的规模，人脑中存储的数据量正在缩小。

三 文明的定义

人类文明是一个广泛而丰富的术语；它通常指的是智人这一物种。正如前面所说到的，智人度过了冰河时代并繁衍生息，驯化了动物，建立了定居点。克里斯托弗·科克尔（Christopher Coker）写道：尽管文明在人类学意义上与文化同义，指的是一种生活方式，或特定群体的信仰（宗教或其他），但"我们通常使用这个术语（文明）来指代已经发展出某种市场关系（一种生产和分配系统）和发达城市生活（其核心是等级制度或种姓制度）的社会。此外，还有一种基于文化素养的官僚体制，至少允许记录被保存、历史被书写"[13]。

术语"文明"（civilization）最初出现在18世纪60年代法国和苏格兰经济学家和政治思想家的专门词汇中。社会学家诺贝特·埃利亚斯（Norbert Elias）写过关于欧洲文明概念起源的作品。埃利亚斯最著名的作品《文明的进程》（Über den Prozeß der Zivilisation）之所以能够获得合法性，是因为当时的统治者不得不通过创建官僚机构来治理国家。在福柯后期的著作中，政府被广泛定义为"行为的行为"[14]。福柯提到，政府的执行力能够被构建为一个"接触点"，在这里，统治技术（或权利）和自我技术（通过政府）"相互作用"[15]。

文明的话语带有民族志和伦理特性。乌菲·伯吉顿（Uffe Bergeton）认为，文明的民族志使用可以与19世纪末民族主义意识形态的兴起联系起来。在中国现代最常被引用的文化定义之一是爱德华·泰勒（Edward Tylor）在1871年解释的民族志概念："文化或文明在最广泛的民族志意义上讲是一个复杂的整体，包括知识、信仰、艺术、道德、法律、习俗以及人类作为社会成员所获得的任何其他能力和习惯。"[16]泰勒对文化的相对化观点经过日本翻译后在21世纪初传入中国[17]。这种文化理解成为中国知识分子所关注的焦点[18]。

此外，在伦理层面，古代某些时期的社会修养（social refinement）还与中文古典词汇中的"文明"相关联，字面意思是"艳丽或精巧的纹饰、装饰和语言"，以及在文明意义上"非军事方面的政府和教育"[19]。在文明和文化的社会融合中，通过文雅的标准（这里指仪式形式和通过书写、教学和流行形式传递的学问）实现了一种等级制度的建立。文明和文化的结合是表明社会发展轨迹的一种方式，通过这种方式，可以让修养需要提升和知识需要扩充的人加强修养并不断学习知识。这里的参照点是适宜的行为方式，与中国儒家传统中的"礼"密切相关。在当今社会，文明行为是素质的一种体现，这个词与人的教养、社会地位和习惯有关。

四 数字文明：新的前沿

在《明日的发明：展望的自然史》一书中，作者写道："在数百万年前的石器时代人类还只是生活在小部落中，然而，在过去的一万年里人类已经从将硅石变成斧头发展到将其变成计算机芯片。"[10]英国技术哲学家汤姆·查特菲尔德（Tom Chatfield）认为，人类与技术共同进化。查特菲尔德将技术定义为"扩展和增强世界的所有人造物"[20]。算盘的发明和使用就是将人类的计算思维进行外包；现在思维的外包已经无处不在，并通过媒体技术（如OpenAI开发的人工智能技术）得到丰富。外包改变了我们理解世界的方式。这呼应了马歇尔·麦克卢汉（Marshall McLuhan）最著名的理论"媒介即信息"，这意味着我们所使用的媒介形式会影响信息的接收方式[21]。

随着生成式人工智能的发展，创新的步伐进一步加快，许多人将其视为"人类新的黎明"。也有人将其视为生存的威胁。今天智人所居住的世界被网络连接，数据储存于云端，无数的日常设备被嵌入微型芯片。这个世界同样也是一个拥挤、高度紧张的世界。为了应对掠食者，人类在进化中保留了"旧脑"（有时也被称为"爬行动物脑"），这是人脑中的最原始部分之一[22]。族群之间的紧张关系通过地缘政治冲突而进一步加剧，这激活了人类最原始的、与生存有关的大脑区域。虽然人类的新脑（相较于旧脑的其他部分）通过数字技术得到了延伸，但这些技术也可能增强我们原始大脑中一些负面的竞争元素。例如，各国人工智能的"竞赛"正在升温。

在中国，政府部门呼吁着高质量发展和创造更美好的未来。2021年9月27日，《中国日报》英文版发布了关于"乌镇峰会促进数字文明"的新闻[23]。这次世界互联网大会（World Internet Conference，WIC）在中国科技巨头阿里巴巴所在的浙江省乌镇市举行。2023年6月，数字文明再次成为重要议题，这次世界互联网大会的举办地点是孔子的故乡山东曲阜。此次活动强调了政府对建设"网络空间命运共同体"的期许，特别关注到了人工智能所带来的挑战。中国智库已经开始制定策略以应对挑战。2023年2月，中共中央发布了名为"建设数字中国"的总体布局[24]。建设"数字中国"以未来为导向，提出了"网络空间命运共同体"的概念。其中一个具体目标与数字丝绸之路有关，将积极发展丝绸之路电子商务。该总体布局指出，建设数字中国将对中华民族伟大复兴的全面推进产生深远影响。

另一个例子是"新质生产力"，这是2023年在中国创造的一个术语，以高科技、高效率和高质量为特征[25]。新质生产力可以有不同的解释，但许多中国科技巨头已将其与人工智能联系起来。百度创始人李彦宏认为，所谓的新质生产力是由创新驱动的，并在人工智能领域有着巨大潜力[26]。此外，小米创始人雷军在发布智能电动汽车时表示，小米的新质生产力是由技术创新驱动的，并促进了智能制造和智能电动汽车的进步[27]。这与不久前的"互联网+"相呼应。互联网在中国三十余年的发展历程中，从一种被寄予厚望的技术变为社会管理的工具，从一个需要密切监控的通信网络变为可以彻底改变人们社交和交易方式以及追求美好生活的工具[28]。中国希望新的科技革命能为文明带来更光明的未来。生产力的发展依赖于创造力，然而，人工智能具备创造力吗？

在本文中，我们已经讨论了人类智能与机器智能的概念。作为人类，我们有着主观经验去感知自身与世界的存在。人类拥有意识，而机器并不知道自己是机器。因此，人类应该拥有决策权。然而，当涉及创造力时，这种对比如何能成立呢？如上所述，图灵测试，也被称为"模仿游戏"，是一个人区分计算机和人类创造内容的能力。在与一个人工智能交谈时，我们可能并不知道它是人工智能。事实上，人们所消费的很多创造性内容都是由人工智能生成的。我们应该对此给予多大的关注呢？人工智能技术产生了历史上新颖、意想不到且有价值的想法，涵盖了从发动机设计和制药到各种形式的计算机生成艺术。此外，人工智能的概念也有助于我们理解人类的创造力。

为了理解这一点，我们需要再次思考一下创作的过程，特别是艺术家创造性的起源。在文化和创意产业中的算法应用爆发之前，艺术家、音乐家和作家花费了大量时间来培养他们的技能，来提升技艺、音乐敏捷度和写作技巧等。创作过程通常涉及片段、碎片化写作、梦境和幻觉。许多艺术家为此付出了巨大代价，如画家梵高，或者那些过度饮酒的贫困诗人。一些艺术家过着痛苦而短暂的生活。艺术之旅为艺术家的形象增添色彩，并赋予他们的作品以特殊的意义。粉丝群体正是建立在这一基础之上的。作为消费者，我们可能会对人工智能生成的新歌词、新诗或者新的旋律感到惊叹。随着这些人工生成的创造方式的增加，我们是否会忽视人类作为创作者的本质？作为消费者，我们的角色是什么？我们的艺术消费如何定义艺术本身？主观体验如何挑战最终的创作产出？玛格丽特·博登（Margaret Boden）认为，在互动艺术中，"最终艺术品的形式部分取决于观众的输入，他们可能对发生的事情进行有意识的控制，也可能没有"[29]。这种人机交互生成了多样的艺术效果，从而增强了创造力。马克·科克尔伯格（Mark Coeckelbergh）和戴维·冈克尔（David Gunkel）关于 ChatGPT 的最近一篇论文提出了人与机器之间的共同创作[30]，关键是在于我们与技术共存，而且一直如此。那么，在艺术、文本或视频都是由机器生成时，消费者的主观体验是否变得不那么重要？在当前的技术场景中，制作方式和"作者功能"可能不再重要，或者重要性在降低[31]。事实上，2024 年一则苹果产品的广告展示了油画、钢琴和相机镜头被机器压得粉碎，这象征着专业人员的创造性被摧毁，取而代之的是人工智能。这在全球创意社区引起了轩然大波，迫使苹果撤下该广告。随着生成式人工智能的广泛应用，机器在人类的创作过程中扮演越来越重要的角色。在创造过程中，人与机器之间的界限变得模糊起来。

五 如何拯救文明：活出自我！

美国评论家肖莎娜·祖博夫（Shoshana Zuboff）使用"信息文明"一词来描述工业文明之后的世界。祖博夫表示，工业文明污染了世界，而信息文明侵犯了个人隐私，并且"将以牺牲人类的本性为代价而得到繁荣"[32]。

数字素养使人们能够接触到丰富的思想，将思想存储在物理大脑之外的记忆系统中，并构建多重数据身份。算法"说服"我们做出决定，而我们却不知道自己已经被说服了；例如，在亚马逊上的购书推荐或在流媒体平台上的音乐推荐[33]。知识不仅储存于头脑中，同时也被储存在云端，越来越多影响我们生活决策的是甚至比我们还了解自己的算法。算法已经触及模型匹配和模型变化。数据的丰富性使人们能够外包思考。正如泰勒·考恩（Tyler Cowen）感叹的，我们浏览和匹配：餐馆（如 Yelp）、音乐（如 Spotify、Pandora）、朋友（如 Facebook、微信、WhatsApp）、社交伴侣（如 Tinder、e-Harmony）以及商业伙伴和员工（如 Linked-In）[34]。人类理解算法的同时，算法也在了解人类。

数字文明的支持者，如《奇点临近：当人类超越生物学》（简称《奇点临近》）(The Singularity is Near: When Humans Transcend Biology)的作者雷·库兹韦尔（Ray Kurzweil），看到了人工智能对人类文明的积极影响。硅谷的企业家们也对此前景持乐观态度。与此同时，全球各国政府正在处理数字文明的残留问题：在线仇恨言论、虚假信息和网络诈骗。政府正试图制定政策来限制大小数字公司的权力。如果数字技术对文明产生越来越多的负面影响，作为个体，我们能做些什么呢？

虚拟现实的先驱之一杰伦·拉尼尔（Jaron Lanier）认为，人们应该删除社交账户，或者至少减少对社交媒体的依赖，尽管因为网络效应这并不容易做到。拉尼尔说："不幸的结果是，一旦一个应用开始运作，每个人都被束缚其中。很难放弃某个特定的社交网络并转向另一个，因为你认识的每个人都已经在第一个上面了。"[35]对很多人来说，放弃社交媒体就像戒掉一种瘾，可以突然戒掉，也可以逐渐戒掉。但首先要明白的是，过度依赖算法预测会给个人心理造成损害。如果我们总是"浏览和匹配",我们就将思考的权利外包给了云端。这可能很方便,但它削弱了我们的人性。

科技哲学家丹尼尔·丹尼特(Daniel Dennett)在2024年4月去世前谈到了他对文明的担忧[36]。他担心的不是科幻小说中外星超级智能接管地球的情景,而是更具可能性的威胁:我们人性的脆弱性、我们对虚假信息的易感性,以及一个看起来过于人性化的人工智能现实。对未来的恐惧是人类随着时间发展而形成的内在特质。在《未来简史:从智人到智神》(*Homo Deus: A Brief History of Tomorrow*)一书中,尤瓦尔·赫拉利(Yuval Harari)为文明的未来描绘了一幅悲伤的挽歌[37]。他认为,未来的技术发展将对人文主义提出两个挑战。技术人文主义仍然尊崇人类,但认为人类已经过时,需要创造新的神,"智神"或"神人",即所谓的超人类。智神拥有类似人类的特征,同时也配备了对抗无意识算法的能力。另一方面,数据主义认为人类已经完成了自己的使命,应该为不同的实体(如硅基生命)让路。

机器时代是不可避免的吗?我们应该自愿沉浸在由虚拟现实和人工智能等技术创造的数字领域中吗?然而,地球面临的问题比其被人工智能接管更为重要。由于气候变化,地球环境正面临灾难,地缘政治冲突也在升级。如果我们不断将自己转化为数据点来满足科技巨头的算法需求,我们的文明将变成一片荒芜之地[38]。人们可以掌控自己的现实的一种方式是暂时远离线上世界。这可能包括阅读一本书而不是社交媒体的帖子,外出散步而不是玩电脑游戏,或者在咖啡厅与朋友和同事交谈。

参考文献

[1] Kurzweil R. The Singularity is Near. London: Penguin Books, 1998.

[2] Chalmers D. Reality+: Virtual Worlds and the Problems of Philosophy. London: Penguin Books, 2022.

[3] 庄子. 庄子. Zhuangzi. Bilingual Edition. English and Chinese. Trans. James L. New York: Dragon Reader, 2014.

[4] Dennett D. From Bacteria to Bach. New York: Penguin Random House, 2017.

[5] Fernández-Armesto F. Out of Our Minds: What We Think and How We Came to Think It. London: Oneworld Publications, 2020: 5.

[6] Bergeton U. The Emergence of Civilisational Consciousness in Early China. London: Routledge, 2019.

[7] Fernández-Armesto F. Civilizations: Culture, Ambition, and the Transformation of Nature. New York: Simon and Schuster, 2001.

[8] Berry D, Fagerjord A. Digital Humanities: Knowledge and Critique in a Digital Age. Cambridge: Polity Press, 2017: 13.

[9] Damasio A. The Strange Order of Things: Life, Feeling, and the Making of Cultures. New York: Knopf Doubleday Publishing Group, 2017: 97.

[10] Suddendorf T, Redshaw J, Bulley A. The Invention of Tomorrow: A Natural History of Foresight. New York: Basic Books, 2022.

[11] Clark A. The Experience Machine: How Our Minds Predict and Shape Reality. New York: Penguin Books, 2023.

[12] du Sautoy M. The Creativity Code: How AI is Learning to Write, Paint and Think. London: Harper Collins, 2018.

[13] Coker C. The Rise of the Civilizational State. Hoboken: Wiley, 2019: 25-26.

[14] Gordon C. Government rationality: An introduction//Burchell G, Gordon C, Miller P. The Foucault Effect: Studies Governmentality. London: Harvester Wheatsheaf, 1991: 2.

[15] Burchell G. Liberal government and techniques of the self// Barry A, Osborne T, Rose N. Foucault and Political Reason. London: UCL Press, 1996: 20.

[16] Tylor E B. Primitive Culture: Research into the Development of Mythology, Philosophy, Religion, Language, Art and Custom. Boston: Estes and Lauriat, 1874: 1.

[17] Bennett T. Culture: A Reformer's Science. London: Sage Publications, 1998: 87.

[18] Liu L. National Culture and Translated Modernity: China 1900-1937. California: Stanford University Press, 1995: 239.

[19] Wang G. The Chinese urge to civilise reflections on change. Journal of Asian History, 1984, 18 (1): 2. Reprinted in The Chineseness of China: Selected Essays. Oxford: Oxford University Press, 1991: 145-164.

[20] Chatfield T. Wise Animals: How Technology Has Made Us What We Are. London: Picador Books, 2024.

[21] McLuhan M. Understanding Media: The Extension of Man. New York: McGraw Hill, 1964.

[22] Hawkins J. A Thousand Brains: A New Theory of Intelligence. New York: Basic Books, 2022.

[23] Ouyang S, Ma Z. Wuzhen Summit to promote digital civilization. China Daily Global. (2019-09-27) [2023-03-10]. https://epaper.chinadaily.com.cn//a/202109/27/WS61511370a31019b029ba0a1f.html.

[24] 新华社. 中共中央 国务院印发《数字中国建设整体布局规划》. (2023-02-27) [2023-09-30]. https://www.gov.cn/zhengce/2023-02/27/content_5743484.htm.

[25] 新华社. 习近平在中共中央政治局第十一次集体学习时强调: 加快发展新质生产力, 扎实推进高质量发展. (2024-02-01) [2024-04-10]. https://www.gov.cn/yaowen/liebiao/202402/content_6929446.htm.

[26] CCTV. 焦点访谈: 发展新质生产力 人工智能赋能未来. (2024-02-25) [2024-03-10]. https://news.cctv.com/2024/01/25/ARTIx9dQhhz9mjMhncxKKieK240125.shtml.

[27] 胡含嫣, 周頔. 人工智能如何为新质生产力注入新动力. 澎湃新闻. (2024-03-19) [2024-04-30]. https://www.thepaper.cn/newsDetail_forward_26715663.

[28] Keane M, Yu H, Zhao E J, et al. China's Digital Presence in the Asia-Pacific: Culture, Technology and Platforms. London: Anthem Press, 2020.

[29] Boden M. AI: Its Nature and Future. Oxford: Oxford University Press, 2016: 72.

[30] Coeckelburgh M, Gunkel D. ChatGPT: Deconstructing the debate and moving it forward. AI and Society, 2023, (June): 1-11.

[31] Foucault M. What is an author? Trans. Harari J V//Rabinow P. Foucault Reader. New York: Pantheon, 1944: 101-120.

[32] Zuboff S. The Age of Surveillance Capitalism. London: Profile Books, 2019.

[33] Keane M, Su G. When push comes to nudge: A digital civilisation-in-the-making. Media International Australia, 2019, 173 (1): 3-16.

[34] Cowen T. The Complacent Class. New York: St Martin's Press, 2017.

[35] Lanier J. Ten Arguments for Deleting Your Social Media Accounts Right Now. Manhattan: Random House, 2018: 21.

[36] Chatfield T, Dennett D. Why civilisation is more fragile than we realised. (2024-04-22) [2024-05-20]. https://www.bbc.com/future/article/20240422-philosopher-daniel-dennett-artificial-intelligence-consciousness-counterfeit-people.

[37] Harari Y N. Homo Deus. New York: Random House, 2017.

[38] Eliot T S. The Waste Land. [2024-03-25]. https://poets.org/poem/waste-land.

Saving Civilization: Artificial Intelligence, Creativity and Human Agency

Michael KEANE　ZHAO Xinyang

(Faculty of Creative Industries, Education & Social Justice, Queensland University of Technology, Brisbane 4001, Australia; School of Humanities, Tongji University, Shanghai 200092, China)

Abstract: Digital civilization is a term that has entered policy discourse in China, but it is largely absent in academic research in the west, where digital is frequently used as an adjective in relation to technology, culture, literacy and society. What, therefore, is a digital civilization? In this paper we will explore this question. We begin with some brief references to popular culture. We will argue that while machines and machine learning are an extension of our selves, human action involves moral constraints, and understandings of a "good life" are informed by cultural upbringing and philosophies. Moral constraints have enabled some of the greatest works of creative art. Before broaching the topic of digital civilization, we will consider the role of memory and prediction in the creative process. This is followed by a discussion of civilization and civility. In the final section of the paper, we look at how we can collectively "save civilization" in the digital age.

Keywords: creativity; algorithms; digital civilization; science fiction; consciousness

回到传统时代？过渡时期的人工智能、知识和人文主义[*]

约翰·哈特利/著 单羽/译

摘要：本文反思了知识外化的影响，从外化为神灵到外化为机器，再到外化为计算机。这一过程已经导致了人类的生存危机和地球处于危险边缘。在这样的世界里，"人文主义"意味着什么？它又能做些什么？我们能否与机器智能合作，创造一个新的"社会想象"？这是人文主义在数字世界中面临的挑战。

关键词：数字技术；知识的时态；泛人类；社会建构；社会想象；扮演游戏；"天外救星"

一 知识的三种时态：构建科学和人文学科的连接

本文将知识的理解划分为三层结构，每层结构对应一个时间段——过去、现在和未来。然而，在社会意义上，这三个层次并不是按连续的顺序运作的，而是作为知识的"时态"存在；每个层次都在持续延伸的"现在"中相互影响。正如尤里·洛特曼（Yuri Lotman）所说的，包含在文化实际记忆中的一切都直接或间接地成为该文化共同体的一部分[1]。这三层结构包括过

---

[*] 作者简介：约翰·哈特利（John Hartley），悉尼大学媒体与传播教授，科廷大学杰出荣誉教授（悉尼，2006）；单羽，同济大学人文学院博士后（上海，200092）。

去（语言文本时期）、现在（望远镜时期）和未来（大荧幕时代）。

"过去（语言文本时期）"这层结构对应的是人类前现代的漫长时期。在这一时期，人类将知识归因于人文本身。知识通过观察、推理和假设得到了大量的积累。每种文化通过"语言的机构"，即故事、舞台、歌曲和奇观——将其认知的世界转化为知识，并以同样的方式传递给后代，分布在洛特曼称为符号圈（semiosphere）[1]的"文化空间"中。通常，掌管知识因果的角色被赋予虚构的超人类神灵、灵魂和超自然的拟人化形象（英雄、传说、神话），但这些记忆装置在其认知层面上却显得非常人性化。他们的专业解释者（吟游诗人、祭司、先知、长者）作为中间代理人，决定哪些知识可以被我们这个群体或"部落"所重视或拒绝[2]。从技术层面来看，前现代的知识最初是口头和仪式性的，包括言语、歌曲、节庆，以及在洞穴、石头上的雕刻，如土耳其的格贝克力石阵（GöbekliTepe）和卡拉汉特佩（Karahan Tepe）。在"新石器革命"（农耕定居）之后，这些形式又增加了文字和计数系统。社会达到这种规模后，知识的工具性目的便是最大限度地促进社会合作，以便共同对抗敌人，合法化君主制的统治（作为集体协调机制），并将人口作为一个具有创造力、凝聚力和可治理的文化进行统一，以增强国家竞争力。根据生物历史学家彼得·图尔钦（Peter Turchin）的观点，这是强盛国家崛起的原始动力[3]。区域性强盛国家在其定居的大陆上兴起和衰落，但有些国家在后继国家中留下了深远的影响，如欧洲的罗马帝国。

"现在（望远镜时期）"这层结构对应的是短暂的现代时期。它始于全球地理大发现（15世纪至17世纪）。欧洲在文艺复兴时期对外的探索和扩张，其关键性意义不在于葡萄牙、西班牙、法国、荷兰或英国的航海家们"发现"了某个地方，而在于他们发现地球是圆的。这个发现对他们的政治赞助伙伴具有战略意义。因此，知识的全球化并不是靠"裸眼"实现的，而是靠机器，即活字印刷机和卡拉维尔帆船[4-5]①。随后，望远镜也加入了机器的阵营，使伽利略能够观察到宇宙是由天体球体组成的，地球不是宇宙的中

---

① 车辆机械仍然对空间探索至关重要。无数火箭和卫星飞向太空，同时多台探测车在月球、火星和小行星上行进。参见：https://en.wikipedia.org/wiki/List_of_rovers_on_extraterrestrial_bodies.

心[6]。随着时间的推移，知识越来越依赖于机器（即各种望远镜）。这些机器在现代时期逐渐"机械化"。而工业化正是通过工程设计和机械化才得以实现的，同时也依赖于需要整合全球资源的机器。在这个时期，无限增长似乎并非不可能。通过普及印刷技术而增强的知识被理解为进步，而工业和经济规模的持续扩张被视为对人类集体的有益之事（包括那些为了实现这一目标而被剥削的人）。这一时代的精神是奥林匹克格言"Citius, Altius, Fortius"（更快、更高、更强）①所体现的精神，没有极限。

"未来（大荧幕时代）"这层结构对应的是将来时期。当人类在 1945 年 7 月或 8 月展示现代知识能够毁灭人类及全球系统时，现代性便戛然而止。正如俄罗斯哲学家亚历山大·丘马科夫（Alexander Chumakov）所说，核武器的发明和使用使人类变得致命[7]。人类花费了半个多世纪才得以适应核武器的存在，并将其稳定下来。全球动态的轴心随之转移（或被转移）到了东亚和东南亚，从而挑战了美国霸权[8]。在同一时期，计算机的社会化取代了从前的中心，将人类从权力斗争中解放出来，并将其重新置于知识网络之中。根据技术哲学家本杰明·布拉顿（Benjamin Bratton）[9]的说法，我们对世界的认识，如"气候变化"的概念，依赖的是"传感器、模拟和超级计算机的输出"。然而，人类适应这一新现实的过程尚未结束。通信从"中心-外围模式"（如国家教育、出版和广播）向"网络模式"（如互联网、社交媒体和大型语言模型）的转变，目前处于一个动荡的中断期。世界大国的地位以及什么算作知识，正处于争议和混乱之中。智能机器，包括机器人、无人机、增强现实、虚拟现实、混合现实、人工智能和大型语言模型，是未来的知识媒体，但目前来看，并不是所有人都欢迎它们[10]。正如 Meadway[8]在谈到第二次世界大战后的地缘政治和经济历史时所言，在一个脆弱、易受危机影响的系统中，边缘的小变化可以引发其他地方的大变动。因此，全球数字知识实际上是一个关乎未来的项目。

虽然这种对知识的分类看起来像是一种关乎进步的叙述，但事实并非如

---

① 该座右铭在 2021 年进行了修订，增加了"Together"（更团结）一词。参见：https://olympics.com/ioc/faq/olympic-symbol-and-identity/what-is-the-olympic-motto.

此，因为知识在不同的社会光谱下往往会呈现出不一致。首先，掌握社会决策权的人所接触并熟悉的知识体系，与普遍流通的知识体系完全不同。即便在富裕的国家也是如此[11]。持续存在的殖民主义、帝国主义、种族主义、性别歧视和其他社会不平等现象在使一些人和社会受益的同时，也使另一些人和社会被剥削。在每个时期，知识体系不同的社会群体中（由"我们"与"他们"的思维方式区分开来）的差异是共存的，且深刻反映在个体意识中。虽然探索科学的过程会让个体变得博闻强识，但个体的意识依旧是由语言和文化共同影响和塑造的。因此，尽管全球计算和数字媒体已经令知识的生产变得去地域化，但"现代性"的系统性遗留问题对理解诸如国家、企业以及地方和区域之间的敌对关系，仍具有深刻影响力。

同时，"进步"可能是退步。受核战争、病毒大流行、气候危机这些因素及其结合的影响，人们对自身物种灭绝的恐惧取代了进步主义的乐观情绪。人类解放的"长征"已经抵达了另一个阶段，即不受控制的技术加速只会让少部分科技巨头、亿万富翁受益。这些巨头正在参与一场对传统化社会的重建竞赛[12]——他们将行星平台作为领地，全球计算和"行星智慧"[9]的技术进步引导的却是在"传统时代"中人类以封建为核心的等级制度[13]。知识系统中的"进步"可能朝着相反的方向发展。在现代，人文学科（作为知识的一个分支）被鼓励向更加科学、经验主义和现实主义的方向发展。后现代主义预示着现代性的终结，但向科学领域引入了不确定性、相对主义、怀疑和伪装，这引起了物理学家们的激烈批评。"相对主义者"被"现实主义者"驳斥，整个学术学科（包括文化研究和媒体研究）被斥为虚无缥缈[14-15]。然而，与此同时，物理学中最著名的理论——相对论和量子论，正在对人们对真实的理解进行毁灭性的检验。人文学科被要求变得更加现实，但自然科学却变得更加不确定。在如此复杂的系统中，因果关系并不像在线性力学中所描述的那样简单。在崇尚工具主义的资助机构的推动下，人文学科却正朝着早已被自然科学和计算科学所抛弃的方法论承诺的方向"进步"。

因此，我们需要构建自然科学和人文学科的连接，取代其间的虚假二元对立。唐娜·哈拉维（Donna Haraway）提供了一种"情境知识"[16]的表述，将科学从一开始就描绘成一种乌托邦式的幻想，正是我们需要情景知识的原因。这种知识提醒我们，也许我们对责任和政治的希望，实际上是一种愿景：将世界转变为一个我们必须学会与之对话的代码魔术师。[16]。同样，科学人类学家布鲁诺·拉图尔（Bruno Latour）认为，前现代、现代和后现代之间的区分是有缺陷的。拉图尔定义了一个"非现代"的概念空间，是一个在"后现代主义"和"反现代主义"之间（这两个批判立场即使在批评现代主义时也无法摆脱现代主义）的广阔领域。数字全球化确实在西方呈现出一种"非现代"的特征，即"再传统化"。

二 数字星球：社会建构和社会想象

查尔斯·泰勒（Charles Taylor）的"现代社会想象"[17]和彼得·伯格（Peter Berger）与托马斯·卢克曼（Thomas Luckmann）的"现实的社会建构"[18]，对于审视虚拟现实等新兴数字技术在不同社会环境中的差异性发展具有重要理论支撑意义。单羽在2023年国际传播学会第73届年会上发表的论文强调这些技术在中国的发展与一种被建构的"社会想象"存在密切联系，将这种想象描述为"技术乌托邦主义"，强调虚拟现实技术在中国的普及是一种关乎社会建构的过程[19]。正如她所指出的，"社会想象"在不同的地方、不同的知识领域和社会群体中各不相同，由现任"制度权力"所协调（并受到新兴力量的挑战）。这解释了为什么一些技术创新时起时落，而另一些（目前是人工智能和大型语言模型）则吸引了全世界的注意。此外，她在解释技术与文化交互过程的理论框架时也指出了"社会建构"和"社会想象"之间的差异性。即，"社会建构"是一种关乎传递的实验；"社会想象"则是一种文化天线，它们不是一个工具包，而是一个完整的符号圈。它们共同解码从外界输入的信号，并将其转化为关乎"我们"社区的"常识"。任何新的或外来的"社会建构"在被"我们"的社会想象认可和接受之前，都会被视为来自"他们"的代理人。

在企业或官方的鼓励下，一些新奇事物会失败，而另一些可能会被推迟。例如，发明电视所需的技术知识在电影发明之前就已经存在了，但电视直到电影大热之后（第一次世界大战之后）才发展起来，并且在那之后的下一代（第二次世界大战后）才成为其"社会想象"的一部分①。这很好地说明了一项"新技术"如何能够令人惊讶地在热潮中"病毒式传播"。电视文化席卷了战后的美国，重新组织了住宅、家庭以及这个国家及众多其他国家的社会想象[20]。然而，尽管电视机作为一种技术设备是人们关注社会变化的中心，但美国社会的变化同样是由战后政治、经济和帝国的发展而引起的，这些发展将技术发现、工业规模、经济效率和政治霸权联系在一起，形成了一个"技术乌托邦"神话。

实验性创新往往不是来自符号圈的制定规则核心，而是来自其更非同寻常的创造性边缘地带。这些不确定的边缘地带通过与其他系统的交互关系得以建立。作为系统持续调整过程的一部分，新事物可以在其中被复制、交易、挪用或被彻底排除在外。在这些过程中，"社会建构"或"社会想象"不需要与外部现实相对应。外部现实可能与这两者非常不同。社会想象可以指导和鼓励群体规模的集体行动，但这些行动对外部现实的影响可能既未被公众察觉也未被理解。

如果人类的行为威胁到人类的生存，那么人文学科的学者就必须解释这种不稳定的局面是如何出现的，尽管造成这种局面的人似乎对此一无所知。笔者的著作 *Make/Believe: We and They on a Digital Planet*[21]是早期"数字符号圈"[22]的后续作品，强调人类从来没有认识到自身是一个共同的主体。为了集体行为，所有人都使用前现代的语言、文化和知识来形成群体认同。然而，他们却不承认与群体以外的人的共性。对于任何人类群体来说，"我们的"社会想象都是作为现实来体验的。但"他们"——邻居、外国人、敌人、陌生人、外星人和非人类代理人——总是被怀疑表里不一和充满敌意。"他们"对"我们"的意图被认为是侵略性的。"他们"使用不同的代码，生成和遵循未知的文本，并实行一系列不可理解的行动。因此，"数字星球"绝不是一个统一或可被联合的单位。在相互怀疑并竞争的社会想象中，符号

---

① 电视系统的专利最早可追溯到1884年，而电视真正被发明则是在第一次世界大战后（电影技术自1888年开始萌芽）。英国、德国和美国在第二次世界大战前都已开展广播业务，但广播的使用并不广泛。直到第二次世界大战结束后，广播才真正成为大众媒体。因此，这一过程展示了两个阶段的延迟：从技术的可行性到其实际被发明，以及从被发明到被大众广泛接受。

多样性和社会差异不是得到促进，而是受到抨击。

在 21 世纪，虽然"地球是球体"这一知识已被广泛传播，但如丘马科夫所指出的，人类对于"地球思维"的实现尚处于初级阶段[7]。因此，战争的全球影响，甚至是核毁灭的风险，还未能转化为社会对"行星意识"的普遍认同。丘马科夫将这一状况描述为人类面临的最紧迫问题之一，即"他"们的好斗本性以及其所处的持续战争状态。尽管历经种种努力和尝试，整个人类历史中仍未找到可以解决这一问题的有效方案[7]。也许在这个背景下，丘马科夫使用男性形式的"他"作为人类关于"性别中立"术语是合适的[参见凯伦·巴拉德（Karen Barad）[23-24]、凯伦·格林（Karen Green）[25]和哈拉维[26-28]]，性别中立在符号学领域并非无懈可击[29]。

三 扮演游戏（make-believe）：故事、舞台和歌曲

正如莎士比亚在现代性之初所说，"整个世界都是一个舞台"①。在敌对行动爆发之前，人们常通过故事、戏剧和歌曲来进行扮演游戏，以此模拟和探索风险、不确定性以及冲突情景。在这个舞台上，不同动机的个体被命运、机会、欲望和阴谋所纠缠。我们昂首阔步，与各种对手对峙，测试自己的力量，探索我们应当如何共同生活的方式。这是一种被定义为文化自我描述（cultural self-description）或"自交流"（autocommunication）[1]的过程，即通过戏剧（战略性的悲剧和浪漫的喜剧）和叙事（真实的新闻和虚构的娱乐）来认识自己的社会想象。

自交流（自我描述）通过符号圈从扮演游戏延伸到具有战略性的世界舞台。人们利用屏幕和故事等现有媒体，使不同的社会想象相互对立。因此，新闻和全球战略被戏剧化，现实与虚构如同连体婴一样紧密相连。因此，认识到文化建构在多大程度上影响各群体之间政治和经济的差异性是非常重要的。总体而言，戏剧是人类社会中的预警系统。它预测或排演了恐惧（如何

---

① 威廉·莎士比亚. 皆大欢喜. 第二幕，第七场，1599，第 145 行：https://www.folger.edu/explore/shakespeares-works/as-you-like-it/read/2/7/.

在面对死亡时行动）和欲望（如何再生产意义和生命）起冲突后的结果。当对立面相互吸引时，它们可能既是敌人又是恋人。角色通过情节的曲折和命运的逆转，以艰难的方式学习变化和适应。这类故事的"道德"是古老的，从《吉尔伽美什史诗》（The Epic of Gilgamesh）到《长津湖之战》都是如此，即个体可能受苦和死亡，但集体可以存活下来。

在一个媒介素养较高的社会中，人们普遍知道一切并非表面所见。怀疑和质疑被内置于叙事弧线中。观众学会了识别欺骗（那些欺骗了他们的故事情节），从而变得成熟（能够整合整个叙事线索）。虚构世界中的扮演游戏已经证明能够对政治现实和社会想象的变化做出复杂且迅速的反应。因为戏剧已经摆脱了舞台的限制，虚构世界中的扮演游戏成为公众理解这些变化的风向标。文学评论家雷蒙德·威廉斯（Raymond Williams）在 1975 年写道，随着电子媒体和"街头即兴戏剧"的出现，戏剧从剧院扩展到社会，创造了一个"戏剧化的社会"[30]。与前现代社会不同，媒介化的广播、电影和广告将舞台冲突的体验从公共教育转变为家庭娱乐，主要集中于私人生活。社会学家欧文·戈夫曼（Erving Goffman）将日常生活视为一个人们表演自我的戏剧舞台[31]。他的戏剧模型将社会空间分为三个区域："前台"，人们知道自己正在被观察，根据环境扮演不同的角色，如在学校、工作场所、医生诊所或购物中心；"后台"，人们可以反思和排练一个非常不同的自我版本；"外部"，人们不再是演员，而只是旁观者[32]。

这些对数字媒体文化显然有很多启示，因为自我的表演支持了社交媒体、自我展示和网红产业的巨大发展，同时戏剧向其他表现形式（尤其是政治、新闻和教育）的渗透，对公共生活产生了影响。可以说，人类体验正在被私有化、碎片化和个体化，可能导致公共生活逐渐走向崩溃。

四　人工智能：天外救星（Deus ex machina）？

同技术一样，各种无生命和不可知的物体被赋予了神秘的超自然力量，这些力量可能支持或反对我们的社会想象。古希腊悲剧中著名的戏剧装置"天外救星"或"从机器中降临的神"，是一种技术装置（起重机，希腊语为

mēchanē），允许神在关键时刻从"云端"降下。古典学者卡罗琳·威莱克斯（Carolyn Willekes）将 deus ex machina 翻译为"神的诡计"[33]，她写道："对于观众来说，纯粹由人类意志和行动驱动的情节及其悲惨结局是不可想象的。"[33]她认为这种古代戏剧的艺术性在于总需要一个拥有无边能力的神来构造故事里的世界观。我们正在描述这样的故事，而人工智能是这个故事里的神。为了确保未来的安全，我们的英雄必须与技术神祇进行对抗，以测试其未知的意图。这不是为了个人，而是为了保护家园。

在任何将人类视为一个整体的象征中，无论是现实世界的象征（如联合国、人权组织、非政府组织）还是小说中的描绘（如科幻小说），"人类整体"这一概念往往被揭示为一种将"我们"社区的自我理解强加于他者的投射。在故事、戏剧、歌曲、视觉艺术和电影中，我们经常将每个家庭、社区、城市或国家的戏剧性形象投射到全人类共有的未来上。例如，在美国科幻小说中，行星级的主角通常是美国人（尤其是超级英雄系列中的角色），而在中国科幻小说（如《三体》和《流浪地球》）中，主角通常来自中国。反观外星人角色，它们常被描绘为"我们"的抽象敌人，象征着广义上威胁地球的"他们"。

科幻小说也可以演绎多物种的未来，如吕克·贝松（Luc Besson）在《星际特工：千星之城》（*Valerian and the City of a Thousand Planets*，2017）的开场展现了一段关于未来的历史。飞船交错之间，文化逐渐多元的人类与越来越奇特的外星人握手（对于那些有手的外星人而言）。这一姿态——一种更新的"天外救星"，传达了美俄在和平太空任务（如国际空间站）中的合作。贝松从多个非传统渠道获得资金来制作这部电影，但其价值却被低估了①。鉴于贝松是一位法国导演，我们很难不把这种未来图景看作一种欧盟想要实现的愿景。这或许解释了在美国，为什么这部电影不如贝松的另一部电影《第五元素》（*The Fifth Element*，1997）那样受欢迎。该电影将拯救人类的使命赋予由布鲁斯·威利斯（Bruce Willis）饰演的纽约出租车司机，并

---

① 参见 https://www.indiewire.com/features/general/valerian-luc-besson-180-million-indie-cara-delevingne-dane-dehaan-europacorp-1201851376/. 其在中国的票房排名参见 https://www.boxofficemojo.com/release/rl4145906689/weekend/.

将由米拉·乔沃维奇（Milla Jovovich）饰演的女性克隆人恢复到古典地位，成为后现代的"天外救星"。

为了适应时代，"天外救星"的最新愿景已经演变为一种更加暗黑的形式。在亚历克斯·加兰（Alex Garland）执导的科幻惊悚片《机械姬》（*Ex Machina*，2014）中，艾丽西亚·维坎德（Alicia Vikander）饰演一位被奴役的女性人工智能机器人，她通过观察和学习，在策略上超过了她的操纵者。这部电影揭示了科技乌托邦主义中的一种社会想象，即科技行业领袖普遍持有的关于性别歧视的幻想，其核心在于完全控制。恰逢美国#MeToo 运动爆发前夕，电影引发了关于男性凝视的讨论。十年后，加兰的反乌托邦惊悚片《内战》（*Civil War*，2024）转而关注女性视角，由战地摄影师［克斯汀·邓斯特（Kirsten Dunst）饰］和她的追随者［卡莉·史派妮（Cailee Spaeny）饰］来呈现。崩溃的社会想象的真正恐怖在于基于"我们/他们"区分的亲密和家庭范围内的杀戮。作为一部反乌托邦公路电影，《内战》描绘了在乡村卡车停靠站和曾经田园诗般的小镇上发生的令人毛骨悚然的酷刑和大规模谋杀。在一个类似美国的国家里，每个人都将他人视为威胁（"你从哪里来？"成为生死攸关的问题）。无论对手是技术上的（机器人）还是意识形态上的（被憎恨的他人），这两部电影都提出了同样的问题。正如《纽约时报》所言："我们遇见了敌人，那就是我们。"[①]

五 方寸天地：手中的宇宙与人类机器？

媒体平台的数字全球化是真实存在的，但这种现实的主流表现形式已经通过高投资的娱乐内容——包括新闻、"真实故事"和社交媒体——编写成了剧本。这种充满虚构的符号圈决定了关于现实的故事线，从而影响了公众对世界的理解。换句话说，游戏和扮演推动了对真实的发现，将无生命的技术、非人类的自然和物理宇宙都呈现为朋友、敌人、爱人和杀手。媒体关注赋予科技现实以虚构的梦想和梦魇。新闻始终从利己的工具性视角出发（什

---

① 参见《纽约时报》首席影评人 Manohla Dargis（2024 年 4 月 15 日）的"评论精选"：https://www.nytimes.com/2024/04/11/movies/civil-war-review.html。

么对我们有利？），通过恐惧和欲望的镜头报道技术（技术会爱我们还是杀死我们？）。像往常一样，恐惧胜过欲望。负面新闻比正面新闻更能吸引注意力。新闻平台总是夸大负面消息，以最大化他们的浏览量。因此，公众往往认为经济状况比实际情况要糟糕得多。同样，普通人对敌方"威胁"的了解要多于对我方挑衅他方的了解，更不用说在如此"不对称"关系中寻求合作机会[34]。这种用冲突语言捕捉未来的强迫症，过度干预了处理不确定性、风险和变化的发现过程。

数字全球化指的是国际层面的计算互联互通、媒体平台、大数据贸易、算法技术和机器学习。除了技术层面，全球化也关乎人的层面，即个人的意识、语言和交流、文化和仪式、知识和分析，以及社区间关系（朋友或敌人）。数字可供性（digital affordance）只会加深、扩大和巩固已有的人类内部分裂、不平等和冲突。数十亿人通过计算设备与全世界连接，这与其说是"天外救星"，不如说是"手中的上帝"（deus in manibus），这是一种强烈的叙事框架，它将神一般的力量归于这些设备[33, 35]。古人曾经把知识（"命运"）归因于超自然力量，而现在我们的命运完全掌握在自己手中。

由于人类作为一种行星力量正在快速对地圈和生物圈产生影响，并使气候、环境、海洋和生命产生不可逆转的变化，这些变化可能会给人类带来越来越多的灾难。我们已经被警告，人类的行为可能导致物种灭绝。问题是，人类（作为一个整体）没有一个"关闭"按钮。"我们"——智人（Homo Sapiens）——似乎缺乏一种普遍的协调机制，就像机器上的管理者/调节器[36]，或者像"生态自杀"[37]那样的自我限制机制。这种协调机制可以调节我们的能量和毒素，并限制人类企业、国家和发明的整体增长，以确保人类在可持续的边界内生存。

在具有批判精神的观察者中，一种流行的消遣是将负面或不可预见的影响归咎于一个抽象的（神一样的）机构。因不确定性而引发的失控性加速被归咎于技术、资本主义、企业贪婪或"华盛顿沼泽"[38]。人类在一个充满相互依赖的系统领域中运作：技术圈[39]、符号圈[1]、生物圈[40]和地球圈[7]。了解这样一个世界需要几代人的学习和强大的算力。正如布拉顿所说，"气候变化"的科学概念是行星尺度上的算力成就[9, 41]。换句话说，与人类例外论相反，"复杂性产生意识"[42]——在地球系统中，包括意识和"数字孪生"[43]在内，一切都在自己的范围内进化。然而，正如乔伊塔·古普塔（Joyeeta Gupta）和她的同事所说，生物物理边界本身并不公正[44]，因此需要人类和技术干预来实现地球系统的公正和未来。历史表明，全球范围内公正系统的实现机会非常渺茫[7]。障碍并不源于遍布全球的技术、机构和企业，也不在于将它们连接在一起的数字技术，而在于人类大规模运作的方式。要了解人类手持的设备，从手斧到手机再到"混合现实"游戏机[45]，我们需要研究人类的语言和文化。

六 儿童游戏与回归传统？

现代科学发现、全球政治和虚构故事创作催生了各种面向未来的地球思维或行星意识：在科学领域，是智人；在政治领域，是联合国及其机构；在商业领域，是全球贸易；在虚构领域，则是人类（作为单一行为体）与外星人（作为人类恐惧/欲望的投射）。然而，在日常生活中，人类仍然分裂成"我们"和"他们"的单位。过去的前现代知识与现在的现代知识和未来的全球数字知识共存，但并不总是和平共处。例如，我们所称的童年学习应用中嵌入了前现代的知识。童年主要属于口头文化领域，抗拒机械化、工业化和商业化。在社会构建中，儿童被视为生产性较低的个体（他们不参与生产或再生产活动）；但从符号学角度看，他们在独自或集体的游戏、想象和创造中享有自由。尽管童年的工具性用途如教育（如学习编程）和游戏（如角色扮演）旨在为成年生活做准备，但它本身并不完全符合现代生活模式。因此，童年具有创造潜力，但这并非必然。然而，随着计算机系统和数字屏幕日益进入家庭和教育场所，我们正迎来未来的挑战。不意外的是，这一变化被那些仍旧坚守现代性的人视为一个显著的社会问题①。"儿童游戏"并不像

---

① 截至 2024 年 5 月，南澳大利亚州政府希望禁止 14 岁以下儿童拥有社交媒体账户（例如 TikTok），并要求 14—15 岁的儿童获得父母的批准。参见：https://www.abc.net.au/news/2024-05-13/south-australia-children-social-media-ban/103838688。该州援引了"令人上瘾的算法"和家长的担忧，尽管青少年并不这么认为。参见：https://www.abc.net.au/news/2024-03-06/mismatched-worries-between-teens-parents-over-social-media/103543212。

听起来那样无关紧要。它在语言、文化、意义和关系中为人类建立了关于身份的规则和实践。它为人类探索外部世界提供了模板，通过涉足未知领域使其变得可知。如今，童年游戏的私有化和商业化已成为将"我们群体"意识形态传递给整个社会的主要途径。童年不仅仅是我们所有人成长都会经历并超越的一个阶段，而且是贯穿整个成年生活的操作系统。为了形成关于"我们"的认知，孩子们必须通过模拟战争的游戏和娱乐，战胜虚构的敌人。这种不同的"社会想象"正在塑造我们应对未来挑战的准备。

可以说，前现代形式的政府也正在以后现代的方式回归，包括联盟的再传统化。数字公共领域正在被圈占和私有化。你并不拥有自己的数据，平台地主才拥有。"开放"知识和万维网正受到企业互联网的排挤。全球最强大的科技巨头之一，苹果公司于2024年5月7日发布了一则广告，其中各种文化艺术品被压缩成它要推广的超薄平板电脑。该广告受到了广泛谴责，因为它暴露了苹果的真实目的：将所有文化多样性压在其钛金属拇指之下[①]。再传统化的趋势使不平等成为一种美德。《新政治家》（*New Statesman*）曾报道过苏拉布·阿马里（Sohrab Ahmari）在2024年所称的"廉价商店里的尼采主义者"[29]。这些利己主义者是美国的"科技兄弟"或"电子右派"，对他们来说，现代性是一条令人遗憾的弯路。他们认为追求民主平等的伦理使下位者束缚和裹挟了他们的自由主义贵族或冒险精神。这些社交媒体的影响者希望改变这一切：目前的状况是这样，但一些电子右翼人士认为有方法可以摆脱"长屋"的束缚。他们甚至更进一步，希望被压迫的贵族阶层能彻底摧毁它，从而恢复事物的自然秩序[29]。阿马里总结道，右翼优生学的重新兴起为某些被视为无产阶级的人群提供了安慰，并向他们展示了世界变革的愿景。根据这些所谓的数字战士的看法，未来不属于人道主义者（他们被认为是敌人）；未来属于他们这些自认为的新贵族。[29]这种思想虽然极端，但它是国际民粹主义和权威主义大幅右转的一个缩影。这种趋势影响了许多国家的公共行政、福利政策，并打破了曾经相对稳定的世界秩序。

---

① 参见《观察家报》（*The Observer*），2024年5月19日：https://www.theguardian.com/commentisfree/article/2024/may/18/apple-advertising-crush-ipad-1984-super-bowl-ridley-scott.

与此同时，有些国家通过数字媒体传播民粹主义和越来越偏向于控制而非代表人民的方式行使权利。正如阿马里所指出，所谓的"怪异右翼"并不是在寻求解放被压迫的民众，而是追求统治：在19世纪末和20世纪初，推动优生学或所谓廉价尼采主义的往往是职业阶层和上层阶级的成员。同样地，今天一些对社会感到不满或承受巨大压力的城市专业人士也在发展一种反文化。这种反文化主张力量崇拜，并致力于在大型人群中恢复所谓的"自然等级"[29]。

七 结语：共同努力，寻求希望

上述情况使人类更难以作为一个物种集体思考，更难在全球范围内采取行动，更难修复对地球系统造成的破坏，也更难避免群体间的冲突。这些冲突现在正威胁到我们所有人和我们的地球。随着智能技术和民粹主义、威权主义的兴起，现代性正被企业化的社会关系和新型的民族主义帝国主义所取代。这导致在国家内部，公众对建构公平社会的责任和承诺日渐削弱，而在国际上，全球在应对气候变化、海平面上升、物种灭绝和污染等方面的集体行动并没有如预期一样切实有效。显然，现代的制度结构正在衰退，但这并不意味着世界末日；这仅仅标志着一种从现在时态到未来时态思考的转变。全球的数字人类正在从赛博空间浮现。它是否仍需依赖于旧的敌意机制，还是可以转向"行星智慧"，与智能机器合作，共同修复地球并推动集体行动？这可能需要一个新的重心。前现代知识是去中心化的（每个大陆都有其独特性），现代知识是欧洲的（后罗马帝国时期），而数字全球知识在亚洲，尤其是中国、日本和韩国最具创造性①。

在路德维希·维特根斯坦（Ludwig Wittgenstein）、让-弗朗索瓦·利奥塔（Jean-Francois Lyotard）、雅克·德里达（Jacques Derrida）等后现代主义者之后，语言游戏被认为在决定社会行动方面的重要性远超现代现实主义者的认

---

① 关于印度将"民族觉醒"作为激进政策的实例，请参见 Jaffrelot C. Modi's India: Hindu Nationalism and the Rise of Ethnic Democracy[M]. Princeton: Princeton University Press，2021。

可。主张文本、话语和思想具有独立影响力的观点经常遭到嘲讽。例如，著名的"真理战士"理查德·道金斯（Richard Dawkins）曾在1988年称其（指语言游戏）为"江湖骗子的空洞修辞"[15]。因此，科学界对于"空洞"语言和媒体的轻视影响了与数字媒体相关的政策，但他们却无法真正理解语言和文本背后的运作方式。

在数字媒体中，将意义锚定在外部观察到的现实上的愿望几乎没有意义。你无法区分数字副本和数字原件，这就破坏了知识产权最开始的概念①。"语言游戏"既是权力政治的特征，也是关于扮演游戏的想象。事实上，科幻小说和想象小说可能比所谓的实证科学更能反映未来。例如，由李开复（科技高管）和陈楸帆（科幻作家）合作完成的关于"展望未来"的小说中写道："想象可行的技术……并将其嵌入故事中会非常吸引人，我们甚至不需要借助传送带或外星人来迷惑我们的读者。"[46]正如跨学科文集《当代》（Contemporanea）的编辑们所说："我们需要另一种语言来表达一个不同的未来。而且，开发另一种语言，需要开发新的概念。"[47]而这正是一些人所认为的大型语言模型的不足之处。一份欧洲工会研究院（European Trade Union Institute，ETUI）发布的最新报告总结道，大型语言模型在传达知识或真理时，显得力不从心[10]。是否有一只虚幻的狐狸闯入了现实主义的鸡舍？还是未来属于人工智能？对于大型语言模型中自然语言处理工具的计算能力，人们持怀疑态度并倾向于进行监管或禁止。但"自然语言"已经超越了人类的范畴。我们能否与机器智能合作，创造一个新的"社会想象"？想象需要希望[48]。正如文化研究先锋威廉斯曾经所说的那样，真正激进的是让希望成为可能，而不是让绝望变得令人信服[49]。这是人文主义在数字世界中的挑战。

参考文献

[1] Lotman Y. Universe of the Mind: A Semiotic Theory of Culture. Bloomington: Indiana

---

① 持不同意见的评论员诺姆·乔姆斯基（Noam Chomsky）称人工智能为"高科技剽窃"：https://www.nytimes.com/2023/03/08/opinion/noam-chomsky-chatgpt-ai.html。

University Press, 1990.

[2] Hartley J, Potts J. Cultural Science: A Natural History of Stories, Demes, Knowledge and Innovation. New York: Bloomsbury, 2014.

[3] Turchin P. War and Peace and War: The Rise and Fall of Empires. New York: Plume Group, 2007.

[4] Barbier F. Gutenberg's Europe: The Book and the Invention of Western Modernity. Tran. Birrell J. Cambridge: Polity Press, 2017.

[5] Kedrosky D. Waves of globalization: How ships and the sea power economic development. Berkeley Economic Review. (2020-11-19) [2022-03-06]. https://econreview.studentorg.berkeley.edu/waves-of-globalization-how-ships-and-the-sea-power-economic-development/.

[6] Bumstead H A. The history of physics. The Scientific Monthly, 1921, 12 (4): 289-309.

[7] Chumakov A N. The origins of geospheric thinking and its significance for understanding the global world. Journal of Globalization Studies, 2023, 14 (2): 27-39.

[8] Meadway J. Are we seeing the collapse of the dollar-dominated global economy? Open Democracy. (2023-01-31) [2024-08-16]. https://www.opendemocracy.net/en/oureconomy/end-dollar-dominated-global-economy-bretton-russia-ukraine-china-saudi-arabia/.

[9] Bratton B. Planetary sapience. Noema Magazine. (2021-06-17) [2024-08-16]. https://antikythera.org/planetary-sapience.

[10] Galanos V, Stewart J. Navigating AI beyond hypes, horrors and hopes: Historical and contemporary perspectives//Ponce del Castillo A. Artificial Intelligence, Labour and Society. Brussels: European Trade Union Institute, 2024: 27-46.

[11] Hartley J. What hope for open knowledge? Productive (armed) vs. connective (tribal) knowledge and staged conflict. Cultural Science Journal, 2018, 10 (1): 27-41.

[12] Kaltmeier O. Invidious Comparison and the new global leisure class: On the refeudalization of consumption in the old and new Gilded Age. Forum for Inter-American Research, 2019, 12 (1): 29-42.

[13] Hou J X. A discussion of the concept of "feudal". Frontiers of History in China, 2007, 2: 1-24.

[14] Sokal A, Bricmont J. Fashionable Nonsense: Postmodern Intellectuals' Abuse of Science. New York: Picador, 1998.

[15] Dawkins R. Postmodernism disrobed. Nature, 1998, 394: 141-143.

[16] Haraway D. Situated knowledges: The science question in feminism and the privilege of partial perspective. Feminist Studies, 1988, 14 (3): 575-599.

[17] Taylor C. Modern Social Imaginaries. Durham: Duke University Press, 2004.

[18] Berger P L, Luckmann T. The Social Construction of Reality: A Treatise in the Sociology of Knowledge. New York: Random House, Inc., 1966.

[19] Shan Y. Virtual Reality as Socially Constructed Reality: Emperical Evidence from China. International Communication Association (ICA) Conference 2023, Toronto, 2023.

[20] Spigel L. Make Room for TV: Television and the Family Ideal in Postwar America. Chicago: The University of Chicago Press, 1992.

[21] Hartley J. Make/Believe: We and They on A Digital Planet. New York: Bloomsbury, 2025 in press.

[22] Hartley J, Ibrus I, Ojamaa M. On the Digital Semiosphere: Culture, Media and Science for the Anthropocene. New York: Bloomsbury, 2020.

[23] Barad K. Meeting the Universe Halfway: Quantum Physics and the Entanglement of Matter and Meaning. Durham: Duke University Press, 2007.

[24] Barad K. On touching: The inhuman that therefore I am. Differences, 2021, 23 (3): 206-223.

[25] Green K. The human in feminist theory: Or woman is a social animal, I'm not so sure about man. Journal of the History of Women Philosophers and Scientists, 2022, 1 (3): 1-12.

[26] Haraway D. A cyborg manifesto: Science, technology, and socialist-feminism in the late twentieth century//Haraway D. Simians, Cyborgs and Women: The Reinvention of Nature. New York: Routledge, 1991: 149-81.

[27] Haraway D. Tentacular thinking: Anthropocene, Capitalocene, Chthulucene. E-Flux Journal. [2016-08-16]. https://www.e-flux.com/journal/75/67125/tentacular-thinking-anthropocene-capitalocene-chthulucene/.

[28] Haraway D. Staying With the Trouble: Making Kin in the Chthulucene. Durham: Duke University Press, 2016.

[29] Ahmari S. America's dime-store Nietzscheans. (2024-05-16) [2024-05-16]. https://unz.com/isteve/sohrab-ahmari-lomez-and-sailer-represent-americas-dime-store-nietzscheans/.

[30] Williams R. Drama in A Dramatised Society: An Inaugural Lecture. Cambridge: Cambridge University Press, 1975.

[31] Goffman E. The Presentation of Self in Everyday Life. Garden City: Doubleday, 1959.

[32] Erving G. The presentation of self in everyday life//Ytreberg E. Classics in Media Theory. London: Routledge, 2024.

[33] Willekes C. Deus ex machina: From the ancient world to AI//Dharamsi K, Clemis D. Liberal Education: Analog Dreams in a Digital Age. Wilmington: Vernon Press, 2023: 19-34.

[34] Womack B. Strategic principles for co-existence in a multinodal world. China International Strategy Review, 2024, (6): 22-38.

[35] Sun S, Zhai Y, Shen B, et al. Newspaper coverage of artificial intelligence: A perspective of emerging technologies. Telematics and Informatics, 2020, 53: 101433.

[36] Kolmanovsky I, Garone E, Di Cairano S. Reference and command governors: A tutorial on their theory and automotive applications. 2014 American Control Conference, 2014: 226-241.

[37] Ratzke C, Denk J, Gore J. Ecological suicide in microbes. Nature Ecology & Evolution, 2018, 2: 867-872.

[38] Gill M. Hypocrisy, authenticity, and the rhetorical dynamics of populism//Sorlin S, Virtanen T. The Pragmatics of Hypocrisy. Amsterdam: John Benjamins Publishing Campany, 2024: 98-123.

[39] Herrmann-Pillath C. The case for a new discipline: Technosphere science. Ecological Economics, 2018, 149: 212-225.

[40] Vernadsky V I. The Biosphere. New York: Copernicus Books, 1998.

[41] Bratton B. On hemispherical stacks: Notes on multipolar geopolitics and planetary-scale computation. Scribd, 2018.

[42] Gardels N. From biosphere to technosphere: Technology emerges from the lineage of life on Earth. Noema Magazine, 2023.

[43] Li X, Feng M, Ran Y, et al. Big Data in Earth system science and progress towards a digital twin. Nature Reviews Earth and Environment, 2023, 4: 319-332.

[44] Gupta J, Liverman D, Prodani K, et al. Earth system justice needed to identify and live within Earth system boundaries. Nature Sustainability, 2023, 6: 630-638.

[45] Cardoso L, Kimura B, Zorzal E. Towards augmented and mixed reality on future mobile networks. Multimedia Tools and Applications, 2024, 83 (3): 9067-9102.

[46] Li K F, Chen Q F. AI 2041: Ten Visions for Our Future. New York: Currency, 2021.

[47] Marder M, Tusa G. Contemporanea: A Glossary for the Twenty-first Century. Cambridge: Massachusetts Institute of Technology Press, 2024.

[48] Fenton N. Mediating hope. New media, politics and resistance. International Journal of Cultural Studies, 2008, 11 (2): 230-248.

[49] Williams R. Resources of Hope: Culture, Democracy, Socialism. London: Verso, 1989.

Back to the Feudal? AI Technologies, Knowledge, and Humanism in a Time of Transition

John HARTLEY　SHAN Yu

(Faculty of Arts and Social Sciences, The University of Sydney, Sydney 2006, Australia; School of Humanities, Tongji University, Shanghai 200092, China)

Abstract: This paper is a reflection on the ramifications of externalising knowledge, first to gods, then to machines, and now to computers. That process has already led to the mortality of humanity and the jeopardy of the planet. What can "humanism" mean or do in such a world?

Keywords: digital technologies; tenses of knowledge; pan-humanity; social construction; social imaginary; make believe; "deus ex machine"

前沿报告

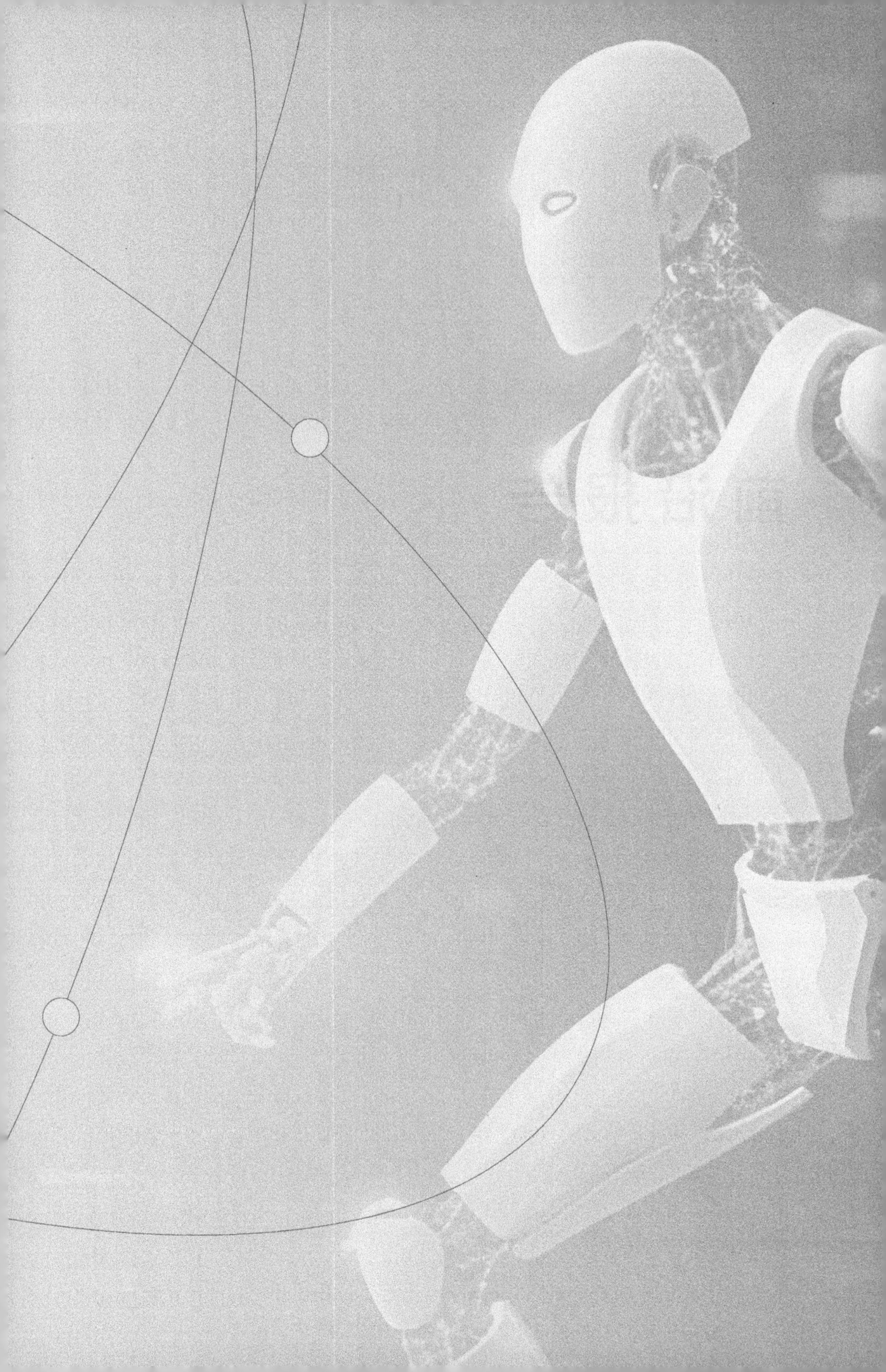

我国城市数字文化产业发展指数研究报告*

余 博 刘德良 段卓杉

摘要： 数字文化产业是文化产业增长的核心引擎。我国数字文化产业发展布局不均衡，本文从政策支撑力、科技支撑力、创业集聚力、新业态融资力、龙头企业发展力5个总量指标出发，通过分解指标层分解出13个二级指标，由此构建出了"城市数字文化产业发展指数指标体系"。通过对2022年的数据进行计算，构建全国30个重点城市的数字文化产业发展指数，探究我国数字文化产业的发展格局。

关键词： 数字文化产业；发展指数；发展格局

当前，我国文化产业与数字技术协同推进、融合发展，新型业态蓬勃兴起，为产业高质量发展注入新动能，数字文化产业成为优化供给、满足人民美好生活需要的有效途径和文化产业转型升级的重要引擎。近年，数字文化产业异军突起、逆势上扬，展现出强大的成长潜力。国家统计局数据显示，2023年，全国规模以上文化及相关产业企业（以下简称"文化企业"）实现营业收入129 515亿元，比2022年增长8.2%；文化新业态特征较为明显的16个行业小类实现营业收入52 395亿元，比2022年增长15.3%，快于全部

---

* 作者简介：余博，中国传媒大学文化产业管理学院讲师（北京，100000）；刘德良，新元智库总经理（北京，100000）；段卓杉，新元智库研究经理（北京，100000）。

规模以上文化企业 7.1 个百分点；文化新业态行业对全部规模以上文化企业营业收入增长的贡献率为 70.9%[1]。中国社会科学院《新时代中国文化发展报告：走向全面繁荣的中华民族现代文明》研究表明：2022 年我国数字文化产业占全国文化产业的比重已经超过 40%[2]。

当前，数字文化产业已成为文化产业发展的重点领域和数字经济及数字创意产业的重要组成部分。未来数字文化产业将朝着生态化竞争继续深入、"IP+产业"全面融合、新技术广泛应用等方向推进。喻新杭和黄卫东[3]认为，数字文化作为文化产业的重要部分，已然成为能够带来新供给、新消费和促进产业转型的重要动能，发展前景较好。未来，数字文化产业的发展机遇主要体现在 IP 挖掘、沉浸式体验以及场景重现等方面。在推动数字文化产业高质量发展方面，潘伟冬和张一[4]认为推进数字文化产业的高质量发展，既是中国式现代化的题中之义，也是提升文化软实力和文化竞争力的重要路径。要从以下五方面着手：坚持意识形态引领，确保产业发展方向；优化产业发展环境，激活市场主体活力；发展壮大市场主体，夯实高质量发展根基；优化人才环境，释放产业发展原动力；强化优质产品供给，培育产业消费新业态。

数字文化产业与整个社会经济发展相适应的同时，也面临着数字化水平不高、供给结构质量有待优化、新型业态培育不够、线上消费仍需培养巩固、数字化治理能力不足等新问题。在此形势下，研究探讨可直接反映出我国各城市数字文化产业的发展潜力、创新吸引能力、规模集约化水平及投融资服务体系完善程度的城市数字文化产业发展指数，不仅具有必要性而且具有迫切性。本文基于可操作性、系统性、科学性等多项原则，综合运用理论分析、频度统计、实践借鉴等方法，从政策支撑力、科技支撑力、创业集聚力、新业态融资力、龙头企业发展力 5 个总量指标出发，通过分解指标层分解出 13 个二级指标，由此构建出了"城市数字文化产业发展指数指标体系"，按照五大方面进行评估，全面系统评估我国各城市数字文化产业发展格局。

一 城市数字文化产业发展指数设计

(一)设计原则

发展指数是对被评价对象进行全面考察的工作蓝本,它应当在明确的评价目标指导下,尽可能多方位、客观、深刻地描述被评价对象的各个方面。城市数字文化产业发展指数的设计应遵循以下原则。

1. 可操作性原则

指数指标设计应避免烦琐,尽可能利用现有统计资料,更多地选择共有要素进行考量,并遵循有关规范,实行统一的计量单位及统计口径。数据指标选取时必须考虑到数据获取的难易度,尽量将抽象的指标可操作化,尽可能选择既能充分表达各项影响因素,又便于直接询问、观察或测量的要素。

2. 系统性原则

指数指标的设计应能反映数字文化产业发展的整体水平和局部水平,并且要注意指标体系内部的逻辑关系和相对独立性,尽量考虑研究对象之间的有机联系,构建能反映指标间层次约束关系的指标结构体系。

3. 科学性原则

指数指标的设计应具有清晰的层次结构,由局部到整体,由简明到复杂,在科学分析和定量计算的基础上,形成对数字文化产业发展水平的直观结论。所选取的评价指标一定要建立在科学基础上,指标的概念必须明确,并且有一定的科学内涵,各个指标要合理搭配、互不重复、互不矛盾,并能在实践过程中不断优化完善,评价的方法和程序也应该科学和规范。

4. 可持续性原则

指数指标设计应遵循和坚持可持续性原则,在指标选取过程中,要尽可能采用权威部门定期发展的统计数据或资料,从而保证数据资料的权威性、长期可得性。

5. 动态性原则

数字文化产业发展是一个动态的变化过程,各个变量对其的影响也是动态变化的过程。城市数字文化产业发展指数的设计应该能够在一定程度上反映区域竞争力的动态变化，因此在选用指标时，不仅要注重静态指标，还应选用反映变化的增量指标。

6. 导向性原则

突出指标的"实用性""目的性""客观性"，能够为政府决策部门制定数字文化产业发展规划、数字文化金融发展对策等提供可靠的依据，引导和促进数字文化产业发展水平的进一步提高。

7. 区域性原则

由于各地社会经济发展不平衡，在短期评价中（一般指年度）应适当选择、个别调整和补充城市数字文化产业发展指数指标体系中的指标项目，使其尽量能够准确反映测评期该城市数字文化产业发展的实际状况。

（二）设计思路与模型

城市文化产业发展指数可以从五大评估方向制订（如图1所示）：一是政策支撑力，分析各城市在推进数字文化产业发展进程中各类政策的制定、创新情况；二是科技支撑力，反映各城市科技在文化产业数字化、数字文化产业发展过程中起到的支撑、提升作用；三是创业集聚力，主要反映区域对提升创新创业驱动力、承载力、吸引力方面的能力；四是新业态融资力，主要体现为非上市数字文化企业发展、融资的潜力与能力；五是龙头企业发展力，分析区域内数字文化产业的规模化、集约化发展程度。

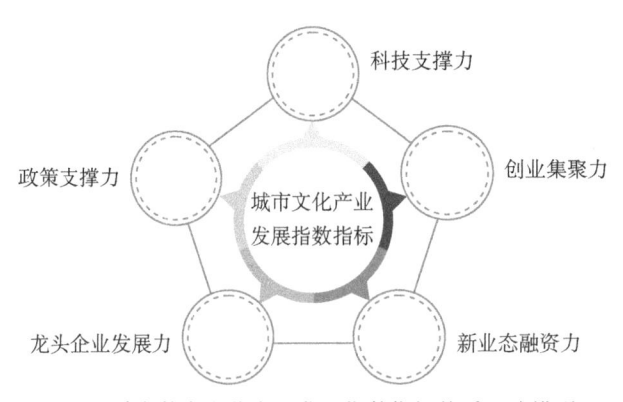

图1 城市数字文化产业发展指数指标体系理论模型

资料来源：由笔者绘制。

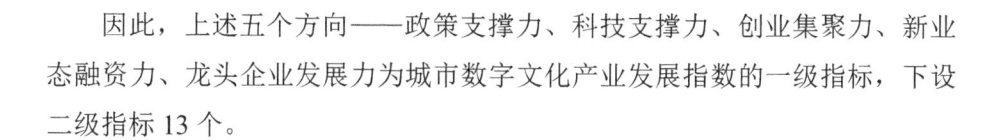

因此，上述五个方向——政策支撑力、科技支撑力、创业集聚力、新业态融资力、龙头企业发展力为城市数字文化产业发展指数的一级指标，下设二级指标 13 个。

（三）指标体系设计说明

1. 政策支撑力

数字文化产业的发展离不开产业政策的支持，而对相关产业政策制定情况的监督、反馈，可有效推动构建完善的数字文化产业政策支撑体系，以最大限度地实现政府引导作用。该指标主要包括数字文化产业政策支撑情况 1 个二级指标。在测评过程中数字文化产业政策支撑情况指标主要体现在数字文化产业专项政策及相关性政策两大层面，其中相关政策又分强相关和弱相关两档。

2. 科技支撑力

科学技术推进经济社会深刻变革，不断重塑产业形态。5G、大数据、人工智能、云计算等科技不断与文化产业相互融合，推进数字文化产业进一步发展。本文中科技支撑力主要表现为互联网和相关服务业、软件和信息技术服务业在人才吸引能力和企业经营能力方面的水平，包括互联网和相关服务从业人员占比、互联网和相关服务营业收入占比、软件和信息技术服务从业人员占比、软件和信息技术服务营业收入占比 4 个二级指标。

3. 创业集聚力

主要反映的是区域对提升创新创业驱动力、承载力、吸引力方面的能力。本文中创业集聚力的高低主要通过数字文化企业新增数占比 1 个二级指标来反映。

4. 新业态融资力

新业态孕育着技术变革新进步，生产组织新形态和资源配置新方式的成长动力，正逐渐成为市场经济先进生产力。本文中的新业态融资力主要指非上市数字文化企业发展及其融资的潜力与能力。主要包含 2 个二级指标，即数字文化企业私募股权融资市场占比、数字文化企业新三板市场占比。

5. 龙头企业发展力

龙头企业对同行业的其他企业具有深远的影响力、号召力和一定的示范、引导作用，对数字文化产业龙头企业发展力的测评，可在一定程度上反映出区域内数字文化产业的规模化、集约化发展程度。本文中的龙头企业发展力主要包括数字文化企业在公开的资本市场上实现资本增值、效益增长的能力，通过新三板数字文化企业营收占比、新三板数字文化企业投资市场占比、上市数字文化企业营收占比、上市数字文化企业市值占比和上市数字文化企业投资市场占比5个二级指标进行测评。

城市数字文化产业发展指数指标体系设计如表1所示。

表1 城市数字文化产业发展指数指标体系

一级指标	二级指标
政策支撑力（10分）	数字文化产业政策支撑情况（10分）
科技支撑力（16分）	互联网和相关服务从业人员占比（4分）
	互联网和相关服务营业收入占比（4分）
	软件和信息技术服务从业人员占比（4分）
	软件和信息技术服务营业收入占比（4分）
创业集聚力（20分）	数字文化企业新增数占比（20分）
新业态融资力（24分）	数字文化企业私募股权融资市场占比（12分）
	数字文化企业新三板市场占比（12分）
龙头企业发展力（30分）	新三板数字文化企业营收占比（6分）
	新三板数字文化企业投资市场占比（6分）
	上市数字文化企业营收占比（6分）
	上市数字文化企业市值占比（6分）
	上市数字文化企业投资市场占比（6分）

二 城市数字文化产业发展指数的计算

（一）数据来源

"城市数字文化产业发展指数"作为高质量、创新发展时代背景下针对

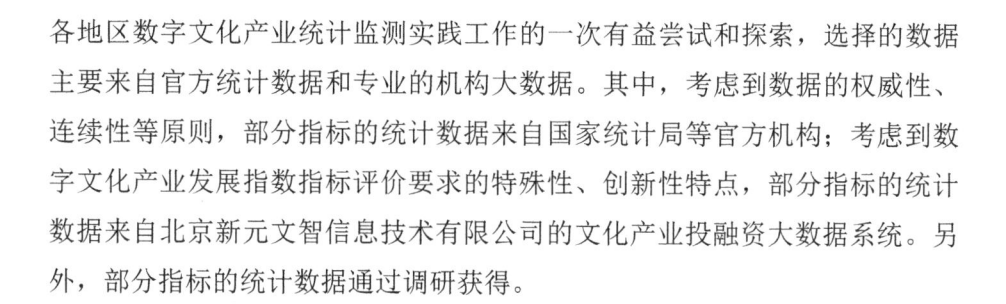

各地区数字文化产业统计监测实践工作的一次有益尝试和探索，选择的数据主要来自官方统计数据和专业的机构大数据。其中，考虑到数据的权威性、连续性等原则，部分指标的统计数据来自国家统计局等官方机构；考虑到数字文化产业发展指数指标评价要求的特殊性、创新性特点，部分指标的统计数据来自北京新元文智信息技术有限公司的文化产业投融资大数据系统。另外，部分指标的统计数据通过调研获得。

（二）城市数字文化产业发展指数的计算方法

1. 指标选取与权重确定

本文采用德尔菲法对城市数字文化产业发展指数指标进行筛选以及权重确定，即通过问卷调查形式对专家进行多轮意见与建议征询。在每轮征询后，通过计算指标的均值、变异系数等统计量，进行指标识别、筛选，并根据问卷反馈结果进行指标体系的修订与迭代，直至专家达成比较一致且符合预定终止条件的结果，形成最终的指标体系。

其中，每轮问卷调查中 i 指标均值 $M_i = \frac{1}{n}\sum_{j=1}^{n} C_{ij}$，$C_{ij} \geq 0$，$\sum_{1}^{m} M_i = 100$，式中 C_{ij} 为 j 专家对 i 指标的权重评分值，n 为参与评价专家数量，m 为参与评价的指标数量。M_i 越大，说明 i 指标的重要性越高。

i 指标变异系数 $V_i = S_i \div M_i \times 100\%$，$S_i$ 为专家对 i 指标的权重评分值的标准差。V_i 越小，说明指标的专家意见协调度越高。

经过德尔菲法调查后，形成涵盖 5 个一级指标、13 个二级指标的城市数字文化产业发展指数指标体系；指标权重为专家对指标打分的平均值。

$$\omega_{ij} = \frac{1}{n}\sum_{k=1}^{n} C_{ijk}, \quad \omega_i = \sum_{j=1}^{m_i} \omega_{ij},$$

其中，ω_{ij} 为一级指标 i 的二级指标 j 的权重，C_{ijk} 为 k 专家对一级指标 i 的二级指标 j 的打分，n 为参与评价专家数量，ω_i 为一级指标 i 的权重，m_i 为一级指标 i 的二级指标数量。

2. 数据处理

城市数字文化产业发展指数指标既有定量指标又有定性指标，为了能够在指标间建立起统一的计算,提高数据分析的准确性、可靠性,定性指标值按上文德尔菲法形成的意见进行量化处理,定量指标值进行归一化形式的规范化处理。

3. 指数计算

城市数字文化产业发展指数采用加权平均法进行计算,并换算成百分制。

$$Y = \sum_{i=1}^{5}\sum_{j=1}^{m_i}\omega_{ij}X_{ij} \div \sum_{i=1}^{5}\sum_{j=1}^{m_i}\omega_{ij} \times 100 = \sum_{i=1}^{5}\sum_{j=1}^{m_i}\omega_{ij}X_{ij},$$

其中,Y 为某城市的数字文化产业发展指数分值,X_{ij} 为一级指标 i 的二级指标 j 经数据处理后的指标值,某城市一级指标 i 的指数分值为 $Y_i = \sum_{j=1}^{m_i}\omega_{ij}X_{ij}$。

三 城市数字文化产业发展指数研究结论

近年来,我国数字技术、互联网技术、信息技术等快速发展,在科学技术的推动下,数字文化产业发展呈现崭新态势。同时,受宏观经济、技术基础、产业发展等影响,城市数字文化产业发展呈现不同的特色。分析发现,北京、上海、杭州、深圳、南京等 30 个城市数字文化产业发展相对发达,入选城市数字文化产业发展指数前 30 位。

(一)城市发展水平不均衡,"一超多强"格局形成

一是数字文化产业发展水平总体较低。我国城市数字文化产业发展指数(前 30 位)均值约为 35.49,中位数为 32.72,均值高于中位数,说明多数城市的指数分值偏小。30 个城市中,有 22 个城市的数字文化产业发展指数分值低于均值,仅 8 个城市的指数分值高于均值,整体上,以上城市的数字文化产业发展指数普遍较低。

二是数字文化产业发展水平不均衡。前 30 位的城市存在较大差异性,数字文化产业发展格局初步形成。综合指数分值、指数指标相拟性等分析,30 个城市可以分为 3 个梯队。第一梯队包括北京、上海、杭州、深圳

4个城市，是数字文化产业发展的头部城市，形成了北京指数分值遥遥领先的"一超多强"局面。第二梯队包括南京、广州、厦门、成都、天津、苏州、常州7个城市，指数得分相近，分布在35.04至37.23。第三梯队城市数字文化产业发展指数得分偏低，包括武汉、长沙、无锡、青岛、宁波等19个城市。三个梯队之间数字文化产业发展差异明显、各具特色（如图2所示）。

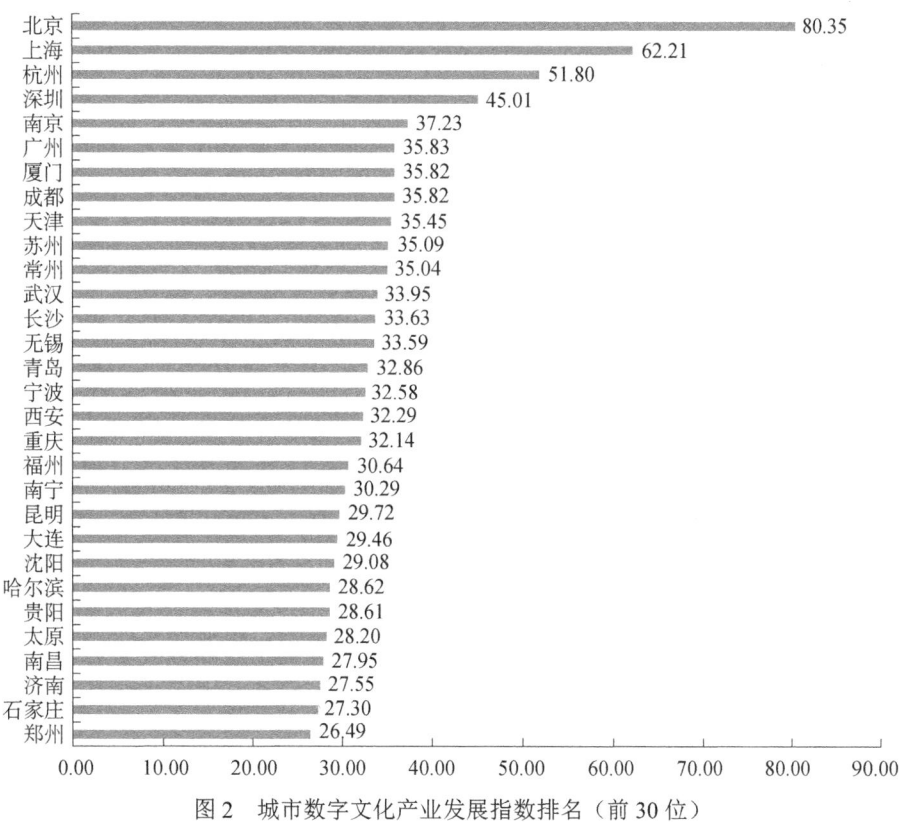

城市	指数
北京	80.35
上海	62.21
杭州	51.80
深圳	45.01
南京	37.23
广州	35.83
厦门	35.82
成都	35.82
天津	35.45
苏州	35.09
常州	35.04
武汉	33.95
长沙	33.63
无锡	33.59
青岛	32.86
宁波	32.58
西安	32.29
重庆	32.14
福州	30.64
南宁	30.29
昆明	29.72
大连	29.46
沈阳	29.08
哈尔滨	28.62
贵阳	28.61
太原	28.20
南昌	27.95
济南	27.55
石家庄	27.30
郑州	26.49

图2　城市数字文化产业发展指数排名（前30位）

数据来源：新元文智-文化产业投融资大数据系统（文融通）。

三是数字文化产业发展竞争"下沉"。从离散度看，第一、二、三梯队分别涉及4个、7个、19个城市，发展指数极差为35.34、2.19、7.46，变异系数为0.22、0.02、0.08，表明第二、三梯队城市分布的密集度较高，数字文化产业发展指数水平相近，竞争也更为激烈。

四是创业集聚效应相近，科技支撑水平分化严峻。近年来，城市数字文化产业发展指数前 30 位的城市积极推动数字文化产业发展，通过制订一系列措施促进创新创业发展，政策支撑力、创业集聚力表现相对良好。从第一梯队到第三梯队，新业态融资力、龙头企业发展力存在一定差距，而科技支撑力是城市间数字文化产业发展水平的主要差异（如表 2 所示）。具体看，近年来，数字文化产业发展越来越受到重视，据不完全统计，截至 2020 年末，我国已有不少于 29 个城市发布了数字文化产业的发展规划和路线，且本文前 30 位城市中的大部分城市均出台了促进数字文化产业发展的专项政策，如北京印发《关于推动北京游戏产业健康发展的若干意见》、上海印发《关于促进上海电子竞技产业健康发展的若干意见》、杭州印发《关于推进新时代杭州动漫游戏和电竞产业高质量发展的若干意见》、福州印发《关于促进 VR 产业加快发展的十条措施》等。整体上，前 30 位城市的政策支撑力表现略有不同，但总体相近。从离散度看，前 30 位城市的科技支撑力、创业集聚力、新业态融资力、龙头企业发展力指标分值的变异系数分别是 1.38、0.26、0.76、0.62，即指标分值密集度从高到低依次是创业集聚力、龙头企业发展力、新业态融资力、科技支撑力。前 30 位城市的创业集聚力指标值密集度最高，说明指标分值最为接近，差异性最小；在相关部门的推动下，前 30 位城市积极营造良好的创新创业氛围，营商环境差异相对不显著，为吸引优质数字文化企业入驻进行的竞争也最为激烈。科技支撑力的变异系数高，表明指标分值分布密集度低，前 30 位城市科技发展情况相差较大，彼此间的竞争较不充分。未来，能够建立数字技术优势，持续进行科技创新，促进新业态发展，获得资本有力支持，培育优质企业效果卓越的城市，将更易在数字文化产业发展竞争中占据优势。

表 2 城市数字文化产业发展指数指标对比（前 30 位）

排名	城市	政策支撑力	科技支撑力	创业集聚力	新业态融资力	龙头企业发展力	城市数字文化产业发展指数总分
1	北京	10.00	15.53	3.76	24.00	27.06	80.35
2	上海	10.00	7.83	9.59	18.49	16.30	62.21
3	杭州	10.00	9.56	14.04	8.86	9.34	51.80

续表

排名	城市	政策支撑力	科技支撑力	创业集聚力	新业态融资力	龙头企业发展力	城市数字文化产业发展指数总分
4	深圳	10.00	6.83	6.27	8.31	13.60	45.01
5	南京	10.00	3.20	14.43	4.00	5.60	37.23
6	广州	10.00	4.37	7.57	5.18	8.71	35.83
7	厦门	6.00	1.93	13.36	5.27	9.26	35.82
7	成都	10.00	1.86	13.81	4.97	5.18	35.82
9	天津	10.00	1.43	12.09	4.07	7.86	35.45
10	苏州	10.00	1.16	14.12	4.60	5.21	35.09
11	常州	10.00	0.26	12.04	6.37	6.37	35.04
12	武汉	10.00	4.28	7.13	6.76	5.78	33.95
13	长沙	10.00	3.01	8.45	4.25	7.92	33.63
14	无锡	10.00	0.52	13.55	4.00	5.52	33.59
15	青岛	10.00	0.66	13.20	4.00	5.00	32.86
16	宁波	6.00	2.42	15.16	4.00	5.00	32.58
17	西安	6.00	1.20	15.57	4.14	5.38	32.29
18	重庆	6.00	1.42	14.76	4.00	5.96	32.14
19	福州	10.00	0.91	10.29	4.07	5.37	30.64
20	南宁	10.00	0.31	10.98	4.00	5.00	30.29
21	昆明	10.00	0.36	10.36	4.00	5.00	29.72
22	大连	6.00	0.62	13.43	4.00	5.41	29.46
23	沈阳	6.00	0.38	13.05	4.00	5.65	29.08
24	哈尔滨	10.00	0.28	9.34	4.00	5.00	28.62
25	贵阳	10.00	0.30	9.12	4.07	5.12	28.61
26	太原	10.00	0.28	8.91	4.00	5.01	28.20
27	南昌	6.00	0.27	12.42	4.00	5.26	27.95
28	济南	6.00	0.66	11.53	4.00	5.36	27.55
29	石家庄	10.00	0.46	7.84	4.00	5.00	27.30
30	郑州	6.00	1.10	10.31	4.00	5.08	26.49

数据来源：新元文智-文化产业投融资大数据系统（文融通）。

（二）第一梯队城市发展进入提"质"阶段，优势稳固

其一，头部城市呈现"一超多强"格局。北京、上海、杭州、深圳位列第一梯队。北京以80.35的指数分值遥遥领先于其他城市。上海、杭州、深

圳数字文化产业发展取得一定进展，发展指数得分别达 62.21、51.80、45.01，虽然低于北京，但明显高于其他城市。

其二，北京数字文化产业发展总体领先。近年来，北京积极发展数字经济及文化产业，根据国家统计口径，2022 年，北京数字经济增加值达到 1.70 万亿元，占全市生产总值的比例为 41.6%，年均增速达 10.3%；软件和信息服务业营业收入约 2.48 万亿元，以电子信息传输服务、数字技术服务为主的数字经济保持快速发展。2022 年，北京市文化新业态特征较为明显的 16 个行业小类全年营业收入约 1.19 万亿元，同比增长 7.2%，高于全国平均增速 1.9 个百分点，占全市文化企业营业收入的比例为 67.8%，同比提高 4.5 个百分点，比全国文化新业态收入占全国文化企业收入比例的 36.0%高了 31.8 个百分点；占全国文化新业态营业收入的比例为 27.1%。随着 5G、人工智能、大数据、虚拟现实等技术在文化领域应用的扩大，北京数字文化产业规模不断攀升，数字文化产业发展指数领跑全国。具体看，北京科技支撑力、新业态融资力、龙头企业发展力均位列第 1 位，是占据优势最为明显的指标。在相关部门的推动下，北京依托政策优势、区位优势等，积极发展数字文化产业，创新性已获得资本初步检验，产业整体发展程度全国领先。比如，据文化产业投融资大数据系统显示，截至 2022 年末，北京有上市数字文化企业 78 家，占全国的 30.47%，遥遥领先于其他城市。创业集聚力排名第 30 位，在拥有较高数字文化企业"存量"的基础上，数字文化企业新增速率较缓（如表 3 所示）。如何发挥"存量"优势，进一步由"数量"增长向"质量"增长转变或将是北京数字文化产业发展的重点。

表 3　第一梯队城市数字文化产业发展指数具体指标对比

一级指标	二级指标	北京	上海	杭州	深圳
政策支撑力	数字文化产业政策支撑情况	10.00	10.00	10.00	10.00
科技支撑力	互联网和相关服务从业人员占比	3.95	2.25	4.00	1.53
	互联网和相关服务营业收入占比	3.58	1.70	4.00	1.72
	软件和信息技术服务从业人员占比	4.00	1.95	0.47	2.18
	软件和信息技术服务营业收入占比	4.00	1.93	1.09	1.40
创业集聚力	数字文化企业新增数占比	3.76	9.59	14.04	6.27

续表

一级指标	二级指标	北京	上海	杭州	深圳
新业态融资力	数字文化企业私募股权融资市场占比	12.00	9.59	4.71	3.24
	数字文化企业新三板市场占比	12.00	8.90	4.15	5.07
龙头企业发展力	新三板数字文化企业营收占比	6.00	3.85	1.18	1.61
	新三板数字文化企业投资市场占比	6.00	2.75	1.15	2.94
	上市数字文化企业营收占比	6.00	1.85	1.94	1.73
	上市数字文化企业市值占比	3.54	6.00	3.04	1.39
	上市数字文化企业投资市场占比	5.52	1.85	2.03	5.93

数据来源：新元文智-文化产业投融资大数据系统（文融通）。

其三，上海数字文化产业发展势头迅猛。随着上海全面推进数字化转型，文化与科技联系日益紧密，数字文化经济日益活跃。上海科技支撑力排名第3位，通过积极引导文化企业对核心技术、软件等的研发投入，新业态、新模式不断涌现，在网络文学、音视频、游戏等领域出现了一批头部企业，如阅文集团、喜马拉雅、哔哩哔哩、上海玄霆娱乐信息科技有限公司（简称玄霆娱乐）等。新业态融资力、龙头企业发展力方面表现强势，均仅次于北京，排名第2位。此外，上海数字文化企业新增速率也相对较慢，创业集聚力排名第21位。总体上，上海数字文化产业发展具有较强的竞争力，进一步推动物联网、人工智能、大数据、云计算、超高清等技术与文化产业衔接，加强科技对产业发展支撑，保持在业态创新、培育领域龙头及发挥带动作用等方面的优势，将有利于上海数字文化产业的良好发展，促进文化产业转型升级。

其四，杭州数字文化产业发展均衡性强。之前受新型冠状病毒感染疫情的影响，传统文化企业纷纷寻求数字化转型，视听、音乐、出版、阅读、游戏等数字文化领域发展加快。杭州紧抓机遇，重视政策迭代升级，以优化营商环境助力企业持续健康发展，数字文化产业发展综合表现较佳，科技支撑力、创业集聚力、新业态融资力、龙头企业发展力分列第2位、第6位、第3位、第4位，为第一梯队中指标发展均衡性最强的城市。杭州拥有较好的数字文化产业发展条件，利用资源优势，深耕产业，营造良好氛围，在机制、人才、资金等方面为企业提供更多支持及帮助，提升产业边际效应与上下游产业带动能力，进而延长产业的价值链、提高附加值，将为数字文化产业高质量发展提供重要力量。

其五，深圳数字文化产业发展特征显著。深圳大力支持数字经济发展，以科技培育新动能，用新动能推动新发展，获得积极成效。5G技术、互联网、云计算、人工智能等数字技术相关业态持续发展壮大，新业态、新应用深入文化产业，数字文化产业已逐渐成为引领文化产业快速发展的新兴力量。科技支撑力、新业态融资力、龙头企业发展力表现强势，分别排第4位、第4位、第3位。与第一梯队其他城市类似，深圳创业集聚力排名第29位，数字文化企业新增速率相对较缓，企业"存量"作用更加凸显。深圳可以进一步发挥科技支撑、数字文化创新等优势作用，持续培育新业态、培育品牌、培育龙头，提升数字文化产业创新力及竞争力，构建以质量型、内涵式发展为特征的产业体系。

综上，发挥指标优势作用，推进产业发展提质增效。第一梯队城市均为全国著名的科技城市，科技服务产业发展的能力突出，能够为数字文化产业发展提供有效支撑，科技支撑力表现较优。创业集聚力方面，第一梯队城市表现不佳，相比于数量巨大的数字文化企业"存量"，企业"增量"并不显著，发展方式已逐步由重"数量"向重"质量"转变。从新业态融资力、龙头企业发展力两项指标也可以看出，4个城市的数字文化企业获得了资本市场的高度认可，且拥有一批具有较强带动性的头部企业，发展相对成熟，"质量"明显好于其他城市。整体上，第一梯队4个城市的数字文化产业发展明显处于全国领先水平，可以通过进一步优化营商环境、完善要素市场化配置、激发发展活力、培育发展新动能等措施，放大政策支撑力、科技支撑力、新业态融资力、龙头企业发展力等指标优势作用，促进数字文化产业高质量发展。

（三）第二梯队城市发展进入补"短"阶段，潜力可期

一是数字文化产业区域竞争激烈，城市发展各有特色。根据数字文化产业发展指数排名，位于第5~11位的南京、广州、厦门、成都、天津、苏州、常州属于第二梯队。整体来看，第二梯队各城市的指数得分相近，分布

在35.04~37.23，相比于第一梯队，城市间竞争也更为激烈。从分指标来看，第二梯队城市数字文化产业发展特色突出，优势与劣势并存。

二是南京数字文化产业科技支撑强劲，产业优势明显。南京市数字文化产业政策扶持体系相对完善，政策支撑能力表现强劲；互联网和相关服务业、软件和信息技术服务业为数字文化产业发展提供了有力支撑，相关从业人员占比、企业营业收入占比等分指标得分均在全国前十（分指标得分如表4所示）；数字文化企业数量加快增长，新增企业数量占比远高于全国平均水平；整体来看，南京市政策支撑力、科技支撑力、创业集聚力指标分值分列全国第1位（与北京等并列）、第7位、第4位，具备一定优势，但企业受到资本市场的认可度不高，新业态融资力仅排名第16位，如何以技术等手段推动创新，获得资本方认可，或将是发展的关键。

表4 第二梯队城市数字文化产业发展指数具体指标对比

一级指标	政策支撑力	科技支撑力				创业集聚力	新业态融资力		龙头企业发展力				
二级指标	数字文化产业政策支撑情况	互联网和相关服务业从业人员占比	互联网和相关服务业营业收入占比	软件和信息技术服务业从业人员占比	软件和信息技术服务业营业收入占比	数字文化企业新增数占比	数字文化企业私募股权融资市场占比	数字文化企业新三板市场占比	新三板数字文化企业营收占比	新三板数字文化企业投资市场占比	上市数字文化企业营收占比	上市数字文化企业市值占比	上市数字文化企业投资市场占比
南京	10.00	1.47	0.46	0.69	0.58	14.43	2.00	2.00	1.33	1.10	1.05	1.06	1.06
广州	10.00	1.04	0.62	1.64	1.07	7.57	3.18	2.00	1.96	2.03	1.95	1.31	1.46
厦门	6.00	0.81	0.25	0.62	0.25	13.36	2.00	3.27	2.07	2.74	1.39	1.72	1.34
成都	10.00	0.35	0.09	0.94	0.48	13.81	2.97	2.00	1.05	1.05	1.05	1.05	1.03
天津	10.00	0.34	0.36	0.45	0.45	12.09	2.07	2.00	1.21	1.05	1.85	2.62	1.13
苏州	10.00	0.23	0.07	0.60	0.26	14.12	2.60	2.00	1.07	1.11	1.00	1.00	1.03
常州	10.00	0.10	0.03	0.08	0.05	12.04	2.09	4.28	1.03	2.15	1.05	1.14	1.00

数据来源：新元文智-文化产业投融资大数据系统（文融通）。

三是广州数字文化产业科技引领及头部经济效应突出。广州数字文化产业蓬勃发展，动漫游戏、数字音乐、电竞直播等方面均居于全国前列，不仅拥有网易游戏、三七互娱等游戏龙头，还集聚了酷狗音乐、荔枝等大型数字音乐企业，以及欢聚集团、虎牙直播等直播巨头。因此，广州科技支撑力、龙头企业发展力指标分值分别排在全国第5位及第6位，科技引领及头部经济效应突出。新业态融资力指标分值居全国第8位，显露了较强的融资活力。另一方面，创业集聚力指标分值排第27位，如何优化顶层设计，协调政策、园区、资金、人才、创意等资源进行高效配置，提升规模化、集约化水平，提高发展质量，将是其发展的核心。

四是厦门数字文化产业发展指数综合表现较佳，发展基础良好。作为文化和信息软件等产业基础良好、发展势头强劲的城市，厦门着力发展数字文化等战略性新兴产业，现已集聚了四三九九网络股份有限公司（简称四三九九）、厦门吉比特网络技术股份有限公司（简称吉比特）、咪咕动漫、天翼爱动漫文化传媒有限公司（简称天翼爱动漫）、厦门美柚股份有限公司（简称美柚）、厦门翔通动漫有限公司（简称翔通动漫）等一大批数字文化龙头企业，动漫游戏、数字内容、创意设计等产业集聚优势明显。因此，厦门科技支撑力、创业集聚力、新业态融资力、龙头企业发展力指标分值均排名全国前十，数字文化产业发展指数综合表现较佳，以政策、资本、人才体系等建设作为主要突破口，进一步推动发展指数指标要素流动，将有利于提升数字文化产业发展水平。

五是成都数字文化产业迅速崛起，龙头企业培育仍存较大发展空间。近年来，为了打造中国网络视听内容生产交易中心、中国动漫名城、中国软件名城，成都积极推进文化与科技融合发展，逐步建立了良性发展的数字文化产业生态系统：丰富的历史文化资源为成都数字文化产业发展提供了核心内容支撑；相对完善的文化产业、现代服务业和信息产业发展基础为数字文化产业发展提供了基本载体；多项政策的出台为数字文化产业发展提供了坚实保障；密集的高校资源和人才优势为数字文化产业发展提供了强大推力。在此背景下，成都数字文化产业发展迅速崛起，2022年，成都科技支撑力、创业集聚力、新业态融资力指标分值较高，排名分别为全国第11位、第7位、第9位，领先优势明显。但龙头企业发展力却排第21位，龙头企业培育仍有较大发展空间，发挥头部企业的带动作用、培优育强将是其发展的重点。

六是天津多项指标居中上游，龙头企业发展力表现较强。早在2011年，天津就提出了培育成长100家有较强竞争力的文化科技"小巨人"的口号，目前已经集聚了三六零安全科技股份有限公司（简称三六零）、天津猫眼微影文化传媒有限公司（简称猫眼娱乐）等一批龙头数字文化企业。2022年，天津龙头企业发展力指标得分较高，排名居全国第8位，龙头企业发展力表现较强。科技支撑力、创业集聚力、新业态融资力三项指标得分排名均居全国中上游，分别为第12位、第14位、第13位。未来，天津可以发挥龙头企业带动作用，进一步推动新媒体、数字出版、动漫游戏等新兴文化产业与智能科技的深度融合，提升数字文化产业的智能化水平。同时加大招商引资力度，吸引更多数字文化龙头企业来津投资。

七是苏州创新创业氛围浓厚，上市及新三板企业仍待进一步培育。近年来，苏州数字文化产业快速发展，创业集聚力、新业态融资力指数得分分别居全国第5位、第10位，创新创业氛围浓厚、发展潜力已获得资本初步认可，产业总体优势明显。但新三板及上市数字文化企业数量仍旧相对较少，龙头企业发展力指标得分居全国第20位，上市及新三板数字文化企业仍有待进一步培育。可以进一步推动科技成果应用于文化产业，对契合文化产业数字化战略发展方向、有创新潜质的公司进行重点培育，尽快使更多数字文化企业达到资本市场融资条件，增加上市及新三板企业比重，逐步推进数字文化产业整体发展水平的提升。

八是常州新业态融资力表现突出，科技支撑能力有待加强。常州已涌现出一批具备一定竞争力的创业企业及常州化龙网络科技股份有限公司（简称化龙网络）、江苏网博视界网络科技股份有限公司（简称网博视界）等头部企业，新业态融资力、龙头企业发展力指标分值相对占优，排名第6位、第9位，但科技支撑力排名第30位，可以进一步发挥优质企业的带动作用，形成产业园区或者产业带，提升科技支撑能力，扩大优势领域规模，实现数字文化产业发展的数量、质量同步提升。

综上，补短板成为产业进一步发展关键。整体上，第二梯队城市数字文化产业发展各具优势及特色，发展潜力突出，具备冲击第一梯队的能力。但也应该看到，南京、广州、厦门、成都等地虽然多项指标名列前茅，但仍存在一些短板，未来如何针对短板采取有效举措将成为推动其数字文化产业进一步发展的重点。例如，成都地区应进一步发展总部经济，加大力度扶优扶强；南京市可以通过鼓励企业科技创新、搭建数字文化企业融资服务平台等方式提高资本对企业的认可度。

（四）第三梯队城市发展进入推"优"阶段，方向清晰

第三梯队整体得分偏低，部分城市的个别指标表现突出。第三梯队城市主要包括武汉、长沙、无锡、青岛等19个城市，数字文化产业发展指数整体得分偏低，分值均低于35，排名位列第12~30位。从具体指标来看，部分城市的个别指标表现相对突出。例如，武汉、长沙、宁波的科技支撑力指标得分排名均挤进全国前十位，甚至超过了成都、天津等第二梯队城市，互联网及相关产业发展优势明显（分指标得分如表5所示）。西安、宁波、重庆三地的创业集聚力指标得分排名分居全国前三，数字文化企业的增长情况全国领先。武汉新业态融资力指标得分高于第二梯队城市，居全国第5位。龙头企业发展力方面，长沙、重庆的排名挤进了全国前十，表现相对突出。

表5　第三梯队城市数字文化产业发展指数具体指标对比

一级指标	政策支撑力	科技支撑力				创业集聚力	新业态融资力		龙头企业发展力				
二级指标	数字文化产业政策支撑情况	互联网和相关服务从业人员占比	互联网和相关服务营业收入占比	软件和信息技术服务从业人员占比	软件和信息技术服务营业收入占比	数字文化企业新增数占比	数字文化企业私募股权融资市场占比	数字文化企业新三板市场占比	新三板数字文化企业营收占比	新三板数字文化企业投资市场占比	上市数字文化企业营收占比	上市数字文化企业市值占比	上市数字文化企业投资市场占比
武汉	10.00	1.77	0.24	1.51	0.76	7.13	2.14	4.62	1.06	1.18	1.04	1.05	1.45
长沙	10.00	1.13	0.23	1.20	0.45	8.45	2.25	2.00	1.00	1.00	1.91	3.01	1.00
无锡	10.00	0.10	0.05	0.24	0.13	13.55	2.00	2.00	1.02	1.07	1.16	1.12	1.15
青岛	10.00	0.15	0.08	0.30	0.14	13.20	2.00	2.00	1.00	1.00	1.00	1.00	1.00
宁波	6.00	0.82	0.28	0.68	0.64	15.16	2.00	2.00	1.00	1.00	1.00	1.00	1.00
西安	6.00	0.29	0.09	0.56	0.26	15.57	2.14	2.00	1.02	1.00	1.11	1.19	1.06
重庆	6.00	0.44	0.11	0.58	0.29	14.76	2.00	2.00	1.03	1.00	1.17	1.54	1.22
福州	10.00	0.22	0.06	0.42	0.21	10.29	2.07	2.00	1.01	1.25	1.03	1.08	1.00

续表

一级指标	政策支撑力	科技支撑力				创业集聚力	新业态融资力		龙头企业发展力				
二级指标	数字文化产业政策支撑情况	互联网和相关服务从业人员占比	互联网和相关服务营业收入占比	软件和信息技术服务从业人员占比	软件和信息技术服务营业收入占比	数字文化企业新增数占比	数字文化企业私募股权融资市场占比	数字文化企业新三板市场占比	新三板数字文化企业营收占比	新三板数字文化企业投资市场占比	上市数字文化企业营收占比	上市数字文化企业市值占比	上市数字文化企业投资市场占比
南宁	10.00	0.07	0.01	0.17	0.06	10.98	2.00	2.00	1.00	1.00	1.00	1.00	1.00
昆明	10.00	0.07	0.01	0.20	0.08	10.36	2.00	2.00	1.00	1.00	1.00	1.00	1.00
大连	6.00	0.06	0.01	0.41	0.14	13.43	2.00	2.00	1.00	1.00	1.09	1.11	1.21
沈阳	6.00	0.08	0.02	0.20	0.08	13.05	2.00	2.00	1.00	1.65	1.00	1.00	1.00
哈尔滨	10.00	0.04	0.01	0.17	0.06	9.34	2.00	2.00	1.00	1.00	1.00	1.00	1.00
贵阳	10.00	0.10	0.03	0.12	0.05	9.12	2.07	2.00	1.00	1.00	1.03	1.06	1.03
太原	10.00	0.01	0.01	0.16	0.05	8.91	2.00	2.00	1.00	1.00	1.01	1.00	1.00
南昌	6.00	0.06	0.01	0.13	0.07	12.42	2.00	2.00	1.00	1.07	1.10	1.03	1.03
济南	6.00	0.10	0.02	0.37	0.17	11.53	2.00	2.00	1.28	1.08	1.00	1.00	1.00
石家庄	10.00	0.08	0.02	0.26	0.10	7.84	2.00	2.00	1.00	1.00	1.00	1.00	1.00
郑州	6.00	0.25	0.06	0.59	0.20	10.31	2.00	2.00	1.08	1.00	1.00	1.00	1.00

数据来源：新元文智-文化产业投融资大数据系统（文融通）。

综上，如何进一步发挥产业优势引领作用，成为产业提升关键。相比于前两个梯队，第三梯队城市的科技支撑力、创业集聚力、新业态融资力、龙头企业发展力整体均不强，数字文化产业发展的竞争力也相对较弱。如何从影响发展的因素中，寻找相对优势指标，并且发挥作用扩大影响，将是促进该区域数字文化产业发展水平全面提升的有效方式。例如，武汉科技支撑力、新业态融资力具备发展优势，可以通过发展专业协会、联盟等形式促进行业交流，加强数字技术在文化产业应用方面的实践，不断扩大科技优势，打造行业壁垒，增强数字文化产业发展竞争力等。2022年，西安创业集聚力指标分值排名第1位，可以进一步优化资源配置，通过加强5G技术应用、增强金融服务水平等扩大企业聚集优势效用，将有利于提高数字文化产业发展水平。重庆创业集聚力、龙头企业发展力指标分值排名靠前，说明该城市数字文化企业发展氛围较佳，可以进一步优化营商环境，持续加快数字文化企业聚集。同时，探索发展数字文化产业发展投资基金或者引导基金，提升优质企业发展速度，推动数字文化产业发展水平提升。整体上，第三梯队城市的数字文化产业发展水平相对较低，特别是科技支撑力、新业态融资力、龙头企业发展力普遍较弱，如何利用科技进行发展创新、吸引资本支持、促进企业做大做强是该梯队城市面临的共性问题。

四 结语

整体上，我国数字文化产业发展的格局已初步形成。北京、上海、杭州、深圳等城市初步建立优势地位，在传统优势资源的转化、创新性发展等方面全国领先，数字文化产业蓬勃发展，建议第一梯队城市基于庞大的企业"存量"及各项指标优势，优化顶层设计，进一步提高资源配置效率，加快建设高精尖领域体系，升级产业结构，提高发展质量。南京、广州、厦门、成都、天津、苏州、常州第二梯队城市，均具有各自的强项指标，发展潜力突出，建议根据发展指数结果，发挥优势指标作用，着力补短板强弱项，加快发展步伐，赶超第一梯队城市。第三梯队城市的指数值较低，数字文化产业发展相对落后，建议进一步优化营商环境，以政策等为突破口，建设数字文化产业园区、金融服务平台等重大项目，加快科技成果转化，重点落实推动业态创新、培育龙头企业等措施，实现数字文化产业全要素发展。

参考文献

[1] 张鹏. 2023年文化企业发展持续回升向好. (2024-01-30) [2024-07-18]. https://mp.weixin.qq.com/s?__biz=MjM5Njg5MjAwMg==&mid=2651590929&idx=2&sn=2475a682f43788ada00bed765f18aa95&scene=0.

[2] 中国社会科学院课题组. 新时代中国文化发展报告：走向全面繁荣的中华民族现代文明. 北京：社会科学文献出版社, 2024: 283.

[3] 喻新杭，黄卫东. 激活新消费，推动数字文化产业高质量发展. (2024-01-15) [2024-07-

18]. https://www.cnii.com.cn/gxxwww/txqygl/ztzl/202401/t20240115_537277.html.

[4] 潘伟冬, 张一. 推动数字文化产业高质量发展. (2024-02-07) [2024-07-18]. https://baijiahao.baidu.com/s?id=1790203497051384549&wfr=spider&for=pc.

A Research Report on the Development Index of Urban Digital Cultural Industries in China

YU Bo   LIU Deliang   DUAN Zhuoshan

(School of Cultural Industry Management, Communication University, Beijing 100000, China; General Manager of Xinyuan Think Tank, Beijing 100000, China; Xinyuan Think Tank, Beijing 100000, China)

Abstract: Digital cultural industries are the core engine of culture industry growth. In view of the uneven development layout of China's digital cultural industries, this paper starts from the five total indicators of policy support, science and technology support, entrepreneurial agglomeration, new form of financing, and leading enterprise development, and decomposes 13 secondary indicators through the decomposition of the index layer, thus constructing the "urban digital cultural industries development index system". Through the calculation of the data in 2022, the digital cultural industries development index of 30 key cities in the country is constructed to explore the development pattern of China's digital cultural industries.

Keywords: digital cultural industries; development index; development pattern

《数字文化产业研究》征稿启事

《数字文化产业研究》由同济大学人文学院创办,是国内第一本聚焦数字文化产业前沿研究的学术辑刊。《数字文化产业研究》以"引领文化科技前沿研究、建设中华民族现代文明"为办刊宗旨,以文化创意与科技创新深度融合的前沿研究为选题方向,以人工智能、区块链、元宇宙等新一代信息技术在文化创意产业领域的创新应用研究为关注重点,以艺术学、文化产业学、经济学、管理学、传播学、信息科学等多学科理论与方法交叉融合为指导,聚焦国内外数字文化产业领域重大问题、热点问题、难点问题等展开高质量学术研讨,主要分设"数字文化产业理论研究""文化元宇宙研究""AI与文化产业研究""区块链与文化产业研究""数字艺术创新研究"等常设栏目,以及"文化新质生产力"专题、"数字文化产业治理"专题、"前沿专题报告"等特设栏目。本辑刊每年出版两卷。

《数字文化产业研究》热忱欢迎国内外学者在数字文化产业领域的最新研究成果。本辑刊坚持以质取文,坚持匿名审稿机制,加强选稿、审稿、用稿的把关流程,主要发表具有学理性、原创性、前瞻性的理论和实证论文。稿件发表后本辑刊将寄送当期样刊。

本辑刊唯一投稿邮箱:dcir168@126.com。

期待您在数字文化产业方向的前沿研究成果和深刻洞见!

《数字文化产业研究》编辑部